서지학개론

서지학개론 편찬위원회 지음

한울
아카데미

서문

 서지학의 궁극적인 목적은 선본(善本)을 확립하여 학술을 올바르게 이해하고 연구할 수 있는 기반이 되게 하는 것이며, 나아가 이를 적절한 때에 활용할 수 있도록 하는 체제를 마련하는 것이다. 어떤 주제분야를 연구함에 있어 오류가 많은 서적이나 위서(僞書)를 토대로 연구한다면 올바른 결론에 도달할 수 없다. 마찬가지로 사서가 문헌이나 자료에 대한 체계적인 지식 없이 봉사한다면 바람직한 봉사를 할 수 없다. 사서는 학문의 안내자 역할을 함과 동시에 나아가 특정주제에 있어 전문가 수준의 권위자로서 그 분야를 해석하고 설명할 수 있는 능력이 있어야 한다. 이런 자질을 갖추지 않고서는 전문직임을 주장할 수 없을 것이다. 전문직의 자질을 구비함에 있어 서지적 배경은 필수적이다.

 서지학은 문헌을 대상으로 과학적으로 연구하는 학문이다. 서양에서는 기원전 2세기 고대 그리스에, 동양은 기원전 1세기 전한시대에 비롯되었다. 인류문화의 발전에 따라 문헌의 개념이 변화되어 오늘날은 문헌이란 기록된 정보원을 총칭하는 개념이 되었다. 따라서 문헌이란 기록된 정보를 전달하는 모든 수단──도서, 잡지, 소책자, 마이크로필름, 오디오 및 비디오테이프, 슬라이드, 점자, 영화필름, 디스켓, 시디롬, 광디스크, 전자책, 데이터베이스 등──을 의미한다.

 이와 같이 문헌에 대한 개념이 변모한 시점에서 서지학을 동양의 고서만 대상으로 연구하는 학문으로 인식하고 있는 편견은 타파할 필요가 있다. 그간 국내 서지학계에서는 이를 반영한 새로운 교재가 있어야 한다고 모두들 공감하면서도 선뜻 실행에 옮기지 못해 온 터였다. 이때 과감히 깃대를 든 것이 양계봉 서지학회장이었다. 2002년 12월 양계봉 학회장으로부터 서지학개론의 편찬을 위임받고 소수가 개인적으로 집필하기보다는 서지학 연구자 공동의 의지를 집약하는 것이 바람직하다고 생각하여 서지학회 이사들의 협조를 얻어 편찬하기로 하였다.

2003년 1월 6일 이사회를 개최하여 편찬일정을 계획하고, 서명, 판형, 목차, 집필요령, 집필자를 정하였다. 이후 3차례에 걸쳐 10여 명으로 구성된 장별 책임자 회의를 열어 진행상황을 확인하고, 11월 말에 원고를 마감하였다. 12월 12일 원고정리 및 편집을 위해 강혜영, 김상호, 김종천, 배현숙, 양계봉으로 편집위원회를 조직하였다. 편집위원회에서는 3차례에 걸쳐 중복된 부분을 조정하고 용어를 통일하며 보완작업을 하면서 분량을 조절하고 전체를 교열하였다.

본서의 편찬에는 세 가지 의미가 있다고 생각된다. 하나는 서지학 연구자의 저변을 확대하기 위해서 보다 쉬운 교재를 편찬해야 한다는 것이다. 이는 요즘 대학에 진학하는 학생들의 수학능력이 현저하게 저하된 시점에서는 불가피한 사정이다. 다른 하나는 서지학을 교육함에 있어 내용을 통일하고 표준화하는데 최소한의 기준이 되기를 기대하는 것이다. 또 다른 하나는 이 책이 촉매가 되어 서지학 입문서가 속속 간행되고, 나아가 서지분야 전문서적이 간행되는 디딤돌이 되는 것이다.

본서에서는 연구대상과 연구방법론에서 기존의 서적을 보강하고자 하였다. 우선 연구대상에 있어 한정된 동양고전에서 동서고금의 문헌으로 그 지평을 넓히고자 하였다. 또한 종래에는 주로 판본학만 교육했는데, 본서에서는 판본학을 주로 하되 목록학과 교수학도 일부 보완하였다. 그러나 아직도 문제로 남아 있는 것은 난이도와 심도를 조정하는 것과 논쟁이 되는 주제를 균등하게 기술하는 것이다. 이는 앞으로 보완될 것으로 기대된다.

마지막으로 분담한 주제를 집필한 여러 집필자께 감사를 드리고자 한다. 여러 사람들이 공동으로 하는 일에는 자기주장만 해서는 일이 성취되기 어려운데, 양보하고 협조하는 가운데 일을 완성시킬 수 있었기 때문이다. 더구나 처음으로 체계화해야 하는 분야를 집필한 분은 더욱 어려움이 많았을 것이다. 또한 각각의 문체로 집필된 원고를 조정하는 데 수고가 많으신 편집위원에게도 감사를 드리고 싶다. 한편 편찬에 있어 미진한 점이 많아 송구하게 생각하면서, 조속한 기간 내에 수정판이 간행되기를 기대한다.

2004. 3.
배현숙 씀

서지학개론 / 차례

제1장 서지학의 개념과 체계

1. 서지학의 개념

1) 정의

서지학이란 용어는 영어 'bibliography'를 번역한 말이다. 이는 그리스어 'βιβλιογρσφια'에서 유래한 것으로 'biblio'는 '책', 'graphia'는 '쓴다'는 뜻이다. 따라서 본시 'bibliography'는 '책을 필사한다(a writing of books)'는 의미로 쓰였다. 그러던 것이 18세기 중엽 이후 관련학문이 발전함에 따라 "책을 대상으로 과학적으로 기술하는 학문(a writing about books)"이라는 개념을 나타내는 용어로 바뀌게 되었다.

이러한 개념의 서양학문이 19세기 말 동양에 도입되면서 'bibliography'는 처음에는 '서사학(書史學)'이라 번역되었다. 그러나 도서의 역사를 연구한다는 해당 용어의 한계성 때문에 곧 서지학으로 바꾸어 쓰게 되었다. 여기서 서지학이란 책을 말하는 '서(書)'와 기록 또는 기술을 나타내는 '지(誌)', 그리고 학문을 뜻하는 '학(學)'의 합성어로, 결국 책을 대상으로 조사·분석·비평·연구·기술하는 학문을 가리킨다.

동양 3국에서는 한국과 일본이 서지학이라는 용어를 채택하여 해당 학

문을 체계화한 반면, 중국은 마도원(馬導源)이 1934년 자신의 저서에 '서
지학'이라는 서명을 사용한 것과 같은 소수의 예를 제외하고는 대체로 교
수학(校讎學), 목록학(目錄學), 판본학(板本學)이라는 전통적인 명칭과 체계
로 학문활동을 전개하고 있다.

서지학의 정의는 동서양을 막론하고 시대 또는 관점에 따라 매우 다양
하다. 한국도서관협회 편『문헌정보학용어사전』은 서지학을 도서를 대상
으로 조사·분석·비평·연구하여 기술하는 학문으로 규정했고, 『한국
민족대백과사전』도 서지학을 책을 대상으로 조사·분석·연구하여 기술
하는 과학으로 정의했다. 일본의 와타나베 마사이가 편한『도서·도서관
용어집성(図書·図書館用語集成)』은 서지학이란 도서를 연구의 대상으로
하는 학문이라고 간단히 정의했다. 한편 해로드(Harrod)와 프리처크
(Prytherch)가 펴낸 *Librarian's Glossary*를 보면 서지학을 복합적인 용어로
규정짓고, 그 까닭을 첫째, 대다수 사람들이 같은 서지학 용어를 다른 의
미로 사용해 왔기 때문이고, 둘째, 부분적으로는 서지목록이 여러 종류의
서지적 기술이나 배열을 통해 완성될 수 있기 때문이라고 하면서 서지학
을 크게 비평서지학과 체계서지학 두 분야로 나누고 있다. 또한 프랑스의
라루스(Larousse)는 서지학을 첫째, 주어진 주제에 대한 출판된 도서들과
그 판본에 대한 지식, 둘째, 한 주제와 관련된 저술목록, 셋째, 근간 저술
의 정규적인 일람목록 등을 연구하는 학문으로 규정했다.

서지학은 한마디로 책에 대하여 연구하는 학문이다. 책을 서지학적 관
점에서 정의하면 문자를 수단으로 표현한 지적 소산이 담긴 물리적 형태
라고 할 수 있다. 따라서 서지학의 정의를 좀더 부연하자면 문자를 수단
으로 표현한 본문과 그 본문이 나타내 주는 지적 소산의 내용, 그리고 그
것을 담고 있는 물리적 형태를 대상으로 조사·분석·비평·연구·기술
하는 학문이라 할 수 있다.

2) 연구방법

서지학은 도서의 정확한 원문내용 인식과 복원, 최선의 판본선택, 간행시기의 추정, 진본과 위서의 감정 및 해당 서적의 학문적 위치판정 등 학문의 가장 기초적인 정보제공을 목적으로 하는 학문이다. 따라서 서지학을 연구함에 있어서는 독창성은 물론 정확성과 객관성이 매우 중요하다. 그 가운데 어느 하나라도 결함이 있으면 연구로서 인정받기 어렵다.

서지학 연구에서 먼저 결정해야 할 것은 주제와 그 범위이다. 주제는 유용성과 참신성, 경제성과 자료의 접근성이 있어야 한다. 연구결과가 아무런 도움이 되지 않거나 이미 연구된 진부한 것이라면 연구의 의미가 없고, 연구결과를 얻기에 지나치게 많은 비용이 소요되거나 관련자료에 접근할 수 없다면 연구수행이 불가능하다.

연구의 주제가 결정되면 제목을 정하고, 자료를 수집·정리·기술·분석하여 결론을 도출한다. 먼저 연구에 필요한 자료를 수집하게 되는데, 이때 주된 자료와 방증이 될 자료, 또는 원본과 이본(異本)을 망라해야 한다. 수집된 자료는 정리·배열할 필요가 있다. 자료의 목록을 만들어 시대, 인명, 지역, 판종, 활자 등에 따라 자모순으로 배열해 두면 후일 다른 연구에도 활용할 수 있다.

자료의 내용을 기술함에 있어서는 대상자료의 표제지, 판권지, 판식, 장정, 내용 등을 면밀하게 살펴야 한다. 기술이 끝나면 계통이 확립되고, 간행연도나 판의 선후, 우열, 내용의 오탈, 위작 등에 대한 분석과 비판이 가능하다. 결론은 그 결과로 도출되는 것이다.

2. 서지학의 발달

1) 동양

동양의 서지학 연구는 중국에서 시작되었다. 전한(前漢) 말 성제(成帝)년 간에 진시황의 분서갱유로 산실된 도서를 수집하고 이를 교정하라는 칙명 을 받은 유향(劉向)이 본문을 정확하게 대교한 것에서 교수학이 비롯되었 다. 그는 대교가 끝난 서적마다 해제를 만들어 왕에게 올렸다. 이 해제를 모은 것이 『별록(別錄)』이며, 유향의 아들 유흠(劉歆)은 아버지의 유지를 받들어 주제별로 편찬하여 『칠략(七略)』을 완성하였다. 이것이 곧 목록학 의 시초이다.

이에 따라 교수학의 연구범위는 여러 전적을 수집하여 문자의 이동(異 同)을 대조하고 정확하게 원본으로 복원하는 것에 국한하지 않고, 광의로 해석하여 학문의 연원과 학파의 유별까지 포함하는 것으로 알려져 있다. 단순한 서목의 나열이 아닌 서적에 대한 원류진위(源流眞僞)와 전래집산(傳 來集散)까지 조사해야 하는 목록학과 동일시하는 것도 그와 같이 두 분야 가 비슷한 시기에 서로 연관을 갖고 출발한 데 기인한다.

비록 교수와 목록 활동은 전한 말에 시작되었으나, 정작 학(學)이라고 칭한 것은 청조에 이르러서였다. 건륭(乾隆)년간에 사학자 왕명성(王鳴盛) 은 『십칠사상각(十七史商榷)』 초입부분에서 서지학은 학문 중에서 가장 긴 요한 것으로 반드시 이를 통해 길을 물어야 비로소 그 학문의 길에 들어 설 수 있다(目錄之學 學中第一緊要事 必從此問途 方能得其門而入)고 밝힌 바 있다.

한편 청나라 후기에는 판본학이 등장하였다. 판본학은 한마디로 도서의 물리적 형태를 다루는 것이다. 즉 간본 및 사본의 형태적 변천과정, 장정, 판종, 판식, 자체, 지질, 조판, 활자 등 도서의 물리적 형태의 측면을 연구 하는 것이다.

2) 서양

서양의 경우 영어권과 라틴권에서 서지학에 대한 견해는 다소 차이가 있다. 라틴권에서 'bibliographie, bibliologie, philologie' 개념이 형성되었다. 반면 영어권에는 'bibliography, philology' 등의 용어가 있으나, 'bibliography'를 서지학의 개념으로 받아들이는 경향이 강하다. 상대적으로 짧은 역사를 지닌 미국은 'bibliography'의 의미를 도서에 관해 역사적·물리적으로 연구하는 학문이라기보다는 서지정보의 제공이라는 차원에서 통계 및 컴퓨터를 이용한 실용적 학문으로 발전시켜 왔다.

트리트하임(Johannes Tritheim, 1462~1516)의 *Liber de Scriptoribus Ecclesia- ticis* 이후 일련의 서지작업 가운데 딥딘(Thomas Frognal Dibdin, 1776~ 1847)은 비록 학문적 체계로서는 부족하나 애서가의 시각에서 도서를 다룸으로써 그 범위를 확대시켰다.

서양에서 서지학이 학문으로서 성립 가능성을 보인 것은 캠브리지대학 도서관 사서였던 브래드쇼(Henry Bradshaw, 1831~1886)와 보들레이안도서관에서 초기간본(incunabula)의 목록을 작성한 프록터(Robert Proctor, 1868~1903)가 단지 목록의 편찬에 그치지 않고, 도서가 나오기까지의 모든 과정을 체계적으로 검토한 것에서 비롯된다.

그 시도를 바탕으로 이른바 신서지학의 트리오인 폴라드(Alfred William Pollard, 1859~1944), 매케로(Ronald Mckerrow, 1872~1940), 그레그(Sir Walter Wilson Greg, 1875~1959)가 구체적인 학문적 연구방법을 제시한 것은 아니었으나, 도서를 물리적인 대상으로 연구하기 시작함으로써 현대 서지학의 기반을 다져 놓았다.

특히 선구자로 인정받고 있는 폴라드는 *Shakespear Folios and Quartos*라는 연구에서 동일한 희곡작품을 담고 있는 이판(異版)을 종이, 활자, 면차, 인쇄된 장식 등을 통해 비교하였고, 영문학을 전공한 매케로와 그레그는 엘리자베스여왕 및 자코뱅시대의 저술을 분석하면서 인쇄방법에 따른 명확한 원칙을 세우려고 노력했다.

　이들은 서지학을 '물리적인 대상으로서의 도서에 관한 연구'로 정의하고 있으며, 형태로서 전래되는 과정을 포함한 원문의 비평을 서지학 연구방법으로 보았다. 내적이며 문헌적인 것으로 저자의 의도를 밝히기 위해 이문(異文)의 다양함과 그 적합성을 우선적으로 고려하는 것, 그리고 외적이며 서지학적인 것으로 문헌의 전래를 추적하고 그 유래된 원류와 관련해서 이본(異本)을 취급하는 것이 그들 연구의 내용이었다. 말하자면 여기서 오늘날의 원문서지학과 비평서지학이 출발하게 되었다.

　이러한 서지학의 학적 체계는 20세기 중반에 들어서면서 많은 학자들에 의해 구체적으로 방법 및 범위가 제시되었는데, 용어 및 내용상에 약간의 차이가 있으나 전통적 개념의 서지, 그리고 도서의 물리적 형태에 관한 연구로 크게 구분된다는 점에서는 같다.

3. 서지학의 체계

　서지학의 범위를 설정하고 체계화하는 방식은 학자 개인의 학문적 배경, 관점과 연구방법의 차이에 따라 매우 다양하다. 서지학의 범위와 체계에 관하여 언급한 대표적인 학자로는 영어권에 그레그(Greg), 바우어스(Bowers), 와이나(Wynar), 에스데일(Esdaile)과 하몬(Harmon) 등이 있고, 프랑스어권에는 뻬뇨(Peignot), 오뜰레(Otlet), 에스띠까(Esticals) 등이 있다. 그리고 국내에서는 천혜봉, 심우준, 이희재, 이경식 등이 동서양의 여러 주장을 종합하여 각기 나름의 견해를 제시한 바 있다.

1) 동양

　우리나라와 중국을 비롯한 동양의 서지학 체계는 서양과 마찬가지로 다양한 견해가 있다. 그러나 대체로 교수학, 목록학, 판본학의 분야로 구분하는 방식이 널리 채용되고 있다.

(1) 교수학

교수학은 문자를 수단으로 표현한 원본 또는 정본의 문장을 올바르게 인식하고 복원하기 위하여 문자 또는 편권(篇卷)의 이동을 대교(對校)하고 본문의 증산(增刪)을 고증하여 그 역사와 전래를 분석적으로 비평·연구하는 분야이다.

이 정의를 좀더 자세하게 설명하면, 첫째, 대교하고자 하는 원문의 문자에 오자와 탈자가 있는지 여부를 가려 원본 또는 정본과 차이가 있다면 바로잡아 완전하게 복원하고, 둘째, 편권의 차이가 있거나 증첨(增添)과 산삭(刪削)이 있다면 고증하여 그렇게 된 경위와 전래를 밝히는 것이 이 서지학의 영역에 해당한다. 말하자면 원문의 정확을 기하고 원형을 확인하고자 하는 서지학의 분과학이다. 동양, 특히 중국에서는 이를 교감학 또는 교수학이라 일컫고 있다.

중국에서 교감학인 경우는 같은 책을 여러 종류 모아 문자의 이동을 대교하여 올바른 원문으로 복원시키는 것을 주안으로 하지만, 교수학인 경우는 흔히 광의로 해석하여 원문에 편권의 차이가 있거나 증첨과 산삭이 이루어졌다면 그 변경과 위작부분을 고증하여 원형을 밝혀 내는 데까지 이른다. 그리고 이렇듯 편권의 변경과 위작부분을 밝혀 내기 위해서는 그 분야의 학문내용이 언제 기원하였고, 어떤 학파와 학설이 파생하였으며, 그것이 어떻게 발전하고 쇠퇴하였는가까지 다루는, 말하자면 재래의 목록학의 영역까지 포괄하기도 한다.

우리나라에서 원문서지적 활동은 일찍이 삼국시대에 각종 고전이 중국에서 도입돼 보급되었을 때, 오탈(誤脫), 착사(錯寫), 전도(轉倒) 등이 없는 원문으로 학습과 연구를 하기 위한 데서 비롯됐다. 인쇄술의 발달과 더불어 활기를 띠기 시작하여 표준적인 정문(正文)과 오탈이 없는 원문을 간행하기 위하여 여러 판본과의 대교를 신중하고 철저하게 진행시켜 왔다.

오늘날에는 한국학 연구의 기초작업으로 기본사료, 불경, 시문 등의 본문을 정확하게 인식·복원하는 방향으로 전개되고 있다. 이 교수학은 서양의 원문서지학(textual bibliography)에 해당된다고 볼 수 있다.

(2) 목록학

목록학은 고금의 지적 소산인 문헌을 체계 있게 편성하거나, 이들 문헌을 국가별, 역조별, 유별, 주제별로 구분하여 학술의 원류 및 융체, 그리고 학술의 추이를 기술하거나, 이미 편성된 여러 목록 또는 서지에 관하여 연구하는 분야이다.

고금의 각종 문헌을 체계 있게 편성하는 것은 장서목록, 서지, 그리고 현대적인 형식과 기능을 지닌 각종 색인과 초록을 체계적으로 편성하는 것을 말한다. 여기서 말하는 체계적인 편성이란 동양에서 전통적으로 사용해 온 부류 또는 주제를 바탕으로 하고, 이에 형식, 즉 시대, 지리, 언어 또는 문자를 고려하여 자모순 중 어느 하나 또는 이를 복합적으로 적용하여 검색과 이용에 편리하도록 조직하는 것을 말한다. 그리고 장서목록과 서지의 편성에서 개개 문헌에는 해제가 곁들여지기도 한다.

이들 문헌을 한 나라, 한 역조, 유별 또는 주제별로 구분하여 학술의 원류 및 융체, 그리고 학술의 추이를 기술하는 방법으로는 두 가지를 들 수 있다.

그 하나는 동양의 전통적인 서목, 이를테면 『한서(漢書)』 예문지(藝文志)의 집략(輯略)에 해당하는 총서(總序)와 같이 문헌에 의거하여 고대부터 한(漢)대에 이르는 사이의 구류백가(九流百家)의 학술 융체의 개요를 기술한 것이라든가, 각 부류(部類) 끝의 소서(小序)에서와 같이 그 부류 학술의 원류와 발전 및 쇠퇴, 그리고 학설의 추이를 기술한 것 따위를 들 수 있다.

다른 하나는 천문, 수학, 지리, 농학, 산물, 식화, 정법, 유학, 도학, 불학, 사학, 시문학 같은 특정 주제 학술의 원류와 융체, 그리고 학설의 추이를 체계 있게 기술한 것을 들 수 있다.

이미 편성된 여러 목록 또는 서지에 관한 연구는 문헌의 체계적인 조직에 적용된 각종 분류방법과 편목체제, 그리고 그 이용법에 관한 것이 주된 대상이 된다.

목록학은 문자를 수단으로 표현한 지적 소산의 내용에 어떠한 것들이 있고, 같은 주제의 것 중에서 개개의 문헌을 누가 언제 편찬하였고, 초찬(初撰) 이후 판종과 편권의 차이가 어떠하며, 해제가 있는 경우 편찬자의 학문적 배경이 어떠하고, 책 내용의 개요와 성격, 학설의 추이, 그리고 학문의 평가 등에 관한 서지정보를 이용자에게 올바르게 제공해 주는 것이 위주이다.

말하자면 특정 주제분야를 전공하는 이들에게 그 분야의 입문적 지식을 제공하는 서지학의 한 분과학이다. 이 목록학은 서양의 체계서지학, 열거서지학 또는 주제서지학에 해당된다고 할 수 있다.

(3) 판본학

판본학은 지적 소산을 담은 책의 물리적 형태와 특징, 그 변천과정을 실증적 방법으로 분석·조사·비평·연구·종합하여 책의 간사(刊寫)의 성격과 시기를 고증하고, 그 우열을 식별하며, 책에 관한 여러 문제를 연구하여 기술하는 분야이다.

고금에 생산된 책은 물리적 형태는 물론 내적인 면의 세부에 이르기까지 그 특징도 다양하고 시대에 따라 변화되고 있다. 책을 감정하기 위해서는 이것을 실증적 방법으로 식별해 내는 일이 필요하다. 말하자면 외적 형태에서 장정이 지니고 있는 시대적 특징이나, 내적 형태에서 간사의 종류, 좀더 구체적으로 목판본인 경우 간인처와 간인시기, 동일판의 경우 초인과 후인의 구분, 활자본인 경우는 활자의 종류, 기타 판식이나 글자체, 지질, 먹 등의 특징을 실증적 방법으로 분석·비평·종합하여, 궁극적으로는 책의 간사의 성격과 시기를 고증해서 책의 우열을 가름한다.

이 판본학은 서양의 형태서지학에 해당된다고 볼 수 있다. 형태서지학이
라 이름한 것은 책의 여러 형태적 특징과 그 변천과정을 대상으로 삼기 때
문이다.

2) 서양

서양에서 설정하는 서지학체계에는 다양한 견해가 있지만, 열거서지학,
분석서지학, 기술서지학, 원문서지학의 네 분야로 구분하는 방식이 일반적
이다.

(1) 열거서지학
열거서지학(enumerative bibliography)은 간단히 말해 특정한 체계에 따라
목록을 편성하는 것을 의미한다. 여기서 열거란 목록의 편성을 말하는 것
이며, 체계란 그러한 목록이 모종의 원칙 혹은 체계에 따라 편성되어야
함을 의미한다. 책을 어떠한 유용한 체계에 따라 나열하거나 목록으로 편
성하는 데 가장 핵심적인 것이 '체계'이므로 열거서지학을 체계서지학
(systematic bibliography)이라고도 한다.
특정 작가의 작품이나 특정 학자의 저서, 논문, 서평 등의 제목을 출판
사항과 함께 발표 연대순으로 나열한 체크리스트(checklist), 그리고 *Subject
Index to Periodicals, Index of Plays: 1800~1920* 같은 색인류, *A Concise
Bibliography for Students of English, A Bibliographical Guide* 같은 참고서지
및 안내서류가 이 열거서지학의 범주에 속한다.
목록으로 편성하는 체계는 다음과 같이 세분될 수 있다. 첫째, 일반적으
로 잡다한 자료들을 시대, 지리, 언어, 기타 외적 기준에 따라 목록으로
편성한 것이다. 1500년 이전 서방에서 인쇄된 초기간본을 헤블러(Konard
Haebler)가 저자명 자모순으로 작성한 *Gesamtkatalog der Wiegendrucke*는
시대를 기준으로 삼은 일반적 예이다. 둘째, 카예(F. A. Kaye)의 *A Census*

*of British Newspapers and Periodicals: 1620~1800*같이 자료의 형태를 기준으로 삼아 목록으로 편성한 것이다. 셋째, 자료의 내용을 기준으로 삼아 목록으로 편성한 것이다. 농업이나 수산업에 관한 책의 목록이라든가 *Annual Bibliography of English Language and Literature* 같은 2차자료 목록이 여기에 속한다. 넷째, 저자나 작가의 도서목록, 이른바 저작자서지이다. 여기에는 먼저 1차적인 자료, 곧 저작자의 저작을 수록하고, 다음에 그 저작자와 그의 저작에 대한 문헌목록이 수록된다.

열거서지학은 자료의 식별에서 저자, 제목, 출판년도만을 제공하는 것으로 만족하는 것이 보통이다. 어떤 책이 존재한다는 것을 단순히 알리는 것이 그 목적이기 때문이다. 물론 고서일 경우에는 혼동을 피하기 위해서 출판지, 출판업자 등을 추가하기도 한다. 요컨대 열거서지학의 주된 목적은 참고목록으로 기능하는 것이기 때문에 문헌의 열거에 불과하다.

(2) 기술서지학

기술서지학(descriptive bibliography)은 분석서지학을 통해서 얻은 정보를 사용하여 열거서지학을 통해 제시된 책, 가능한 한 그 문헌에서 가장 이상적인 판본, 즉 선본(善本)의 서지학적 본질을 기술하고 설명하는 것이다. 즉 2절판(folio), 4절판(quarto) 같은 책의 판형, 물리적 구성, 면차 표시 등의 오류나 변형과 같은 특이사항, 기타 해당 문헌의 역사를 조명해 줄 수 있는 모든 정보를 기술한다.

기술서지학은 실제로는 책의 나열이란 점과 분석서지학이 제공하는 책 제작 등에 관한 전문적인 기술적 정보를 활용하므로 열거서지학과 분석서지학의 중간에 위치한다고 할 수 있다. 열거서지학이 1차적인 자료와 2차적인 자료, 혹은 이 둘의 혼합을 모두 다루는 데 반해 기술서지학은 1차적인 자료만을 체계적으로 배열하고 기술한다. 동일한 1차적인 자료를 다루더라도 열거서지학보다 더 엄격하고 철저하게 다루기 때문에 기술서지학이 학문적 성격이 더 짙다. 기술서지학은 1차적인 자료를 양적으로 보

다 더 철저하고 완벽하게 수록하며, 자료의 식별과 배열에 있어 더 결정
적이며, 식별 이상의 목적에서 이용할 수 있는 모든 정보를 제공한다.

기술서지학과 열거서지학의 차이를 예를 들어 설명하면 다음과 같다.

첫째, 기술서지학자는 가능한 한 어떤 책의 특정한 판의 선본을 기술하
면서 다른 판본에 나타나는 변형을 모두 기록한다. 이 점은 편목자가 자
신이 수록하는 책이 그 저술을 진실로 대표하는 판본인지에 대해서 관심
을 기울이지 않는 것과 뚜렷한 차이가 있다.

둘째, 기술서지학자들은 선본의 형태를 알아내기 위해서 반드시 그 서
적의 다른 판본과 직접 대조작업을 진행하여 변형된 것을 가능한 한 철저
히 찾아낸다. 이 작업의 결과로 그는 동일한 판본 내에 존재할 수 있는 후
쇄본들도 찾아내 기록하게 되고, 본문 내용이 매우 유사하여 종래 혼동되
어 온 이판(異版)의 선후를 밝히기도 한다.

요컨대 기술서지학자는 대상자료의 물질적 형태를 상세히 그리고 철저
히 기록함으로써 물리적 형태를 확립하고, 동일한 판본의 변형은 물론이
고 다른 판본과의 차이도 기록하여 누구나 대상자료의 모습을 훤히 떠올
릴 수 있게 한다. 또한 누구나 자신이 갖고 있는 판본이 어떤 위치와 상태
인지 그 진면목을 알 수 있게 해 준다.

이상과 같이 책의 물질적 특징을 기술하면 기술서지학이 된다. 그러나
이것을 분석하면 분석서지학이 되는 것이다. 기술서지학이 열거서지학을
바탕으로 비로소 활동을 개시할 수 있다는 것은 앞서 말한 바 있지만, 그
활동을 하는 데는 또 분석서지학의 도움을 필요로 한다.

(3) 분석서지학

선도적 분석서지학자 그레그는 *The Function of Bibliography in Literary
Criticism Illustrated in a Study of the Text of King Lear*에서 분석서지학
(analytical bibliography)을 "책을 유형적 물체로서 연구하는 것" 또는 "책
을 기계적 인쇄과정을 통해서 만들어진 유형적 물체로서 연구하고 분석하

는 것" 등으로 정의했다.

분석서지학은 인쇄본이든 필사본이든 도서의 물질적 특징을 분석하는 서지학을 의미한다. 물질적 특징을 분석하는 목적은 그 서적 제작과정의 원칙을 알아내서 이 지식을 특정한 서적과 관련된 문제를 해결하는 데 응용하는 데 있다. 따라서 분석서지학은 기술서지학과 원문서지학의 바탕을 제공한다. 다시 말하면 기술서지학과 원문서지학은 분석서지학 활동의 산물이다. 서적과 관련된 문제라고 했을 때 이는 내용상의 문제가 아니다. 분석서지학은 일체의 문학적·역사적 혹은 심미적·비평적 고려와는 관련이 없기 때문에 내용상의 성격, 의미, 이해도 등을 일체 외면한 채 오직 책의 물질적 특징에만 관심을 기울인다.

책의 물질적 특징에 대한 분석은 필연적으로 비평적이다. 따라서 분석서지학은 비평서지학(critical bibliography)으로도 불린다. 분석서지학은 20세기 들어 새로 일어나 20세기 중엽에 크게 발달했으며, 열거서지학에 비해 과학적이므로 신서지학(new bibliography)이라고 불리기도 한다. 분석서지학은 열거서지학에 의해 목록이 편성되고, 기술서지학에 의해 기술된 책을 인공적 생산물로서 조사하고, 그 제작과정, 기술적 과정을 연구한다. 여기서 제작과정, 기술적 과정이란 종이, 잉크, 활자, 식자공, 인쇄작업, 제책 등 본문이 현재의 상태로 만들어진 단서 일체를 포함한다. 이런 의미에서 분석서지학은 기술서지학은 물론 역사서지학과도 밀접한 관계가 있다.

역사서지학(historical bibliography)은 책의 제작을 역사적으로 연구한다. 인쇄인의 안내서, 거래기록 등 외적 증거를 통해서 분석서지학자는 특정한 책의 인쇄과정에 관해 알 수 있다. 책 자체의 물질적 특징을 과학적으로 분석함으로써 일반적인 인쇄방법을 확인하고, 그 지식을 활용하고 응용해서 대상 문헌의 특징과 제작과정의 상관관계를 해석하는 것이다.

어느 특정한 국가, 시대, 분야, 주제, 작가 등에 관한 망라적 혹은 선택적 도서목록이나 저술목록, 참고목록도 서지로 불리고 있는데, 그레그는 이것을 주제서지(subject bibliographies)로 명명하고 서지학의 대상으로 삼지 않았다.

(4) 원문서지학

열거서지학, 기술서지학, 분석서지학이 정도의 차이는 있으나 서로 연관이 있는 것처럼 원문서지학(textual bibliography) 또한 그러하다. 원문서지학은 특히 분석서지학과 긴밀한 관계가 있다. 양자의 관계는 적어도 기술서지학과 분석서지학과의 관계만큼이나 긴밀하다. 책을 물질적 형태로 기술하는 것이 기술서지학이라면, 분석서지학의 도움을 받아 책의 내용, 다시 말하면 책을 물질이 아닌 형태로 그 내용을 다루는 것이 원문서지학이기 때문이다. 때로는 양자의 불가분한 관계로 인해 어디까지가 분석서지학이고 원문서지학인지 구별하기 어려운 경우도 있다.

원문서지학이 책의 내용을 다룬다는 말은 매우 제한적인 의미로 사용된 것이다. 원문서지학은 우선 문헌에 담겨 있는 단어를 의미가 있는 상징과 가치로 보는 대신 '비개념적인 잉크 묻은 인쇄글자(nonconceptual inked prints)'로 본다.

따라서 원문서지학의 관점에서 책 속의 단어와 구두점은 우선 식자공들이 활자통에서 활자를 조직적으로 뽑아 식자하고 조판해서 짜놓은 활판 위에 종이를 놓고 인쇄한 잉크 묻은 모양일 뿐이다. 이 점에서 원문서지학은 분석서지학이나 기술서지학과 마찬가지로 책을 역시 유형적 물체로 본다.

원문서지학은 인쇄의 일반적 관행과 실무를 포함해서 종이 위에 찍힌 글자의 모양을 조사하고 검토함으로써 원고가 활자조판을 통해 유형적인 잉크가 묻은 모양으로 전수되는 원리를 알아낸다. 말하자면 기계적인 과정 혹은 기계적으로 생산된 현상의 구체적인 사실을 알아내서 설명하는 것이다. 이러한 의미에서 그레그가 *The Function of Bibliography*에서 지적한 바와 같이 원문서지학 혹은 본문비평은 문헌적 문서전달의 모든 복잡한 문제를 다루는 것이다.

원문서지학 활동에 의해 인쇄원고의 진면목이 밝혀지고, 그것이 인쇄소에서 기계적인 과정을 거쳐 책의 형태로 된 원인이 밝혀지면, 이는 와전과 변형을 바로잡아 저자가 쓴 대로 복구하는 데 응용된다. 복구하는 것이 불가능할 때에는 그가 쓴 것에 가장 가까운 형태의 본문을 확정한다. 원문서지학은 서지학의 다른 분과학과 마찬가지로 가치판단이 아니라 사실판단을 바탕으로 삼고 있다. 따라서 서지학에서는 서지학적 발견에 바탕을 둔 기계적이고 객관적인 해석이 언제나 개인적이고 주관적인 해석에 우선한다. 이 점은 역으로 서지학적 방법이 얼마나 철저하고 흠이 없어야 하는가를 반증한다. 서지학적 증거를 잘못 해석했을 때는 매우 심각한 결과가 오기 때문이다.

<참고문헌>

尹炳泰. 『韓國書誌學槪論』, 서울: 韓國書誌情報學會, 1985.
李京植. 『분석서지학』, 서울대학교출판부, 1995.
이희재. 『書誌學新論』, 서울: 한국도서관협회, 2003.
千惠鳳. 『韓國書誌學』, 개정판, 서울: 민음사, 1997.
王欣夫. 『文獻學講義』, 上海: 古籍出版社, 1986.
長澤規矩也. 『書誌學序說』, 東京: 吉川弘文館, 1960.
昌彼得. 『中國目錄學講義』, 臺北: 文史哲出版社, 1986.
Harmon, Robert B. *Elements of Bibliography*, Metuchen: Scarecrow, 1981.
Stokes, Roy. *Esdaile's Manual of Bibliography*, 5th ed., Metuchen: Scarecrow, 1981.

제2장 기록매체의 발달

1. 종이 이전의 기록매체

기록매체로서 종이는 중국 후한시대 채륜이 발명한 것이다. 이후 제지술이 전세계적으로 전파된 것은 1,000여 년이라는 오랜 기간이 지나서였다. 인류는 기원전 3000년 전후에 문자를 창안했고, 이때에는 쇠붙이와 돌을 비롯하여 짐승의 뼈와 가죽, 조개껍질, 진흙, 수엽(樹葉), 수피(樹皮) 등 새기거나 서사 가능한 것은 대부분 기록매체로 활용하였음을 확인할 수 있다. 다만 주로 사용된 기록매체는 지역과 시대에 따라 그 종류와 형태가 다양한데, 이를 구분해서 살펴보면 다음과 같다.

1) 동양

(1) 죽간목독
문자를 처음 사용한 초기 중국에서는 귀갑수골(龜甲獸骨)이나 쇠붙이, 돌을 사용하여 기록을 남겼다. 그 후 지혜가 발달하여 저술한 내용을 체계 있게 기록하기 위해 사용한 것이 죽간목독(竹簡木牘)이었다. 죽간이란 죽편(竹片)을, 목독이란 목편(木片)을 말하는 것이다. 이보다 먼저 사용된 것으로 알려진 갑골이나 금석에 새기거나 쓴 것은 글자가 하나의 물건에 부속된 것에 지나지 않으므로 죽간목독을 책의 기원으로 보는 것이 학계의 통념이다.

종이가 발명되기 이전에 나무와 대나무는 가장 보편적인 기록매체였으며 사용된 기간도 장구했다. 심지어 이들은 종이가 널리 사용된 이후에도 수백 년 동안 서사에 쓰였다. 나무와 대나무가 광범위하게 사용된 원인은 현지조달이 가능하고 값이 쌌기 때문이다. 간독이 언제부터 사용되고 언제까지 쓰였는지는 아직 명확하게 밝혀지지 않았으나, 간독의 가장 빠른 기록은 은(殷)대의 갑골복사에 책을 상에 올려놓은 것을 상징하는 '典'이라는 글자가 나타나는 것으로 보아 죽간은 상고에서부터 기원후 3, 4세기까지 사용되었을 것으로 추정되고 있다. 다만 목독의 사용은 한(漢)대의 문헌에서 나타나고 있으므로 훨씬 뒤에 사용된 것으로 보인다.

죽간은 대나무를 일정한 길이의 원통으로 자른 뒤, 다시 일정한 폭으로 쪼개 푸른 표피를 깎아내고 불에 쪼이는 살청(殺靑) 및 한간(汗簡)처리를 해서 쓴다. 이것은 서사하기 쉽고 충해를 방지하여 오래 보존할 수 있게 하는 구실을 한다. 죽간은 큰 것은 폭 2cm, 길이 60cm 정도이고, 작은 것은 폭 1cm, 길이 12cm 정도이다. 목독의 길이는 시대에 따라 다르며 같은 시대에도 일정하지 않으나, 대개 20~30cm 정도 정방형으로 잘라 만든 목편이다. 간을 대신해서 사용하거나 대나무가 없는 지방에서 사용하였다.

대나무는 견고하고 세밀하며 살청에 의하여 어느 정도 충해방지가 가능하였으므로 내구성이 훌륭하였다. 나무 역시 원료가 풍부하여 널리 사용되었다. 하지만 나무와 대나무는 문자를 기록하기가 쉽지 않고, 또 원료 자체가 무거워 열람과 휴대에 불편한 것이 큰 단점이었다. 죽간목독에는 문자를 먹으로 서사하였는데, 그 재료로는 목즙인 칠을 쓰다가 나중에는 인조 먹을 개발하였다.

간독을 편철하는 방법으로는 횡련식(橫連式)과 중적식(重積式)이 있다.

횡련식은 폭이 좁고 길이가 긴 죽간을 대나무 발(簾)처럼 상하를 옆으로 잇달아 끈으로 엮는 방법이다. 바로 책(冊)이란 글자는 이 모양을 상형한 것이다. 중적식은 폭이 넓고 큰 목독을 위쪽에 구멍을 뚫어 끈으로 엮는 방법이다. 편철할 때 끈으로 사용한 것은 주로 명주, 삼, 가죽이었는데 위편삼절(韋編三絶)이나 삼경위편(三經韋編)은 가죽끈을 사용한 데서 기인한 말이다.

현존하는 가장 오래된 죽간은 1978년 호북성(湖北省) 수현(隨縣) 증후을묘(曾侯乙墓)에서 발굴된 전국시대 초기의 죽간으로 240여 점에 6천여 자가 수록되어 있다.

(2) 겸백

죽간목독을 널리 사용하던 선진시대에 들어 겸백(縑帛)을 새로운 기록매체로 사용하게 되었는데 이것을 백서(帛書)라고 한다. 처음에는 의복의 재료인 비단을 그대로 사용하였으나, 후에는 서사용 겸백을 따로 만들어 사용하였다.

백서는 글의 길고 짧음에 따라 적당히 겸백을 절단하여 서사하고, 말은 권자본(卷子本) 형태로 보관할 수 있으며, 마음대로 펼쳐 나갈 수 있다. 책을 헤아리는 단위로 권(卷)을 쓰게 된 것도 이 백서에서 비롯됐다. 또 기록매체로서 겸백은 간독보다 부드럽고 가벼워 서사와 휴대가 편리할 뿐 아니라 다른 기록매체에 비해 장기간 보관도 가능하였다.

이와 같이 겸백은 여러 우수성이 있어 종이가 발명되기 전에는 가장 바람직한 기록매체였다. 그러나 당시 겸백은 생산량도 많지 않았을 뿐더러 가격이 비싸 백서가 나온 뒤에도 간책이 도서의 주종을 이루었다. 죽간은 보통 초고를 쓰는 데 사용되고 겸백은 최후의 정본에 사용되었다. 이 점에 대해서는 『태평어람(太平御覽)』에 기록된 바와 같이 유향이 서적을 교정할 때 먼저 죽간에다 써서 쓸데없는 문자는 삭제하고 잘못된 것은 바로잡고 부족한 곳은 보충한 후 흰 비단에 정서한 것에서도 알 수 있다. 물론 죽간 역시 정본에 쓰이긴 하였으나, 글자를 고치기가 쉽고 또 가격도 저렴하여 초고용으로 적합하였다.

문자가 쓰인 겸백 조각은 드물게 단편적으로 출토되었으나, 가장 수량이 많고 중요한 장편 백서는 1973년 장사(長沙) 마왕퇴(馬王堆)의 서한묘에서 출토된 것이다. 출토된 고대의 도서는 모두 10여 종이며 12만여 자에 달하는데, 검은 먹으로 썼으며 자체는 소전과 예서이다. 제작시기는 기원전 2세기경이거나 혹은 좀더 빠를 것으로 추정된다.

2) 서양

(1) 점토판

고대문명의 발상지인 메소포타미아에서는 티그리스와 유프라테스강가에서 양질의 점토를 얻을 수 있었기 때문에 이것을 기록매체로 사용하였다. 사용 시기는 가장 오래된 것으로 기원전 4000~3500년경의 점토 파편이 전해 오고 있지만, 일반적으로는 기원전 3000년경부터 2, 3세기까지 주로 사용되었다. 수메르인이 설형문자를 처음으로 점토판(clay tablet)에 기록한 후 메소포타미아 지방에서 4천 년 이상 사용되었고, 그 근방 민족의 문명에도 영향을 미쳤다. 그 밖에도 크레타와 미케네섬의 미노아 문명권에서도 점토판을 사용하였다.

점토판의 제조방법은 부드럽고 유연한 진흙을 알맞은 크기와 형태로 빚어 나무나 뼈, 쇠붙이로 된 철필로 문자를 새겨서 불에 굽거나 태양 볕에 건조시켜 사용하였다. 문자를 새기는 데 시간이 오래 걸리거나, 첨가해서 기록할 필요가 있는 경우에는 진흙이 마르지 않도록 젖은 천으로 싸 두었다가 다시 사용하기도 하였다.

초기의 점토판은 세로쓰기로 오른쪽 위에서 시작해서 왼쪽 아래에서 끝을 맺었으나, 후에 가로쓰기로 바뀌어 왼쪽 위에서 시작해 오른쪽 아래에서 끝을 맺었다. 점토판은 서가나 바구니에 보관하였는데, 각 점토판에는 번호가 매겨지고 그 끝에 그 내용이나 요어(要語)가 기록되었다.

점토판의 형태나 크기는 대개 직사각형으로 폭이 2~3 인치, 길이가 3~4 인치, 두께 1인치 정도이나, 원형, 삼각형, 원추형, 원주형도 있고 그 크기와 모양이 다양하다. 가장 큰 육면의 점토판 중 하나는 높이 1피트, 두께 5인치로 1830년 니네베에서 발굴되어 현재는 대영박물관에 소장되어 있다.

이와 같은 다양한 형태와 크기의 점토판은 메소포타미아지역의 고대 바빌로니아와 앗시리아의 도시에서 다량 출토되었으며, 그 내용은 국가의 기록, 법률, 조약 등부터 종교, 과학, 문학은 물론 법정소송, 계약에 대한 기록까지 다양하다.

점토판은 충해, 습기, 화기에도 별다른 손상을 받지 않는 강한 보존성과 값싸게 구할 수 있다는 큰 장점이 있지만, 문자를 새기기가 어렵고 부피가 크고 무거워 사용하기에 불편하며 보관할 넓은 공간이 필요하다는 결점이 있어 기록매체로 부적합한 점이 더 많다.

(2) 파피루스

메소포타미아에서 점토판에 설형문자를 새기던 때에 또 다른 고대문명의 발상지인 이집트의 나일문화권에서는 파피루스(papyrus)를 이용하여 기록매체로 활용하였다. 파피루스는 이집트 나일강의 비옥한 삼옥주에서 많이 자라던 갈대의 일종으로 학명은 'cyper papyrus' 또는 'papyrus antiquorum'이다. 오늘날 쓰고 있는 'paper, papier, papel'이란 말은 모두 파피루스에서 나온 것이다.

파피루스는 다년초 식물로서 삼각형의 줄기에 키는 2.5~4.5m에 이른다. 고대 이집트인들은 파피루스를 식량으로도 이용하고, 즙을 내서 음료를 만들고, 줄기로는 의복, 신발, 새끼, 돛 등을 만들었으며, 배까지 만들었다는 기록도 보인다. 또한 그 꽃으로는 이집트 신전의 장식용 화환을 만들기도 한 다용도 식물이었다.

기록매체로서 파피루스를 만들 때에는 파피루스 줄기를 16인치 정도의 길이로 잘라서 겉껍질을 제거하고, 속대를 얇게 쪼개 판판하게 나란히 놓고, 그 위에는 직각 방향, 즉 날줄·씨줄로 겹쳐 놓고, 접착제를 발라 두드린 다음에 상아, 짐승의 뼈, 조개 또는 경석(輕石)을 사용해서 표면이 서사하기에 적절하도록 문질러 광택을 냈다. 이러한 과정을 거쳐 생산된 파피루스는 노르스름한 백색인데 나중에는 노란색으로 변하게 된다. 통상 파피루스 낱장 20개를 이어서 두루말이 형태로 만들었다.

완성된 파피루스에 사용한 필기도구는 끝이 뾰족한 나무막대기를, 끝을 붓 모양으로 만들어 사용하였다. 염료는 시대와 지역에 따라 다양하였으나, 가장 널리 사용된 것은 숯검정에 고무용액을 섞어서 만든 검은 잉크, 진흙이나 산화철로 만든 빨간 잉크, 그 밖에 녹색, 갈색, 노란색 잉크도 사용되었다. 파피루스 중 가장 질이 좋은 것은 속대로 만든 것으로 매우 유연하다.

파피루스는 한쪽 면에만 서사하였으나, 여백이 없거나 재료가 부족한 경우에는 양면에 서사하기도 하였다. 파피루스는 습기 방지를 위해 타르를 바른 목재 또는 점토 항아리에 넣어서 보관하였다. 파피루스는 습기와 충해만 잘 방지하면 몇 세기 동안이나 보관할 수 있다.

파피루스는 이집트 국내에서만 사용된 것이 아니라 기원전 7세기경에는 그리스로 수출되고, 3세기경에는 로마를 비롯하여 동방 제국에 널리 수출되었다. 이집트에서 배로 페니키아의 비블로스항에 수출하면, 그곳에서 다시 다른 나라로 재수출되기도 하였다. 바로 이 비블로스가 파피루스의 명칭으로 와전되어 비블로스(biblos)는 책, 그리고 성경(Bible)은 비블로스에서 유래된 '책 중의 책'을 뜻하는 것으로 변화되었다.

파피루스로 만든 도서로 인해 이집트의 도서문화는 눈부시게 발전했으며, 점토판을 주로 사용하던 앗시리아에도 'the reed of Egypt'로 알려졌다. 헤로도토스의 역사책을 통해서 그리스시대에도 파피루스가 사용되었음을 알 수 있다. 로마시대에는 파피루스를 책뿐만 아니라 법률문서의 서사에도 사용하였다. 또한 파피루스 두루말이는 고대 그리스, 이집트, 로마 도서관 장서의 대부분을 구성하였다.

7세기부터 파피루스는 양피지의 도전을 받기 시작했으나, 유럽에서는 10세기 말까지 이집트에서 수입하였다. 파피루스는 미관상 아름답고 길이를 조절할 수 있어 오랜 기간 외교문서로도 사용되었다.

기록매체로서 파피루스는 점토판 도서와 비교할 때 훨씬 가볍고 휴대와 이동에도 편리하였으며, 한쪽 면만 사용하더라도 기록 면이 넓은 장점이 있었다. 또한 두루말이 형태로 보관하였으므로 소장할 공간에 별 문제가 없었으며, 값싸게 구할 수 있다는 장점이 있었다. 그러나 읽을 때마다 펴고 말아야 하는 두루말이 형태로 인하여 오늘날의 책자형 도서에 견주어 보면 불편한 점이 많았다. 그리고 습기에 매우 약하고 너무 건조하면 부스러지기 쉬워 장기간 보존하는 데는 적당하지 않은 결점이 있었다.

많은 양의 파피루스 두루말이가 이집트의 무덤에서 발견되었는데, 그 주요 내용은 가장 일반적으로 알려진 『사자의 서(Book of the Dead)』와 죽은 사람의 일대기에 관한 것이다. 『사자의 서』는 죽은 사람과 함께 매장되는 시나 그림 또는 종교적인 기도문으로, 죽은 사람이 안전하게 내세에 갈 수 있도록 도와주는 내용이다.

(3) 양피지

양피지(羊皮紙, parchment)는 양, 염소, 소의 가죽으로 만든 기록매체이다. 특히 생후 6주 이내의 송아지 가죽으로 만든 것은 독피지(犢皮紙, vellum)라 한다. 양피지는 기원전 수세기경부터 이집트, 팔레스타인, 페르시아 등지에서 사용되었다.

기원전 2세기경에 소아시아 페르가몬(Pergamon)의 에우메네스(Eumenes) 2세는 페르가몬에 도서관을 설립하고 그 발전에 많은 노력을 기울였다. 그러자 이집트의 프톨레미(Ptolemy)왕은 이 도서관이 알렉산드리아도서관보다 발전할 것을 염려한 나머지 그 당시 널리 쓰였던 기록매체인 파피루

스의 수출을 금하였으며, 페르가몬에서는 파피루스 대용으로 양피지를 개
발하여 널리 사용하게 되었다.

양피지의 제조방법은 지역에 따라 다양하나, 대개 먼저 양, 소, 염소의
가죽을 벗긴 후 뜨거운 물에 담가 기름기를 제거한 다음, 가죽을 잘 말리
고 석회가루를 문질러 바른 다음, 경석으로 무두질하여 광택을 냈다. 그리
고 반듯하게 잘라내 한 장의 큰 양피지로 만들어 이것을 반절, 혹은 4절,
8절, 16절 등으로 쪼개서 사용했다.

독피지는 양피지보다 제조과정이 복잡하고, 가죽 자체가 섬세하고 광택
이 나는 흰색의 반투명한 기록매체이다. 아일랜드와 영국에서 만들어진
초기의 독피지는 다른 나라 것에 비해 억셌고, 이태리와 그리스 등의 지
중해 연안 국가에서는 광택을 많이 냈다. 초기에는 노란색의 양피지밖에
만들지 못했으나, 3~4세기에는 양피지 가공기술이 매우 발달하여 콘스
탄티노플과 로마에서 짙은 자주색으로 염색하는 기술을 발달시켰다. 이후
점차 양피지는 유럽의 주된 기록매체가 되었다. 책자의 형태는 가로와 세
로의 비율이 2대 3 정도였으며, 5세기부터 크기가 커졌다. 서명은 처음에
는 파피루스 권자본처럼 뒤에 기록하다가 5세기부터 앞면에 나타나기 시
작했으며, 삽화 역시 이때부터 많이 수록되었다.

8세기부터는 양피지 수요가 많아짐에 따라 점차로 가격이 오르게 되어
옛날 문서의 내용을 지우고 그 위에 다시 쓰는 이중사본(palimpsest)이 성
행하였다. 기록의 도구로는 독수리, 까마귀, 기러기 등 새의 깃털로 만든
펜을 이용했으며, 탄닌산, 황산염, 산화철, 식물 기름 등을 혼합한 잉크를
사용했다.

그 밖에도 각 면의 머리글자는 그림에 능한 수도승이 금, 은, 적, 청 등
의 그림물감을 사용하여 아름답게 채색하고, 주위는 꽃, 새, 작은 동물 등
여러 가지 도안으로 장식한 채식 사본이 생산되었다.

13세기까지 양피지는 유럽에서 보편적인 기록매체로 사용되었으며, 종
이가 중국에서 전래되기까지 각종 도서나 달력, 성서를 제작하는 데 사용

되었다. 제지법이 알려진 후에도 19세기까지 광범위하게 오랜 기간 병용되었고, 이후에는 책의 제본이나 장식에 주로 쓰이게 되었다.

양피지 도서는 코덱스(codex), 즉 고책자 형태이다. 양피지는 초기에는 도서용보다는 편지나 간단한 문서의 기록용으로 사용되었으나, 3~4세기경부터 양피지로 된 책자형 도서가 성행하게 되면서 두루말이형 파피루스 도서는 차츰 사라졌다.

5세기 이후에는 유연성과 내구성, 양면성 등 양피지의 특성을 충분히 활용한, 오늘날과 같이 읽기에 편리한 책자형 도서의 체제를 갖추게 되었다. 이후 양피지는 동양에서 도입된 종이가 보편적으로 사용되는 근세 초까지 서양에서 가장 중요한 기록매체로 자리잡았다.

양피지는 내구력이 강해 장기 보존에 알맞은 기록매체이다. 양피지 사용은 당시의 두루말이형 문헌이 현대의 도서와 같은 고책자형으로 전환되는 데 결정적 계기가 되었다는 데 큰 의의가 있다. 그러나 값이 너무 비싸 많은 기록을 하는 기록매체로는 부적당했다.

2. 종이의 발명과 전파

죽간이나 나무 혹은 비단을 기록매체로 사용하던 시기에 종이를 발명한 것은 세계 문명사상 획기적인 일이었다. 죽간은 서사하기 어렵고 너무 무거워 휴대하거나 읽기도 불편하였고, 비단은 길이를 조절할 수 있고 가벼워 휴대하고 펼쳐 읽기에는 간편하였으나 가격이 비쌌다. 가볍고 길이의 조절이 가능하며, 값싸고 보존기능 또한 탁월한 종이의 발명은 가히 혁명적이라 할 수 있을 정도로 지식과 정보의 확산에 커다란 영향을 미쳤다. 종이는 인류의 기록매체 가운데 가장 오래 사용되고 가장 많이 사용된 매체이다.

1) 종이의 발명

종이의 발명은 죽간은 무겁고 비단은 너무 비싸기 때문에 간편하고 값싼 대체 기록매체가 필요했던 배경에서 비롯되었지만, 일찍부터 비단이나 마(麻)의 방직기술이 발전하였기 때문에 가능하였다. 오랜 세월 방직하는 과정에서 종이와 유사한 형태의 것이 만들어졌는데, 이를 본떠서 만든 것이다. 즉 세척과정에서 떨어진 실 부스러기가 뭉쳐져 막을 형성하였고, 이것이 적당한 탄력과 형태가 있는 것을 발견하고 종이처럼 사용하게 되었다. 따라서 종이의 발명은 오랜 경험과 기술이 축적되어 자연스럽게 이룩된 것이지, 어느 날 갑자기 탄생한 것은 아니다. 그러므로 거의 2천 년 전에 중국에서 종이가 발명되었다는 것에는 이론이 없으나, 그 정확한 시기에 대해서는 논란이 있다.

(1) 105년설

『후한서(後漢書)』 권108 「채륜전(蔡倫傳)」에 상방령이었던 채륜이 비단은 비싸고 죽간은 무거워 이용에 불편하므로 수피(樹皮), 마두(麻頭), 폐포(敝布), 어망을 사용하여 종이를 만들었다고 하였다. 원흥(元興) 원(105)년에 임금에게 올린 이후 두루 쓰게 되었으며, 이를 채후지(蔡侯紙)라 불렀다고 한다. 이 기록에 의하여 종이의 발명자는 채륜이라고 알려지게 되었는데, 그 발명의 시기가 105년이라는 사실이 오랫동안 사서(史書)에 전해져 왔다. 그러나 최근 이를 부인하고 채륜을 종이의 개량자로 보는 견해가 대두되면서 중국 내에서도 쟁론이 끊이지 않고 있다.

(2) 기원전 2세기설

20세기 들어서면서 고고학적 발굴로 말미암아 새로운 설이 등장하게 되었다. 1957년 섬서성(陝西省)에서 파교지(灞橋紙)가 발굴된 이래 여러 차례 발굴에 의해 기원전에 종이와 유사한 종이류가 있었음이 발견되었다.

이로 말미암아 종이의 발명 연대는 기원전 2세기로 소급되었으며, 채륜은 종이의 개량자로 평가되었다. 채륜 이전의 종이 가운데 중요한 사항을 기술하면 다음과 같다.

① 파교지

기원전 140~187년의 것으로 추정된다. 1957년 섬서성의 파교에서 발굴되었다. 동경(銅鏡)을 싸는 포장지로 사용되었는데, 한 무제 원수 5(기원전 118)년에 폐지된 반냥전(半兩錢)이 함께 총 61편이나 출토되었다. 대마에 약간의 저마 섬유가 함유되어 있으며, 길이가 길고 실이 꼬여진 상태가 보이는 것으로 보아 마포 등의 부스러기가 자연적으로 퇴적된 것이며, 따라서 제지과정을 거치지 않았으므로 종이로 간주할 수 없다고 보는 학자도 있다. 특히 반냥전은 그 이후의 시기에도 출토되었고, 발굴지가 출토물과 유적지를 고증하기 이전에 훼손되었기 때문에 초기 종이로 인정하지 않는 학자가 많다.

② 남월왕묘의 서한지

기원전 195~188년으로 추정된다. 광주(廣州) 남월왕(南越王)의 묘에서 2쌍의 동이(銅匜)와 같이 2편이 출토되었다. 원료는 모시섬유로 판명되었다. 이것에 대해서도 서한의 마지이며, 상강산에서 출토되었으므로 상강지(象崗紙)라 칭하는 주장도 있고, 반대하는 이들은 마솜이 오랫동안 물에 부침하여 동이 밑부분에 부착돼 종이처럼 만들어진 저마솜 혹은 저마포라고 주장한다.

③ 면양의 서한지

기원전 186~118년의 것으로 추정된다. 1998년 사천(四川) 면양(綿陽)시의 영흥진(永興鎭) 2호 고분 목곽에서 발굴되었다. 묘제와 동시에 출토된 기물의 연대로 서한의 종이로 추정된다. 그러나 이 종이 잔편도 서한의 종이라고 주장하는 측과 부인하는 학자들이 첨예하게 대립하고 있다.
전자는 마섬유로 만든 서한의 종이라 주장하고, 후자는 현대에 만든 보릿
짚 종이로서 도굴자가 두고 간 것으로 보고 있다.

④ 방마탄의 종이

기원전 187~141년의 것으로 추정된다. 1996년 감숙성 천수(天水)시
방마탄(放馬灘)에 역사(驛舍)를 지으면서 발굴된 종이다. 백여 기의 고분군
가운데 한묘(漢墓)로 추정되는 무덤에서 종이지도가 발견되었다.

그 동안에는 채륜 이전에 종이가 있었다 하더라도 필사재료로는 함량이
모자라 포장지 등의 용도로 사용되었을 것이며, 채륜 이후에야 비로소 기
록매체로 적합한 종이가 만들어졌을 것으로 추정하였다. 그러나 이 지도
가 출토된 후에는 기원전에 이미 기록매체에 적합한 품질 좋은 종이가 있
었다는 사실이 확인되었다. 이것은 중국 내외의 주목을 받았으며 여러 번
에 걸쳐 전시되었다. 서한지라 주장하는 학자는 이 종이를 마지로 감정하
였다.

반대의 입장에서는 매장자는 이미 뼈까지 부식되었으며 내부성이 없는
물품은 모두 부식되어 없어진 데 반하여 종이는 남아 있는 것에 대해 의
구심을 갖고 직물의 잔편으로 추정하고 있다.

⑤ 거연의 금관지

기원전 54년 이전의 종이로 추정된다. 1978년 감숙성 거연(居延)에서
유적지를 발굴하는 가운데 죽간 만여 장과 함께 종이 2편이 발굴되었다.
이를 금관지(金關紙)라 하는데, 함께 출토된 죽간과 목간 가운데 가장 늦
은 시기의 것이 한 선제 감로 2(기원전 54)년의 것으로 밝혀졌다.

대마섬유로 이루어진 것으로 두 조각 가운데 큰 것은 종이 혹은 원시
형태의 종이라고 각각 주장하였으나, 작은 것에 대해서는 종이 제조과정
가운데 자르고 두드리는 기본공정을 거치지 않았기 때문에 종이라고 표현

하기 어렵다고 주장하는 학자도 있다.

⑥ 부풍의 중안지

기원전 73~49년의 종이로 추정된다. 1978년 섬서성 부풍현(扶風縣) 중안(中顔)의 공장 지하에서 도기관(陶器罐)을 발굴하였는데, 이 안에서 화폐, 동기 등의 유물과 함께 종이가 발견되었다. 도관과 화폐의 형식으로 한 선제 시기의 것으로 추정하였다. 그러나 이것도 이견이 있어 유적지와 유물 형식 등의 판별근거에 대한 비판이 있다. 양측이 다 종이 혹은 종이의 모형이라고 주장하고 있다.

⑦ 돈황의 마권만지

기원전 65~21년의 종이로 추정된다. 1979년 감숙성 돈황(敦煌) 마권만(馬圈灣)의 봉수대 유적지에서 발굴된 것으로 목간, 죽간과 함께 종이가 5건 8편 출토되었다. 기년(紀年)된 간독의 가장 초기의 연대와 가장 늦은 연대를 기준으로 그 제조연대를 추정한 것이다. 이를 서한시대의 종이로 인정하지 않는 측에서는 그 가운데 2편의 제조공정이 매우 발전된 형태를 보이는 것으로 보아 서한의 종이가 아니라 후대의 것이라고 주장한다.

⑧ 돈황 현천치 출토지

한지(漢紙) 9건, 진지(晉紙) 1건이 출토되었다. 1990년부터 3년에 걸친 발굴작업에 의하여 발견된 종이로 돈황의 역참 현천치(懸泉置)에서 만 5천여 건의 간독과 목기, 동기, 양식 등과 함께 발굴되었다. 이 유적지는 한무제 원정 6(기원전 111)년부터 위진시대까지 4백 년의 유물이 발굴된 곳으로, 총 6층에서 한의 간독이 3만 5천여 매 발견되었는데, 그 가운데서 연대가 기록된 것은 천 9백여 매이다.

종이지도가 발견된 이후 가장 많은 수량이 발견되었을 뿐 아니라 특히 글자가 쓰여져 있는 종이가 발견됨으로써 매우 주목을 받았다. 그러나 몇 세기에 걸친 유물이 출토될 뿐 아니라 채륜보다 늦은 시대의 간독이 발굴되었으며, 여러 차례 제출한 보고내용에 일관성이 없어 채륜 이전의 종이라는 주장을 펴기는 어렵다.

문자가 있는 종이 가운데 한 조각은 초기 서한(西漢)의 종이로 발표되었다가 서법가들의 연구 이후 서진(西晉)의 종이로 바뀌었다. 이 가운데 원료가 초류 식물이거나 전료(填料)가 가해져 있거나 또는 펄프화가 많이 진행된 표본이 있는 것, 염색이 되어 있는 것 등으로 보아 비교적 늦은 시기의 것으로 보는 것이 일반적인 견해이다.

이상과 같이 채륜의 종이 발명설과 채륜의 종이 개량설 두 가지 설이 있는데, 전자는 전통적인 연구학자들이 수긍하는 이론이며, 후자는 비교적 소수그룹이지만 매우 강력하게 주장을 펴고 있다. 종이를 어떻게 정의하는가에 따라 연대는 어느 정도 달라질 수 있다. 105년 채륜설을 주장하는 일군의 학자도 채륜 시대 이전에 종이의 모형이 있었다는 것은 인정한다. 즉 종이는 어느 한 개인에 의하여 한순간의 번득이는 재기로 탄생한 것이 아니라 오랜 세월의 경험과 실험이 이루어 낸 산물이라는 것이다.

그러나 일반적으로 채륜 이전의 종이는 기존의 재료가 자연적인 힘을 받아 형성되었거나 약간의 물리적인 힘을 가하여 만든, 엄밀한 의미에서 완전한 종이로 보기 어려운 부분이 있는 것도 사실이다. 이를 채륜이 연구하여 현재와 같은 품질 좋은 종이를 만들어 내 많은 사람에게 전파한 것이다.

그 동안 이루어진 종이 제조과정에 새로운 기술과 재료를 사용하여 품질을 제고하고 과정을 확장시킨 채륜의 공로는 매우 큰 것이다. 실제로 상기한 방마탄에서 출토된 지도와 같이 기록매체로 사용되었다 하더라도 채륜 이후의 그것처럼 기록매체로 바로 확대되기에는 품질이 부족하였을 것이다. 이 부분은 이후 기년이 수록되고 연대가 앞선 종이가 출토되어 이를 증명해 주기를 바랄 뿐이다.

2) 제지술의 전파

오랫동안의 경험이 축적된 종이 제조법과 채륜의 공헌으로 3세기에 이르러 이미 중국은 각지에 종이공장이 들어서게 되며 수요도 급팽창하게 되었다. 뿐만 아니라 4세기에는 모든 기록매체를 반드시 종이로 바꾸도록 명령하기도 하였다. 따라서 상당히 빠른 시기에 그 기술이 전국으로 확산되고 외국에도 전해진 것으로 추정된다.

(1) 우리나라

우리나라에 언제 종이와 제지술이 전해졌는지에 대한 기록은 전혀 없다. 그러나 채륜 이후 중국 전역에 종이와 그 제조기술이 빨리 확산됐다는 사실, 그리고 우리나라와의 지리적 조건, 외교적·문화적 교류 등을 감안하면 2세기 이후 그리 멀지 않은 시기에 전해졌을 것으로 생각된다.

종이는 제지술보다 더 일찍 전래되었을 것이지만, 현재 기록으로 추정할 수 있는 시기는 4세기 말경이다. 고구려 소수림왕 2(372)년 중국에서 불교가 전해질 때 불경과 불상 등을 가져왔는데, 이 불경이 종이로 만든 서적이었을 가능성이 있다. 이 시기 중국에서는 이미 종이서적이 많이 유통되고 있었기 때문이다. 이때 제지술도 함께 들어왔을 가능성도 많다.

한편 왕인 박사가 일본에 『천자문(千字文)』과 『논어(論語)』 등을 가져갔고, 610년 담징(曇徵)이 종이, 먹, 채색(彩色)과 맷돌을 일본에 전하였다는 『일본서기(日本書紀)』의 기록이 있다. 따라서 7세기 초에는 우리나라에 제지술이 어느 정도 발전해 있었을 것이다.

현재 우리나라 종이로 연대가 정확하면서 가장 오래된 것은 호암미술관에 소장되어 있는 『백지묵서대방광불화엄경(白紙墨書大方廣佛華嚴經)』이다. 이 사경은 경덕왕 13(754)년부터 14(755)년에 걸쳐 사성되었음이 그 발문(跋文)에 기재돼 있으며, 필사하는 과정도 자세하게 기술되어 있다. 뿐만 아니라 이 경지(經紙)의 원료와 종이를 뜬 지장의 이름까지 수록되어 있다. 종이의 원료는 닥[楮]인데, 오랜 기간이 경과하였으나 지금도 상태가 양호하다.

이 밖에 비슷한 시기의 것으로 국립중앙박물관에 소장되어 있는 『무구정광대다라니경(無垢淨光大陀羅尼經)』과 일본에 소장되어 있는 신라의 고문서가 있고, 고구려 유적지에서 출토되었다고 하는 고구려의 종이가 북한에 소장되어 있다.

현재 기록과 실물이 8세기 이후의 것밖에 남아 있지 않아 이전의 것은 잘 알 수 없으나, 당시 우리나라 종이는 이미 일정한 수준에 도달해 있었음을 알 수 있다.

고려시대에는 각 지역에 설치된 지소(紙所)와 지부곡(紙部曲)에서 종이를 만들었다. 지역마다 각종 원료를 사용하거나 가공하여 지역마다 특색 있는 종이를 만든 것으로 보인다. 종이의 수요가 많았으므로 국가가 닥나무를 관리하기 시작한 시기도 고려시대부터였다. 또 기술이 매우 발전하여 남, 황, 홍 등의 색깔로 염색하고 두꺼운 종이를 많이 만들었으며, 불경지 등을 중국으로 수출하기도 하였다.

조선조에 이르러 조지소(造紙所)를 태종 15(1415)년에 설치하고 국가가 종이의 품질을 관리하고 직접 제조도 하였다. 또한 종이의 원료나 품질에 대한 통제와 함께 개량과 연구도 이루어졌다. 태종, 세종, 성종 등이 특히 우리나라 종이의 품질제고에 노력을 많이 기울인 왕이다.

조선시대 전반기에는 비교적 얇은 종이를 만들었으며, 여러 가지 원료를 사용하여 종이를 만들고 새로운 종류의 종이 개발을 끊임없이 시도하였고, 후반기에는 점차 두꺼운 종이를 사용하였다. 조선조 말에 이르러서는 중국, 일본의 종이가 많이 통용되었다.

우리나라에 최초로 서양식 초지기가 들어온 것은 1884년 김옥균에 의해서였다. 마포 양화진에 설치하여 가동했으나 실제로는 거의 역할을 하지 못하였다. 실질적으로 가동한 것은 1901년 조지소를 신축하고 지폐용지를 제조하기 시작한 그 이듬해부터다. 그러나 종이의 수요를 감당하지는 못하였고, 1917년 일본의 후지제지주식회사(富士製紙株式會社) 공장이

신의주에 설치되면서부터 대량생산에 들어가게 되었다.

수초지(手抄紙)도 고해(叩解)과정에 간단한 기계를 사용하거나 가성소다
를 이용하여 목질소(木質素)를 제거하였으며, 화학약품으로 닥풀(黃蜀葵)을
대신하였다. 특별한 양식의 것이 아닌 경우 서양식 기계지(機械紙)가 전통종
이를 대체하여 기록매체로 사용되었는데, 이후 전통적 방법으로 만든 수제
지를 조선지(朝鮮紙) 또는 한지(韓紙)라 부르고, 기계지는 양지(洋紙)라 지칭
하게 되었다.

(2) 서양

종이가 발명된 후 몇 세기 동안은 서양과 문화교류의 통로인 비단길을
통해 종이가 서방세계에 전파되었다. 그러나 제지술이 전해진 것은 탈라
스(Talas)에서 당나라와 사라센간에 충돌이 일어난 751년 이후의 일이다.

이때 사라센에 잡힌 중국인 포로에 의해 사마르칸트에서 종이가 만들어
지기 시작했고, 점차 수요에 부응하기 위해 많은 지방에서 종이가 만들어
졌다. 이후 중앙아시아를 통해 멀리 북아프리카까지 제지술이 전해지게
되었고, 여기서 유럽으로, 그리고 17세기에 이르러서는 미국에까지 전파
되었다.

793년에는 이라크의 바그다드에 종이공장이 생겼으며, 900년경에는 이
집트의 카이로, 1100년에는 모로코의 페즈에 제지공장이 세워졌다. 유럽
에서는 스페인이 가장 빨리 종이를 만든 나라이다. 12세기 자티바(Xativa)
의 공장에서 만든 종이가 수출되었다는 기록이 있다. 1189년에는 프랑스
에 공장이 세워졌으며, 1276년에는 이탈리아 몬테파노에 제지공장이 세
워졌다. 독일에는 1391년에 뉴른베르크와 쾰른에 공장이 세워졌고, 폴란
드에는 1491년, 오스트리아에는 1498년, 영국에는 1511년, 러시아에는
1576년, 덴마크에는 1635년, 노르웨이에는 1690년에 제지공장이 세워졌
다. 그리고 멕시코에서는 1575년, 미국에서는 1690년, 캐나다에서는
1803년, 호주에서는 1868년에 비로소 종이가 만들어지기 시작하였다.

초기 제지업의 중심지는 다마스커스, 밤비시나 등 아랍지역이었고, 이후 스페인과 이집트의 종이도 유럽지역에 수출되어 기록매체로 사용되었다. 이들의 제지술은 수공업 생산방식이었으며, 마나 면 등 넝마를 사용하였다. 주로 망 모양의 발을 써서 두껍고 광택이 없으며 거칠었다. 또 크기는 매우 작았는데, 불투명하였기 때문에 양면에 모두 기록할 수 있었다. 이후 서양의 제지술은 발전을 거듭하여 초지기(抄紙機)를 발명하고 동양에 역수출하기에 이르렀다.

기계지의 시작은 1680년에 네덜란드에서 펄프의 섬유를 푸는 고해기(叩解機)가 처음 발명되면서부터다. 그 후 1798년 프랑스에서 로베르(Nicholas Louis Robert)에 의해 처음으로 초지기가 발명되었으며, 1809년에 이르러서는 실린더를 이용한 성형기가 영국에서 발명되어 대량생산의 길이 열렸다. 1840년 독일에서 목재펄프를 만드는 과정을 개발하였는데, 이전까지 원료로 넝마를 사용하여 그 생산량이 매우 한정적이었다.

이후 19세기 중엽에 화학펄프 제조법이 발명되고, 염색이나 표백이 가능해졌으며, 침엽수도 원료로 사용할 수 있는 방법이 개발되는 등 괄목할 만한 발전이 이루어졌다. 1950년대에는 고속종이성형기(twin wire paper former)가 개발되어 대량생산이 가능하게 되었다.

기계지는 그 원료 자체에 불순물이 많고 제조과정에서 화학약품을 사용하므로 전통종이에 비해 보존성이나 조형성, 미감에서 상당히 떨어지지만 실제 그 원리는 같다. 그러나 값싸고 대량생산이 가능해 전세계 문화발전에 이바지한 바는 매우 크다.

3. 새로운 기록매체

19세기 말기부터 여러 형태의 기록매체가 새로운 정보전달 기술과 함께 등장하였다. 1878년에는 음성자료를 만들 수 있는 기술로 축음기,

1895년에는 정보를 장거리로 전파할 수 있는 기술로 라디오 등이 등장하였다.

현재는 각기 별도로 존재하던 음반, 필름, 통신기술이 통합되어 새로운 매체로 변환되고 있다. 그 바탕은 디지털기술이며, 이 기술은 기존의 인쇄매체나 일방적인 전파매체가 아닌 정보산업의 핵심을 이루는 컨텐츠 속에서 상호 연관적인 커뮤니케이션을 가능하게 하고 있다.

새로운 매체는 상호작용에서 큰 장점을 보이며 전자 및 통신분야의 신기술과 접목하여 다중매체로 발전하였는데, 다중매체란 다수(multiple)와 매체(media)의 합성어로 숫자와 문자 위주의 데이터에서 소리, 음악, 정지화상 및 동화상 같은 여러 형태의 정보를 통합·조정하여 표현하는 개념이다. 사실 정보화사회에서 정보란 숫자와 문자정보뿐 아니라 이미지, 화상, 소리, 음악, 애니메이션, 비디오 등 다양한 형태의 정보를 의미한다. 이와 같이 여러 새로운 매체 중에서 도서관이나 정보센터에서 많이 이용되는 마이크로자료와 전자매체에 대해 살펴보면 다음과 같다.

1) 마이크로자료

도서관의 자료를 사진 촬영해 극도로 축소한 자료를 마이크로자료(microforms)라 한다. 여기에는 마이크로필름(microfilm), 마이크로피시(microfiche), 초마이크로피시(ultrafiche), 마이크로카드(microcard), 마이크로프린트(microprint) 등이 있다.

마이크로필름은 두루말이 형태로 보통 16mm, 35mm, 70mm, 105mm 등이 있는데, 대부분의 도서관에서는 16mm와 35mm를 소장하고 있다. 두루말이 하나에 한 책 또는 여러 책을 담을 수 있는 장점이 있는 반면, 원하는 부분을 찾을 때 시간이 지체되는 단점이 있다.

마이크로피시는 얇은 플라스틱 판에 많은 마이크로 영상을 촬영한 것이다. 피시는 프랑스어 카드에서 유래된 것에서 알 수 있듯이 유럽에서 고안된 것이다. 전체 판의 크기는 3×5인치와 4×6인치의 것이 있다. 두루말이 형태와 달리 되감는 불편이 없고, 가볍고 부피가 작은 장점이 있으나, 해상도와 선명도가 떨어져 수학공식 같은 작은 기호나 숫자가 많을 때는 혼동될 수 있다. 초마이크로피시는 마이크로피시와 같지만 한 장의 플라스틱 판에 형태와 크기에 따라 340에서 2,500이미지를 축약할 수 있다. 이전에는 불투명한 용지에 마이크로화상을 인화한 마이크로오패크(micro-opaque)가 있었으나 무거운 탓에 도서관자료를 복제하는 데는 더 이상 사용되지 않는다.

2) 전자매체

비디오디스크를 응용해 만든 것이 CD이다. 현재 오디오CD는 일부 영역을 제외하고는 기존의 LP를 거의 대체하였다. 이 CD는 1986년부터는 음악정보 저장에서 일반정보 저장용으로 발전하였다. CD-ROM은 HDD와 FDD를 제외한 보조기억장치로 가장 일반적인 것이다. 대용량의 정보를 저장할 수는 있지만 기록된 정보를 읽을 수밖에 없는 한계가 있다.

DVD는 'Digital Video Disc'의 약자로 LD를 개선하기 위해 개발되었다. 나중에 표준규격을 결정하는 과정에서 DVD의 무한한 용도가 드러났으며 명칭도 'Digital Versatile Disc'로 변경되었다. 이 매체는 'Computer Data'와 'Audio'뿐만 아니라 'Video' 데이터까지도 저장이 가능하다. DVD-Video 외에 DVD-ROM도 많이 이용되는데, 규모가 큰 영상이나 음향도 충분히 저장할 수 있다.

일반적으로 종이에 인쇄한 것을 종이책, CD에 인쇄한 것을 디스크책, 인터넷 웹에 출판한 것을 화면책이라고 한다. 최초의 전자책 전용 단말기는 1998년 누보미디어에서 출시한 로켓 이북(Rocket eBook)으로 약 4,000페이지 분량의 정보를 저장하여 40시간까지 사용할 수 있었다.

전자책에 대한 정의는 다양하다. 광의의 전자책은 CD-ROM이나 온라

인 형태의 인터넷과 PC통신을 비롯한 출판 등 모든 전자적 매체를 포괄
한다. 그러나 좁은 의미의 전자책은 인터넷 표준언어인 HTML(Hyper
Text Markup Language)과 차세대 표준언어인 XML(eXtended Markup
Language)을 이용하여 디지털화된 책을 PC나 전용단말기를 이용하여 다
운받아 읽는 디지털 출판형태를 말한다.

　그리고 전자책은 eBook, e-텍스트, 온라인북, 파일북 등 다양한 이름으
로 불리며, 기존의 종이책과 같은 휴대성을 제공해 주는 전자책 전용단말
기를 통해 볼 수 있는 하드웨어 형태의 전자책과 휴대용 컴퓨터나 PC 등
의 환경에서 인터넷을 통해 다운받은 전자책을 전용뷰어를 통해 볼 수 있
는 소프트웨어 형태의 전자책으로 구분된다.

　대체로 전자책은 책의 정보를 디지털형태의 정보로 가공 및 저장한 출
판물로 기존의 인쇄매체에 비해 정보의 형태가 다르고, 하이퍼텍스트라는
새로운 공간을 이용하게 된다. 더욱이 가독성과 휴대성, 편의성 및 저장용
량 등의 장점이 있는 전자책은 차세대 매체로 전문서적 및 백과사전 등은
빠르게 대체될 것으로 전망되고 있다.

　전자책의 큰 장점은 원하는 시간과 장소에서 구매가 가능하다는 점과
저렴한 가격을 들 수 있다. 그러나 새롭게 등장한 매체보다 종이책을 선
호하는 독차층이 여전히 많으므로 일시에 종이책을 대체할 수 있는 것은
아니다. 다만 관련기술의 발전이 매우 급속히 진전되고 있으므로 필요한
학문분야의 매체는 전자책으로의 변화와 수용이 예견된다.

　<참고문헌>

김세익. 『도서 인쇄 도서관사』, 서울: 아세아문화사, 1994.
손원성 외. 「전자책 관련기술과 발전동향」, ≪한국멀티미디어학회지≫ 1호
　　(2001. 3).

李光麟. 「李朝初期의 製紙業」, ≪歷史學報≫ 10輯, 1958.

이기성. 『eBook과 한글폰트』, 서울: 동일, 2000.

李秉岐. 「韓國書誌의 硏究」, ≪東方學志≫ 3·5집, 1961.

李弘稙. 「慶州 佛國寺 釋迦塔 發見의 無垢淨光大陀羅尼經」, ≪白山學報≫ 4
     호(1968. 6).

鄭善英. 「朝鮮初期冊紙에 관한 硏究」, 서울: 延世大學校大學院, 1986.

정선영. 「종이의 傳來時期와 古代 製紙技術에 관한 硏究」, 서울: 延世大學校
     大學院, 1998.

정필모, 오동근. 『도서관문화사』, 서울: 구미(주)출판부, 1998.

조기원, 최성. 「e-book(전자책)」, 《정보처리》 7권 5호, 2000.

홍영래, 이정아. 「디지털미디어시대의 전자책(eBook)출판에 관한 연구」, 《시각
     디자인학연구》 9호(2002. 2).

錢存訓 著. 金允子 譯. 『中國古代書史』, 서울: 東文選, 1993.

卞特. 『中國印刷術的發明和它的西傳』, 北京: 印刷工業出版社, 1991.

맥루한, 마샬 저. 박정규 옮김. 『미디어의 이해』, 서울: 커뮤니케이션북스,
     1997.

에스카르피, 로베르 저. 김광현 역. 『정보와 커뮤니케이션』, 서울: 민음사,
     1995.

카터, T. F. 저. 강순애, 송일기 역. 『인쇄문화사』, 서울: 아세아문화사, 1996.

Paylik, John V. New Media Technology: Cultural and Commercial Perspectives,
     Boston: Allyn & Bacon, 1996.

제3장 도서의 형태

1. 도서의 장정

1) 동양

(1) 권자장

간책은 죽간이라고도 일컫는바, 여러 개의 대나무 조각을 끈으로 엮어 두루말이 형태로 말아 두었는데, 부피가 크고 무거워 이용과 보관 등에 불편하였다. 중국의 고전인 '육경(六經)'을 비롯해서 당시 귀중한 문헌들은 모두 죽간에 쓰여졌다. 간책에는 지금의 종이책에서 볼 수 있는 표제지와 면수의 형식을 갖추어져 있어 책의 기원이 바로 여기서 비롯되었음을 알 수 있다. 이러한 간책은 중국의 은나라 때 처음 등장하여 종이책이 본격적으로 사용되기 이전까지 대략 2천년 동안 주 기록매체가 되었다.

죽간이 사용되던 후기에 비단과 종이가 새로운 기록매체로 등장하였다. 그러나 종이책 시대에 들어가서도 기원전 5세기에 시작된 두루말이 방식의 장정 형태는 송나라 초기까지 그대로 유지되었다. 기록매체의 변화에 따라 그 형식이 조금 바뀌었지만 근본적인 변화는 나타나지 않았다. 그러나 권축장(卷軸裝)은 도서재료의 변화로 비단과 종이가 사용된 이후의 도서형태로 한정하여 사용할 필요가 있었다.

비단과 종이로 만든 권자장(卷子裝)은 기록매체의 맨 끝에 가늘고 둥근 축[棒軸]을 붙여 그 축에 두루 마는 방식을 사용하였다. 그리고 이를 보관할 때에는 찾아보기 편리하도록 축의 아래쪽 끝에 서명과 권차를 적어 넣은 꼬리표[籤]를 매달아 놓았다. 이러한 장정형식은 중국에서는 북송 초기까지, 우리나라에서는 고려 중기까지 보편적으로 사용되었다.

(2) 선풍엽

권자장은 글을 읽을 때 한쪽은 풀고 한쪽은 감으면서 읽어야 하고, 본문의 중간이나 끝의 몇 행만 참고할 경우에도 모두 풀었다 감았다 해야 하는 불편함이 있었다. 이러한 불편한 점을 해결하기 위해서 고안된 것이 선풍엽(旋風葉)이다.

송나라 구양수의 『귀전록(歸田錄)』에는 선풍장은 긴 종이[卷子]를 밑부분에 깔고 그 위에 엽자(葉子)를 비스듬하게 하여 우측 글자가 없는 공백부분을 한 장씩 좌측방향으로 붙여 나간 형태로 소개되어 있다. 이러한 모양이 권자를 펴면 마치 고기비늘과 같다 하여 용린장(龍鱗裝)이라 하고, 이를 말 때는 회오리바람과 같다 하여 선풍장이라 하고, 권자가 붙어 있어 선풍권자(旋風卷子)라고도 하였다.

본래 선풍이란 말은 빠르다[迅速]는 의미를 지닌 용어로, 이는 선풍장이 권자장에 비하여 신속하고 편리하게 필요한 부분을 찾아 읽을 수 있다는 것을 말한다. 선풍장은 독서할 때 권자를 펴고 안에 붙어 있는 엽자를 한 장씩 넘겨 가면서 볼 수 있었을 뿐 아니라 책을 만들 때 양면에 필사할 수 있었다. 이는 비록 권자본의 모태를 벗어나지는 못했지만, 권자본보다는 현저하게 발전된 장정형식이다. 현존하는 실물로는 중국의 고궁박물원에 소장되어 있는 『천류보결절운(刊謬補缺切韻)』이 있다.

(3) 절첩장

절첩장(折帖裝)은 일정한 크기의 종이를 연이어 붙여 적당한 크기로 접은 다음, 앞·뒷면에 두터운 장지를 붙여 만든 장정형태를 말한다. 이는 권자장의 단점을 보완한 것으로 책을 읽을 때 간편하게 한 장씩 넘겨 가며 볼 수 있고, 또한 어느 부분을 참고할 경우 쉽게 찾을 수 있으며, 다 읽고 덮어 두면 바로 원상태가 되어 권자본이나 선풍엽보다 독서하기에 편리하였다. 그러나 여러 차례 계속하여 접었다 펼치게 되면 접힌 부분이 떨어지는 단점이 있었다.

이 절첩장은 첩책(帖冊), 접책(摺冊), 범협장(梵夾裝), 경접장(經摺裝), 경절장(經折裝) 등으로도 일컫는다. 특히 범협장 또는 경접장이라는 명칭은 불교 전래에 따라 중국에 수입된 인도의 불교경전인 패엽경(貝葉經)에서 영향을 받았기 때문에 생긴 것이다. 이러한 도서형태는 중국의 당 말기에 쓰여진 일부 돈황사경과 북송 초기에 복주 동선사(福州 東禪寺)에서 간행된 『숭녕만수장(崇寧萬壽藏)』에서 나타나기 시작하였으며, 우리나라에서는 고려 중기부터 보인다.

(4) 호접장

호접장(蝴蝶裝)은 인쇄 또는 필사한 낱장을 본문이 마주 보도록 가운데를 접어 판심 부분의 뒷면에 풀을 발라 하나의 표지를 반으로 꺾어 접은 안쪽에 붙여 만든 장정형식을 말한다. 본래 호접장은 절첩장 형식의 단점인 접힌 부분의 결락을 방지하기 위해서 고안된 형식이다. 호접장본은 낱장을 반으로 접어 판심의 뒤쪽에 풀을 칠하여 표지에 붙이게 되므로, 책장을 펼쳤을 때 필사 또는 인쇄면의 모양이 마치 나비 같다고 하여 붙여진 이름이다. 이러한 도서형태는 중국 오대 말부터 북송 초기에 보급되기 시작하였으며, 우리나라에서는 경주 기림사에서 발견된 고려본 『능엄경』이 가장 오래된 것이다.

(5) 포배장

포배장(包背裝)은 호접장과 반대로 먼저 인쇄 또는 필사한 면의 글자가 밖으로 나오도록 판심의 중앙을 접어 가지런히 한 책의 분량으로 모아 두터운 장지로 책등을 둘러싸 제책한 형태를 말한다. 이 과정에서 필사 또는 인쇄면의 끝부분 양끝에 송곳으로 각각 두 개씩 구멍을 뚫어 종이를 비벼 꼰 끈을 끼어 넣고, 끝 양쪽을 좀 여유 있게 남기고 끊어 버린 다음, 그 끝에 풀칠하여 나무 방망이로 쳐서 위에 밀착시킨다. 그리고 몸통 꿰매기가 끝나면 접힌 부분을 제외한 세 면을 재단한 다음, 한 장의 두터운 표지를 풀로 붙여 덮어 싼다. 이러한 도서형태는 중국의 원나라에서 비롯되었으며, 우리나라에서는 고려 말에서 조선 초기에 간행된 불경에서 주로 나타난다.

(6) 선장

선장(線裝)은 포배장이 표지가 쉽게 떨어져 버리는 취약점을 보완하여 풀로 붙이는 대신에 실로 표지를 꿰매어 묶는 방식을 사용한 것이다. 포배장에는 여러 차례 이용하는 사이에 자연히 표지가 떨어져 나가는 큰 폐단이 있었다. 이를 방지하고자 고안한 방법이 바로 최근까지 사용된 선장이다.

선장은 문자 면의 글자가 밖으로 나오도록 판심부의 중앙을 접어 한 책분량으로 가지런히 모아서 재단하고, 서배(書背) 부분의 양끝에 종이끈으로 심지를 박은 다음 양끝을 잘라 내고, 나무망치로 그 부분을 두드려 평평하게 하고, 앞뒤로 표지를 놓고 송곳으로 구멍을 뚫어 실로 꿰매는 방식이다.

이러한 선장 도서형태는 중국 송나라에서 시작되어 청조 말 서양 장정이 도입될 때까지 줄곧 사용되었으며, 우리나라에서도 고려 말기 이후로 구한말까지 널리 사용되었다. 오늘날까지 전하는 한국, 중국, 일본 등의 고서는 대부분 이러한 선장 형식으로 제책되어 있는 것을 볼 수 있다.

2) 서양

　서양에서 장정의 변천은 동양과는 다른 양상을 띤다고 할 수 있다. 서양에서는 지역에 따라 다양한 기록매체를 사용하였다. 점토판은 방형, 원형, 삼각형, 원추형, 원통형 등으로 만들어져 각각 항아리, 원통, 바구니에 보관하였으며, 따로 이들을 서로 묶어 사용하지는 않았다. 그리고 파피루스는 권자 형태로 만들어 오랜 기간 사용하였는데, 펴고 감는 과정에서 손상되는 경우가 많았다. 나중에는 양피지의 영향을 받아 고책자 형태로 만들어지기도 하였다.

　양피지는 초기에는 도서용보다는 편지나 간단한 문서의 기록용으로 사용되었다. 초기에는 파피루스의 영향으로 권자의 형태로 만들어졌다. 5세기 이후에는 유연성과 내구성뿐 아니라 양면에 필사할 수 있는 양피지의 특성을 충분히 활용해 오늘날과 같은 초기 책자형 도서의 고책자 형태로 변하였다. 고책자는 밀랍 판의 형태를 본뜬 것으로 여러 장의 양피지를 함께 묶어 접어서 가죽끈으로 꿰맨 형태로 일종의 포배장이다.

　서양에서 장정의 변천은 양피지에서 점차 변화되어 오늘의 양장본 형태로 발전했다고 볼 수 있다. 고책자형과 함께 새로운 장정기술이 나타났다. 이집트의 무덤에서는 6세기 가죽장정의 서적이 발견되었고, 9세기 아라비아 지방에서는 기하학적 장식의 가죽장정을 한 서적이 만들어졌다. 8, 9세기 유럽에서는 가죽에 호화로운 장식을 한 장정본도 있다. 당시의 표지는 금속세공을 하고 상아나 칠보 등을 넣고 자수를 한 천으로 장식하였다.

　양피지 서적은 지사본(紙寫本)과 지간본(紙刊本)에 많은 영향을 미쳤다. 종이서적의 장정형태는 현재 양장본이라 부르는데, 역시 포배장 형태라 할 수 있다. 종이로 만든 서적의 기본형태인 양장본은 고책자가 발전된 양상이다. 양피지 사본시대에는 표지의 주재료가 가죽이었으나, 종이서적 시대의 표지에는 가죽, 천, 종이, 비닐 등이 고루 사용되고 있다.

2. 도서의 형식

1) 동장본

동장본(東裝本)은 동양식 장정으로 제작된 책을 일컫는 말로 가장 일반적인 형태는 선장본이라 할 수 있다. 따라서 동장본의 형식을 선장본의 구성요소를 중심으로 하나씩 설명하면 다음과 같다.

(1) 표지

책의 외부를 형성하는 겉장을 일컬어 표지(表紙)라 한다. 표지의 기능은, 첫째, 책의 내용을 지키면서 잘 보존하도록 하는 것이고, 둘째, 책의 겉모양, 즉 외관(外觀)을 꾸미는 것이며, 셋째, 표지에 기록된 사항을 통하여 책을 분별하도록 하는 데 있다.

① 표지의 제작과 편철방법

우리나라에서는 표지의 재료는 일반적으로는 저지를 몇 겹으로 붙여 사용하였다. 그리고 표지는 황백(黃柏), 치자 또는 괴자즙(槐子汁) 등으로 황염(黃染)하고, 다양한 능화 및 기하문양을 넣었다. 이는 서적의 방두(防蠹)와 예술적 효과를 고려한 것이다.

표지가 마련되면 몸통 위·아래에 대고 서배 부분을 꿰매는 작업을 하였다. 그 끈은 베실, 비단실, 목실 등을 튼튼하게 꼬아 홍색으로 염색하고, 일반적으로 다섯 개의 구멍을 뚫어 꿰맸다. 이를 오침안정법(五針眼訂法)이라 하는데, 오침안법(五針眼法), 오침철장법(五針綴裝法), 오공찬정법(五孔鑽訂法) 등으로도 불린다.

이와 같이 표지를 황염하고 문양을 내며 끈을 홍염(紅染)하여 장책하는 것을 장황(裝潢)이라 하며, 그 작업은 장황공(裝潢工)이라 불리는 장인이 맡아 하였다. 우리나라의 장황법은 황지홍사(黃紙紅絲)에 의한 오침안정법이 행해지고 있음이 중국, 일본과 비교하여 특이한 점이다. 중국과 일본은 책의 대소에 따라 사침 또는 육침, 드물게는 팔침안정법도 있는 등 짝수의 철법(綴法)이 행해지고 있어 우리와는 자못 대조적이다.

② 표지에 기록된 사항

고서의 표지에는 대개 제명(題名), 책차(冊次), 목차, 총책수 등이 나타나는데, 이들 사항의 전부 혹은 한두 가지가 표시된다. 대부분의 책에는 표지에 제명이 기록되며 이를 표제(表題)라 한다. 표제는 표지에 바로 붓으로 필사하기도 하지만, 별도로 마련한 비단 또는 종이에 제명을 적어 표지에 붙이거나, 사주(四周)에 변란을 치거나 문양을 넣은 첨지(簽紙)를 인쇄하여 붙이기도 하는데, 이러한 것을 제첨(題簽)이라 한다.

표지에 나타나는 제명은 권수제(卷首題)와 동일한 경우도 있지만, 제명의 일부를 생략하여 표시한 책이 많다.

책차 표시는 책의 차례를 나타내는 것인데, 단책본은 '완(完)'이나 '단(單)'으로 그것이 전부임을 나타내고, 다책본의 경우에는 일련번호나 한문성어로 책차를 표시한다. 예를 들면 2책본은 '상(上), 하(下)' 또는 '건(乾), 곤(坤)', 3책본은 '상(上), 중(中), 하(下)' 또는 '천(天), 지(地), 인(人)', 4책본은 '원(元), 형(亨), 이(利), 정(貞)', 5책본은 '인(仁), 의(義), 예(禮), 지(智), 신(信)', 6책본은 '예(禮), 악(樂), 사(射), 어(御), 서(書), 수(數)' 등으로 그 순차를 매기는 것이다.

총책수 표시는 한 질의 책수가 모두 몇 책인가를 알려주는 요소로 '공(共)' 글자 표시 아래에 그 수를 묵서함으로써 책의 완질 여부를 확인할 수 있게 했다. 그리고 다책본에서는 표지에 목차를 일일이 기록하여 각 책의 내용을 알기 쉽게 한 것이 간혹 있다.

③ 배접지

고서의 표지는 대체로 종이를 덧붙여 두껍고 튼튼하게 만든다. 이렇게 표지에 덧붙인 종이를 배접지라 부른다. 배접지로는 백지(白紙)와 파지(破紙)를 쓴다. 비교적 종이의 생산과 사용에 여유가 있을 때는 백지를 쓰고, 종이 생산이 부족하거나 여유가 없을 때에는 파지를 활용하였다.

파지는 폐기한 공문서나 인본, 기타 필사자료로 쓰거나 같은 인본의 여분 또는 같은 시기 다른 인본의 파지를 사용하는 경우가 있다. 이러한 파지를 활용한 배접지에서 간혹 중요한 사료나 유명 인물의 서간, 필적 또는 미발표 저작이나 일문(逸文) 등이 발견되기도 하며, 동시대 인본의 간행사항을 알아내는 데 도움이 되는 단서가 나오기도 한다.

(2) 면지

앞·뒤의 표지 안쪽에 별도의 백지 한 장을 접어서 표지와 함께 제책한 것을 면지(面紙)라 한다. 앞표지에 붙어 있는 면지를 앞면지라 하고 뒤표지의 안쪽에 있는 면지를 뒷면지라 한다. 면지는 면이 공백으로 되어 있는 일종의 여백지(餘白紙)이지만 때로 중요한 정보를 제공하는 기록의 장소가 되기도 한다. 그 중에는 내사기(內賜記)와 장서기(藏書記)가 있다.

① 내사기

왕이 하사한 반사본(頒賜本)의 경우 반사와 관련된 사항을 앞면지에 붓으로 적은 것이 나타나는데 이를 내사기라 한다. 내사기는 개인에게 하사한 것과 관청에 반사한 것으로 나눌 수 있다. 개인에게 하사한 책에는 책을 반사한 연월, 피반사자의 직함과 성명, 서명 및 건수, 명제사은(命除謝恩)의 순으로 적혀 있는 것이 보통이다. 관청일 경우는 피반사자의 직함과 성명 대신 관청명이 들어가고 명제사은은 생략한다. 개인이건 관청이건 간에 끝에는 왕의 명령을 받들어 반사한 승지 또는 규장각의 각신이 직함과 성을 기록한 다음 서명(署名)을 하였다. 이 서명을 수결(手決)이라 한다.

반사본에는 첫 장에 선사지기(宣賜之記) 또는 규장지보(奎章之寶), 동문지보(同文之寶), 흠문지보(欽文之寶)의 보인(寶印)이 날인되어 있다. 이러한 보인을 반사인(頒賜印) 또는 내사인(內賜印)이라 하는데, 권수의 제명 위에 겹치게 날인된다.

② 장서기

책을 소장하고 있던 사람이 남긴 기록을 장서기라고 한다. 장서기는 앞면지의 여백 또는 뒷면지의 여백 등에 나타나지만, 뒷면지에 쓰는 경우가 많다. 장서기는 보통 그 책을 소장하게 된 경위와 장서기를 쓴 시기 및 수장자의 당호성명(堂號姓名) 등이 묵서되어 있다. 장서기에 쓰인 날짜는 그 책의 간행년대를 추정하거나 유통경로를 파악하는 데 큰 도움이 된다. 만일 소장자가 저명한 인사일 경우 그 책은 명가(名家) 수택본(手澤本)의 가치가 있다.

(3) 표제지

현대서의 표제지(標題紙)에는 서명, 저자명, 판차, 출판사항 등이 빠지지 않고 기록되어 있으며, 목록을 작성할 때 이 표제지에 기록된 정보는 으뜸 정보원이 된다. 이와 달리 고서에는 표제지가 없는 경우가 대부분이다. 다만 임진왜란 이후의 책에서 간혹 표제지를 발견할 수 있다.

우리나라 고서에서 볼 수 있는 표제지의 형태는 대체로 사주의 변란과 제명만을 큰 글자로 인쇄한 단조로운 것이 많다. 그러나 서명을 청색 또는 적색으로 찍거나 사주를 전통적인 문양으로 아름답게 장식하는 등 이채로운 책도 간간이 나타난다.

표제지에 기재된 사항은 제명, 저자나 편자, 간행년도, 간행지, 간행자, 판종 등이다. 고서에서는 이들 사항을 모두 기재한 예는 흔하지 않고 제명만 기재한 경우, 혹은 제명을 비롯한 일부 사항만 기재한 경우가 많다.

(4) 권수도

본문 속에서 다루고 있는 삽도 외에 책머리에 실려 있는 도판을 권수도

(卷首圖)라 한다. 현대서에도 책머리에 도판을 두는 경우가 흔하지만 고서에도 책머리 한두 장을 권수도로 할애하는 경우가 있다.

불교 전적의 권수도는 전질의 첫 책 맨앞에 위치하는 경우도 있지만, 대개는 매책 또는 매권의 머리에 두는 경우가 많다. 이러한 권수도는 매책과 매권의 내용을 한눈에 알 수 있도록 함축하여 그림으로 표현한 것이다. 불전에 들어 있는 권수도를 특히 변상도(變相圖)라 한다.

불전 외의 일반 고서에서 권수도가 들어 있는 책이 흔한 것은 아니나, 우리나라 고서에 나타나는 권수도를 대별해 보면 다음과 같다. 첫째, 개인의 문집 권수에 초상화나 관계되는 그림을 두는 경우, 둘째, 개인에 관한 저작의 권수에 초상화나 그림을 두는 경우, 셋째, 개인의 전기 권수에 피전자의 초상화 또는 묘산도(墓山圖)가 그려져 있는 경우, 넷째, 지리지의 권수에 지도가 게재되어 있는 경우, 다섯째, 족보의 권수에 묘산도와 분파지도(分派之圖)가 그려져 있는 경우 등이다.

(5) 진전문

왕의 명을 받들어 편찬한 봉명서(奉命書)의 경우, 그 책을 편찬하게 된 내력을 적어 책머리에 붙이는데, 이를 진전문(進箋文)이라 한다. 진전문의 형식은 대체로 봉명찬수관(奉命撰修官) 중 대표 관원의 직위와 성명에서 시작하여 그 책을 편찬하게 된 내력과 진전문을 쓴 날짜, 쓴 사람의 성명과 관직명의 순으로 되어 있다. 이러한 진전문은 그 책을 편찬하게 된 내력뿐 아니라 관계되는 저작이나 활동까지도 언급하는 경우가 많다.

(6) 서문

서문은 책의 저작동기와 목적, 저작자의 생애와 사상, 그 책의 핵심적 내용 등을 간추려 적은 것이다. 간인본의 경우 간인의 동기와 목적을 비롯하여 간인의 시기, 간인의 주관자와 협조자, 간인처, 간인의 과정 등이 기술된다. 따라서 서문은 그 책의 성립과정과 간행의 사정을 알려주는 중요한 요소가 된다.

서문은 작성자가 누구인가에 따라 저자 본인이 직접 쓴 자서(自序)와 다른 사람이 쓴 타서(他序)로 나눌 수 있다. 또한 게재되어 있는 서문의 개수에 있어서는 한 사람이 쓴 단일 서문만 있는 경우와 자서 다음에 타서가 나란히 게재되어 있는 경우, 자서 없이 타서가 다수 적혀 있는 경우 등 다양하다.

서문은 대개 서문임을 나타내는 서제(序題)로 시작되는 것이 보통이나, 서제 없이 바로 시작되기도 한다. 서제는 대부분 권수제와 일치하지만 때로는 제명 중 일부를 생략하거나 몇 글자를 덧붙여 쓴 경우도 있다.

서문과 본문의 글자 크기와 인쇄방식은 대체로 동일하다. 그러나 서문의 글씨를 본문보다 큰 글씨로 인쇄한 책, 본문은 목판으로 인쇄하고 서문은 활자로 인쇄하거나, 반대로 본문은 활자로 인쇄하고 서문은 목판으로 인쇄한 책도 있다. 간혹 목판본에서는 서문이 누락되어 필사하여 보충한 예도 찾아볼 수 있다.

(7) 목차

현대서에서 본문의 내용을 미리 알려주는 내용목차가 책머리에 붙어 있는 것과 마찬가지로 고서에도 여러 형태의 목차가 있다. 고서에서는 목차의 명칭도 다양한데, 여기서는 보편적 사항을 설명하기로 한다.

① 총목

총목(總目)은 여러 권책으로 이루어진 책의 전체 내용을 미리 알려주는 목차로 한 질 중 제1책의 본문 머리에 있는 경우가 대부분이다. 총목은 판심에 총목이라는 표시를 하고, 각 장의 순서를 나타내는 장차를 별도로 매기는 것이 보통이다. 총목의 끝에서는 간혹 그 책의 간행과 관련된 기록이 나타나는 경우도 있다. 우리나라에서 간행된 문집 중에는 그 책에 수록한 시문의 편수와 사용한 활자 및 인쇄한 권질의 수를 총목 다음에 밝힌 책도 있다.

② 책별 목차

여러 권책으로 이루어진 책의 경우, 그 책 속에 들어 있는 여러 권의 목차를 한꺼번에 모아서 나열한 것을 책별 목차라 한다. 책별 목차는 대개각 책의 권수에 적혀 있다. 다만 여러 권책으로 이루어진 것일지라도 책별 목차 없이 총목만 제시한 책도 많다.

③ 권별 목차

각 권의 머리에 적혀 있는 목차를 권별 목차라 한다. 여러 권책으로 이루어진 책에는 책별 목차가 별도로 없다 하더라도 권별 목차는 있는 경우가 많다. 권별 목차는 판심에 목록이란 표시를 하고, 본문과 별도의 장차 표시를 하고 있다.

권별 목차는 서명과 권차 및 목차 표시의 세 가지 부분으로 이루어져 있다. 목차에 나타나는 제명을 목차제(目次題)라 일컫는다. 목차제는 권수제와 일치하는 경우가 대부분이지만, 때로는 다른 경우도 있다. 목차 표시는 대개 목록이라는 단어를 쓴 경우가 대부분이며, 간혹 목차라고 쓴 경우도 있다.

각 편의 제목 나열은 보통 권차 표시 다음 행부터 한 자씩 낮추어서 한다. 여러 사람이 지은 글을 한 권에 모아 수록한 책에서는 편명 같은 행 아래에 지은이의 성명을 기재한 예도 있다.

(8) 범례

본문을 읽기 전에 유의해야 할 사항이나 본문에 사용된 특별한 부호 등을 설명한 것이 범례(凡例)이다. 고서에서는 범례를 찾아보기가 그리 쉽지 않다. 다만 여러 사람의 저작이나 여러 사람에 관한 사실 또는 여러 사람의 저작을 간추려서 새롭게 편성한 책에서 종종 범례를 볼 수 있다. 범례의 개별 조항은 '一'이라는 글자로 시작하는 것이 보통이다. 범례에서 다루고 있는 사항은 책을 편찬하게 된 내력, 판본에 대한 사항, 편찬의 방법, 부호의 사용 등 간행 및 물리적 구성에 관한 사실이다.

(9) 장서인

장서인은 대체로 본문이 시작되는 권수 면에 날인되어 있다. 이것은 대개 권수의 제명 아래 끝에 날인하며, 선후 여러 장서자를 거치면서 장서인이 누적될 경우 대체로 아래에서 위로, 우측에서 좌측의 순서로 찍히게 된다. 장서인은 기관 장서인과 개인 장서인으로 나눌 수 있다. 기관 장서인은 소장 관청명을 새겨 찍은 것이고, 개인 장서인은 소장한 사람의 명호 또는 서재명(書齋名) 등을 새겨 찍은 것이다. 이러한 장서인은 그 책의 유통경로를 살피는 데 도움을 준다.

(10) 판식

① 광곽

책장의 네 둘레, 즉 인쇄면의 가장자리에 그어진 검은 선을 광곽(匡郭)이라 하는데, 중국에서는 이를 변란(邊欄)이라 이르기도 한다. 광곽의 종류는 사주단변(四周單邊), 사주쌍변(四周雙邊), 좌우쌍변(左右雙邊)으로 구분할 수 있다. 사주단변이란 책장의 네 둘레에 하나의 검은 선이 돌려진 것을 일컬으며, 이 경우 그 선이 굵은 것이 보통이다. 사주쌍변은 네 둘레에 두 개의 검은 선이 돌려진 것을 말하며, 이 경우 보통 바깥쪽 선은 굵고 안쪽 선은 가늘다. 좌우쌍변은 네 둘레 중 위쪽과 아래쪽에는 하나의 검은 선이 있고, 왼쪽과 오른쪽에는 두 개의 선이 있는 것을 말한다.

광곽은 장정의 변천과정에서 호접장과 포배장 및 선장에서만 볼 수 있고, 권축장과 절첩장에서는 책장을 이어 붙여 한 책을 만들기 때문에 책장의 위쪽과 아래쪽에만 검은 단선이 나타난다. 이 경우 책의 형태 기술에서 상하단변(上下單邊)이라 표시한다. 호접장 이후의 장정에서 광곽의 종류와 크기는 이판(異版)을 가름하는 데 중요한 구실을 하며, 목판본과 활자본을 구별하는 데도 중요한 단서가 된다.

② 계선

본문의 각 행 사이에 그어진 선이 계선(界線)이며, 괘선(罫線) 또는 계격(界格)이라고도 한다. 간인본 형태 기술에서 계선이 있는 것은 유계(有界), 없는 것은 무계(無界)라고 표시한다.

사본에서는 본문의 각 줄 사이를 구분하기 위해 그어진 선을 사란(絲欄) 또는 격(格)이라 한다. 사본은 계선이 없는 경우가 많지만 이처럼 계선이 나타난 경우는 투식판(套式板)에 먼저 계선을 박아낸 용지에 필사한 것이다. 이 경우 먹으로 계선을 박아낸 용지에 필사한 책을 오사란초본(烏絲欄鈔本), 주색(朱色)으로 계선을 박아낸 용지에 필사한 책을 주사란초본(朱絲欄鈔本)이라 한다. 또한 홍색(紅色)으로 계선을 박아낸 용지에 필사한 책을 홍격초본(紅格鈔本), 남색(藍色)으로 계선을 박아낸 용지에 필사한 책을 남격초본(藍格鈔本)이라 한다.

③ 행관

행관(行款)은 한 장에 수록된 본문의 행수와 한 행에 수록된 글자 수를 말하며, 행격(行格)이라고도 한다. 목록작성 형태의 기술에서는 권축장과 절첩장같이 판심이 없는 경우는 서엽(書葉) 한 장에 수록된 총 행수와 한 행에 수록된 자수를 표시한다. 판심이 있는 호접장, 포배장, 선장의 경우는 책장을 접었을 때의 한 면, 즉 반엽(半葉)을 기준으로 하여 '반엽 20행 22자'와 같이 표시한다.

글자의 크기가 크고 작음에 따라 행수와 자수가 차이가 나는 경우는 이들을 각각 잇달아 적어 주어야 하고, 작은 글자의 주석이 본문 아래 붙어 있는 경우는 본문의 행자수에 이어 주쌍행(註雙行)이라 부기한다. 예를 들면 '반엽 대자 5행 12자 중자 10행 18자 주쌍행'이라 표시한다.

행자수의 표시는 동일한 저작의 이판을 식별하는 데 중요한 요소가 된다. 특히 활자의 종류가 다양한 우리나라의 활자본 식별에서는 더욱 중요한 구실을 한다.

④ 판심과 중봉

호접장, 포배장, 선장으로 된 책은 일반적으로 두 면으로 이루어진 책장을 반으로 접어서 장책하고 있다. 책장이 접히는 중간부분, 정확히 말해 앞면의 본문 끝에서 뒷면의 본문이 시작되는 사이의 부분을 일러 판심(版心)이라 한다. 문헌에 따라서는 판구(版口)라 일컫기도 한다.

그리고 그 판심의 정중(正中), 즉 둘로 꺾어서 접은 절선을 중봉(中縫)이라 한다. 중봉은 묵선을 그어 구체적으로 표시한 것이 아니라 접음으로 인하여 자연스럽게 생긴 선이다. 판심에는 중봉뿐 아니라 어미(魚尾), 흑구(黑口), 판심제(版心題) 등 여러 가지 양식이 다양하게 나타난다.

⑤ 어미

판심의 아래위 양쪽 혹은 위쪽에 물고기 꼬리 모양으로 표시된 것을 어미(魚尾)라 한다. 어미는 판심의 위와 아래에 두 개가 새겨져 있는 쌍어미(雙魚尾)가 보통이지만, 간혹 하나만 있는 단어미(單魚尾)도 있다. 어미는 모양에 따라 백어미(白魚尾)와 흑어미(黑魚尾) 및 화문어미(花紋魚尾)로 나눌 수 있다.

백어미란 어미가 흰 바탕으로 된 것, 흑어미는 검은 바탕으로 된 것을 말한다. 어미에 꽃무늬가 들어 있는 것을 화문어미라 한다. 또 화문어미는 화문의 수에 따라 일엽화문어미(一葉花紋魚尾)와 이엽화문어미(二葉花紋魚尾), 삼엽화문어미(三葉花紋魚尾) 등이 있다. 여기에서 화문의 수는 앞에서 광곽의 크기와 행관에서 모두 반엽을 기준으로 했으므로, 화문의 수 역시 책장을 반으로 접었을 때 나타나는 문양의 개수로 산정한다.

어미도 시대적 특징을 나타내고 이판을 가름하는 중요한 요소가 된다. 따라서 목록 기술에서도 어미의 개수와 위치, 꼬리 부분의 방향, 모양에 따른 종류를 연이어 구체적으로 표시한다.

예를 들어 판심의 윗부분에서 아래로 향하고 있는 흑어미가 하나만 있다면 '상흑어미(上黑魚尾)'로 표시하고, 쌍어미로 상하의 어미가 모두 아래로 향하고 있다면 '상하하향흑어미(上下下向黑魚尾)'라 표시한다. 또 위쪽 어미는 아래로 향하고 아래쪽 어미는 위로 향하여 서로 마주 대하고 있는 흑어미라면 '상하내향흑어미(上下內向黑魚尾)'로 표시한다. 화문어미의 경우는 화문의 개수를 산정하여 구체적으로 표시해 주어야 한다. 이를테면 두 개의 화문이 새겨진 어미가 서로 마주 대하고 있다면 '상하내향이엽화문어미(上下內向二葉花紋魚尾)'로 기술하면 된다.

⑥ 흑구

판심의 아래위로 어미부터 인쇄면의 양쪽 끝까지 중봉 부분에 검은 묵선이 그어진 것을 흑구라 한다. 특별한 기준은 없으나 육안으로 보아 검은 선이 아주 굵은 것은 대흑구(大黑口)라 하고, 가늘고 세밀한 것은 소흑구(小黑口) 또는 세흑구(細黑口)라 한다.

우리나라의 전적에서 흑구는 고려 말기부터 조선 전기에 이르기까지 흑어미와 짝을 이루어 빈번하게 나타난다. 또한 조선조 중종 이후 선조년간의 간본에서는 삼엽화문어미와 짝을 이루어 많이 나타나는 현상을 볼 수 있다. 이와 같이 흑구도 특정 시대에 나온 책의 특징을 나타내는 한 요소로 볼 수 있지만 절대적인 것은 아니다.

⑦ 묵등

본문 중에 궐문(闕文)이 생겼을 때 네모나게 검은 먹을 칠해 놓은 것을 묵등(墨等)이라 한다. 이는 훗날 그 본문이 밝혀지거나 고증되면 보각(補刻)하기 위해 마련해 둔 것이라 할 수 있다. 문헌에 따라서는 이를 묵정(墨釘)

또는 등자(等子)라 일컫기도 한다.

본문 중 궐문된 곳을 처리하는 또 다른 방법으로 흰 바탕에 모난 둘레를 먹으로 표시하는 방법이 있으니, 이를 백광(白匡) 또는 백위(白圍)라 한다. 이것은 대개 사본에서 볼 수 있는 현상이지만 간인본에서도 간혹 나타난다. 특히 궐문이 생긴 사본의 본문을 그대로 찍어낸 간인본에서 볼 수 있다.

⑧ 서미와 서각

광곽의 위쪽 여백 지면을 서미(書眉), 서정(書頂) 또는 천두(天頭)라 한다. 광곽 없이 본문만을 필사했거나 간인한 책의 경우는 본문 상단의 여백이 이에 해당한다. 반면 광곽의 아래쪽 여백지는 서각(書脚), 서족(書足) 또는 지각(地脚)이라 한다. 이는 대개 호접장 이후의 방책 계통에서 부르는 이름이고, 판심 없이 상하의 변란만 그어진 권자본이나 절첩장에서는 위쪽 여백지는 천(天), 아래쪽 여백지는 지(地)라 일컫는다.

서미와 서각에 주가 나타나는 경우가 있는데, 서미에 있는 주를 두주(頭註) 또는 오두(鰲頭)라 하고, 서각에 있는 주는 각주(脚註)라 한다. 그리고 서미에 본문에 대한 비평어가 있다면 이를 미비(眉批)라 한다.

⑨ 제명

책의 이름인 제명, 즉 서명은 현대서와 마찬가지로 고서에서도 여러 곳에서 다양하게 나타나며, 그 명칭도 위치에 따라 각기 달리 부른다. 먼저 책의 본문 머리에 표시된 제명을 권수제 또는 권두제라 하며, 대부분 완전한 제명을 쓰므로 편목시 서명 채택의 기본 전거가 된다.

책의 본문 끝에 표시된 제명은 권말제 또는 권미제라 한다. 또한 목차 앞에 표시된 제명은 목차제, 판심에 표시된 제명은 판심제라 한다. 책의 겉장, 즉 표지상에 표시된 제명은 표제라 하고, 제첨 또는 제전(題籤)에 적혀 있는 제명은 제첨제, 첨제, 제전제, 전제 등으로 부른다. 간혹 겉장 안쪽에 제명이 표시된 경우도 나타나는데, 이를 이제(裏題)라 한다. 현대서와 마찬가지로 표제지에 표시된 제명은 표제(標題)라 한다. 광곽의 바깥 좌우 하단에 제명이 표시된 경우도 있는데, 이를 난외제(欄外題)라 한다.

한편 고서는 보관할 때 세우지 않고 쌓아서 보관하므로 식별의 편리를 도모하기 위하여 서근에 제명을 표시하기도 한다. 이를 서근제(書根題) 또는 근제라 한다. 호접장으로 된 책에서는 좌측 광곽 위에 바깥으로 돌출하여 조그만 네모꼴을 만들어 제명을 표시한 것이 있는데, 이 네모꼴을 서이(書耳) 또는 이격(耳格)이라 하고, 그 안에 표시된 제명을 이제(耳題)라 한다.

⑩ 피휘자 및 간자, 개행

옛날에 왕은 지존의 존재라 그 이름을 함부로 부를 수 없었다. 따라서 책 본문 중에 왕의 이름자와 같은 글자가 나타나면 그 글자의 사용을 기피했는데 이를 피휘자(避諱字)라 한다. 피휘의 방법에는 두 가지가 있다. 먼저 그 글자의 마지막 한 획을 생략하는 것으로 이를 피휘결획(避諱缺畫) 또는 피휘궐획(避諱闕畫)이라 한다. 또 뜻이 같은 다른 글자로 바꾸어 쓰는 경우도 있으니 이를 피휘대자(避諱代字)라 한다. 피휘는 중국의 송본(宋本)에서 매우 엄격하게 지켜지고 있으며, 우리나라에서도 그 영향인 듯 고려와 조선의 관판본에서 자주 나타난다.

왕에 대한 존경을 표시하기 위하여 문장 중 한 글자를 비워 둔 것을 간자(間字) 또는 공격(空格)이라 한다. 우리나라에서는 실록, 상소문 등에서 그 예를 찾아볼 수 있다. 또 진전문, 봉교서(奉敎書), 외교문서 등에서는 황제나 왕, 부처에 대한 존경을 표시하기 위하여 글줄을 바꾼 것이 나타나는데 이를 개행(改行)이라 한다. 일본에서는 대두(擡頭)라는 용어를 쓰고 있다. 존경을 표시하기 위해 행하는 개행은 글의 종류에 따라 한 글자를 위로 올리는 경우와 두 글자를 올리는 경우 및 중국 천자와 관련된 글에서는 세 글자를 올리는 등 각기 예가 다르다.

(11) 발문

서문과 마찬가지로 책의 저작동기와 목적, 저작자의 생애와 사상, 그 책의 핵심내용 및 간인본의 경우 간인의 동기와 목적을 비롯하여 간인시기, 간인의 주관자와 협조자, 간인처, 간인과정 등을 문장으로 적은 것을 발문(跋文)이라 한다. 서문과의 차이점이라면 서문은 본문과 목차 앞에 위치하는 반면, 발문은 본문이 끝난 권말에 수록하는 것이 다른 점이다. 그러나 책에 따라서는 저작의 동기와 목적 등 저자와 책의 내용에 관련된 사항은 서문에 적고, 발문에는 간인과 관련되는 사실을 적는 경우도 흔히 볼 수 있다.

저작된 지 오래된 책으로 여러 차례 간인이 이루어진 경우는 간인할 때마다 발문을 수록하여 다수의 발문이 붙어 있는 책이 많다. 따라서 발문의 유무는 동일 저작의 이판을 구별하는 중요한 요소가 된다.

(12) 간인기

간인기는 간기(刊記)와 인기(印記)를 일컫는 것으로 권말 등에 한두 행 정도로 기록된다. 간기는 목판본의 간행사항을 적은 기록이고, 인기는 활자본과 이미 새겨진 책판에서 단순히 인쇄한 인출사항을 적은 기록이다. 간인기의 형식은 관판본과 사찰본에 따라 다소 차이가 있다.

간기에서 관판본은 대개 간행년, 간행처에 이어 간행에 관여한 사람들의 직함과 성명이 열거되는 형식으로 되어 있고, 사찰본은 간행년, 간행지, 간행처에 이어 간행의 화주(化主), 시주자, 연판자(鍊板者), 각수(刻手), 판서자(板書者), 판화자(板畵者) 등을 열거하는 형식으로 되어 있다. 인기에서도 관판본은 인출년, 인출처가 표시되는 간결한 형식이고, 사찰본은 관판본보다 더 구체적으로 인출년, 인출처, 인출 관여자, 시주자 등이 표시된다.

권말에 별도 기술된 간인기 외에도 서문이나 발문에 간인사항이 나타나는 경우도 많은데, 여기에는 간인의 동기와 목적을 비롯하여 간인시기, 간인의 주관자와 협조자, 간인처, 간인부수 등이 문장으로 기술된다.

사본에서 서사년, 서사자, 서사 장소 등의 서사사항을 적은 기록을 사기(寫記)라 한다. 사경의 경우 이를 흔히 사성기(寫成記)라고 일컫는데, 여기에는 사성의 동기와 목적을 구체적으로 적는 것이 통례이다.

(13) 목기

목기(木記)는 도기(圖記) 또는 패기(牌記)로, 주로 서문, 목록, 발문의 끝에 수록되어 있다. 종(鐘)이나 정(鼎) 또는 작(爵)과 같은 기물을 그려 그 안에 간인자의 성명이나 자, 호, 간인지, 간인처, 간인년 등을 새겨 넣은 것을 말한다. 패기는 장방형, 아형(亞形), 타원형 등의 모양을 그려 그 안에 간인자의 성명, 자, 호, 간인지, 간인처, 간인년 등을 새겨 넣은 것을 말한다. 이러한 목기는 중국 책에서 자주 나타나며, 이를 번각한 우리나라의 전적에서도 중국 것을 그대로 모각한 것과, 그것을 본떠 우리의 간인사항을 새겨 넣은 목기가 간혹 발견된다.

2) 양장본

(1) 구성요소 및 지면의 구분

양장본의 형식은 외부요소와 내부요소로 나누어 살펴볼 수 있다. 여기서 외부요소라 함은 내부요소를 보호하기 위한 것으로 표지(cover)와 그것을 감싸는 재킷(jacket), 면지(endpaper) 등을 말한다. 내부요소란 저작의 내용을 담고 있는 본문과 해당 도서에 대한 안내기능을 하는 권두(front matter), 그리고 본문에 대해 보완기능을 하는 권말(back matter) 등을 포함하는 말이다. 도서의 형식은 기본적으로 도서의 성격에 따라 다르게 나타나며, 외부요소보다는 내부요소에서 그 차이가 크다.

내부요소의 지면은 열람의 편의를 도모하기 위한 것으로 쪽수, 헤드라인, 표제 등이 이에 속한다. 양장본에서 쪽수는 책을 펼쳤을 때 오른쪽 지면(recto)에 홀수 번호가 매겨지고, 왼쪽 지면(verso)에는 짝수 번호가 매겨진다.

지면의 앞뒤 두 면을 장(leaves)이라 하는데, 과거 서양의 사본과 초기 인쇄본은 선장본과 마찬가지로 페이지 매김(pagination)보다는 장수 매김(foliation)이 더 일반적이었다. 사본시대에는 동일 저작간에 페이지나 장의 차서가 반드시 일치하는 것은 아니기 때문에 각 장이나 절의 번호와 표제가 열람상 더 중요한 식별요소일 수밖에 없었다.

양장본에서는 면지를 제외한 모든 지면이 번호 표시 여부를 떠나 전체 쪽수에 포함된다. 내부요소를 구성하는 주요 요소의 첫 지면, 그리고 전면 여백 및 도판 지면에는 쪽수를 인쇄하지 않는 것이 통례이다. 권두는 아라비아숫자로 일련번호가 매겨지는 본문이나 권말과 달리 로마자 소문자로 그 번호를 표기하는데, 이는 경험적으로 인쇄과정에서 권두 요소가 변경되는 예가 잦아 본문이나 권말보다 늦게 인쇄하는 것이 효과적이어서 강구된 일이다. 권말은 원고수정이 있다고 해도 본문의 쪽수 표시에 영향을 미치지 않기 때문에 나중에 번호를 연결해 매길 수 있다. 권두의 양이 많아 로마자로 표기하는 것이 번잡할 때에는 아라비아숫자로 그 번호를 매긴다.

헤드라인은 쪽수와 더불어 각 지면을 구별하는 요소로 러닝헤드(running heads)라고도 한다. 목차에서 면차 번호를 일일이 확인할 필요 없이 책장을 넘기면서 독자가 원하는 내용의 지면에 접근할 수 있게 하는 일종의 이정표이다. 일반적으로 해당 도서의 서명과 편, 장, 절의 표제에서 두 가지를 선택해 좌우 면에 반복적으로 표기하되, 홀수 면의 헤드라인이 짝수 면의 것보다 그 범위가 크지 않게 한다. 특별히 지면 하단에 위치한 헤드라인을 러닝피트(running feet)라 부른다. 쪽수와 마찬가지로 별장이나 별면이 지정되는 주요 요소의 첫 지면, 전면 여백 및 도판 지면에는 헤드라인을 기입하지 않는다.

(2) 외부요소

표지는 앞표지, 뒤표지, 책등(spine)의 세 부분으로 구분된다. 표지는 도서의 내부요소를 보호하고 도서를 식별하며 독자의 흥미를 유발하는 등 복합적인 기능을 한다. 그 구실을 위해 표지는 내부요소보다 두껍고 질긴 재료로 만들어지고, 앞표지와 책등에는 저자명, 서명, 출판사명 등의 식별 요소가 실리며, 뒤표지에는 흔히 서평을 인용하는 형식의 선전문구가 수록된다.

표지의 이러한 형식은 도서의 성격이나 장정의 종류에 따라 약간의 차이는 있다. 독자의 흥미를 유발하는 표지의 기능은 일반적으로 지장(soft bound)도서에 한정되기 마련이다. 정장(hard bound)도서에서는 재킷이 그 기능을 대신한다.

양장본 표지의 본래 기능은 내부요소를 보호하는 것이다. 서양에서 15세기에 제작된 도서 가운데 상당수는 단지 책등만 표지로 감싼 형태를 보이고 있다. 일반적으로 표지의 재료는 주위에서 쉽게 구할 수 있는 동물의 가죽을 사용하였다. 경제성을 고려해 상업출판사들이 천을 사용하기 시작한 것은 19세기의 일이다. 오늘날 정장의 표지는 목판 대신 판지(board)에 가죽이나 천, 종이, 비닐 등을 씌우고, 지장의 표지는 인쇄된 종이에 광택제를 입힌 형태이다.

표지를 깨끗하게 보호할 목적에서 정장표지에 종이재킷을 입힌 것은 19세기 초의 일이다. 재킷이 처음 등장할 때에는 단지 저자명과 서명만 수록되었으나, 이내 장식과 선전의 요소가 가미되었다. 오늘날 재킷은 독자의 관심을 끌기 위한 수단으로서의 기능이 더 중요시되고 있다. 표지 안쪽에 접어 넣는 재킷의 양끝 부분을 책날개(flaps)라 하는데, 주로 앞날개에는 해당 저작에 관한 선전문구나 정보, 뒷날개에는 해당 저자나 출판사의 다른 저작에 관한 정보를 싣는다.

재킷밴드(jacket band)는 재킷 하단을 둘러싸는 종이띠를 말하며, 순전히 선전 목적에서 만들어진 것이다. 대량 판매되는 도서에서 그 예를 찾아보기 쉽다. 과거에는 책 속의 광고문구는 본문의 마지막 지면 여백이나 본문이 실리지 않은 지면을 활용하여, 주로 발행예정 도서에 관한 정보를 실었다. 17세기 중반 이후의 일이다.

정장본은 간혹 판지에 종이나 천을 입힌 책갑(slipcase)에 넣어 보관된다. 책갑은 책을 물리적 충격에서 보호할 뿐 아니라, 자산으로서 책을 보다 소중히 하고, 다책본을 한데 모아 유지하는 구실을 한다.

제책공정에서 표지 뒷면에 붙이는 면지는 표지와 속장을 연결하고, 표지 이면을 깔끔하게 장식하는 기능을 한다. 면지와 권두, 면지와 권말 사이의 빈 종이를 헛장(blank leaves)이라고 하는데, 인쇄공정에서 내부요소의 쪽수를 맞추기 위해 마련된 여분의 지면이다.

(3) 권두

권두의 형식은 책의 주제나 유형, 성격에 따라 차이가 크다. 권두의 요소별 특징을 살펴보면 다음과 같다.

① 표제 및 약표제

책의 표제, 즉 서명은 양장본의 여러 지면을 통해 찾아볼 수 있다. 그 중에서도 표제지면(title page)은 완전서명, 저자명, 출판지, 출판사, 판차 등의 사실이 기술되는 지면으로서 도서관 목록기입의 기초가 되는 가장 중요한 요소이다.

과거 서구의 오랜 사본이나 초기 인쇄본에는 표제면이 마련되어 있지 않았다. 책의 첫 장, 또는 다음 장 홀수 페이지에서 본문이 바로 시작되었다. 두 번째 장에서 본문이 시작할 때 첫 번째 장은 단지 여백으로만 남아 있었다. 거기에 간단한 형식의 서명이 기술된 것은 15세기 중엽 이후의 일이다.

본문을 감싼 표제지는 16세기 후반 또 다른 종이로 보호되기 시작했다. 그리고 차츰 그 종이의 뒷면에는 출판허가(imprimatur) 사실을 기입했으며,

곧이어 앞면에 책을 식별하기 위한 간략한 서명, 즉 약표제(half-title/ bastard title)를 인쇄하기에 이르렀다. 일반적으로 약표제는 부서명을 생략하고 본서명만으로 기술되며, 간혹 축약된 형태로 표시되기도 하였다.

출판허가는 주로 종교기관에 의한 것으로 허가자의 이름과 날짜가 기술된다. 오늘날에는 로마 가톨릭교회에서나 그 예를 찾아볼 수 있다. 대부분의 양장본에서 약표제지의 뒷면은 전면 여백으로 처리되지만, 출판사에 따라 이 지면에 권두도판(frontispiece)을 넣거나, 저자의 다른 저작, 또는 총서사항 등을 기재하기도 한다.

책에 부서명이 있으면 대개는 표제면에서 글자의 크기나 모양을 달리하여 본서명과 구분한다. 저자명은 원저자, 번역자, 편집자, 삽도자 등 저작에 참여한 인물이나 단체의 이름을 그 역할어와 함께 기입하되, 기념논집이나 발표논집에서와 같이 저자가 많아 그 이름을 표제면에 다 기술하는 것이 부적절할 경우에는 단지 표제면에는 편집자명만 기술하고, 목차의 해당 항목이나 약표제지 뒷면에 집필자명을 적는다. 집필자의 수가 한 지면을 초과할 정도로 많을 때에는 머리지면의 끝 또는 뒷지면에 별도의 지면을 마련해 그 명단을 밝힌다.

② 도판

약표제지의 뒷면, 즉 표제면과 맞쪽에 전면으로 실리는 그림, 사진 따위의 삽도(illustration)를 권두도판이라 한다. 도판(plates)은 특별히 내부요소와 별개로 인쇄되는 도판 지면을 일컫는 말이다. 별도의 공정을 거쳐 고급지에 인쇄한 다음 제책단계에서 이를 권두에 끼워 넣는 것이 양질의 그림이나 사진을 싣는 가장 보편적인 수단이다. 도판을 보호하기 위해 얇은 반투명의 종이를 넣는 경우도 있다. 본문에 인쇄된 삽도를 도판과 구분하여 컷(cuts) 또는 도표(figures)라 한다.

③ 저작권 및 간기

표제지의 뒷면은 저작권, 판차와 쇄차 등에 관한 사항을 기재하는 곳으로 저작권면 또는 판권지(copyright page)라 한다. 해당 저작의 과거 출간사실과 번역 저본에 관한 사항도 여기에 포함된다.

저작권 사항은 ⓒ, 저작권 일자, 저작권자명 세 가지로 표시한다. 미국은 19세기 초부터 이 지면에 저작권 일자를 기록하기 시작하였고, 영국은 1956년 저작권법 시행으로 그 기술이 규정되었다. 오늘날 많은 출판사들이 세계저작권조약의 권고에 따라 ⓒ 표시와 저작권 일자, 저작권자명을 기입하고 있으나, 실질적으로 저작권 사항(copyright notice)은 베른협약에 기초해 생략해도 된다. 단지 저작권 침해를 예방한다는 차원에서 저작권 사항을 기재하고 있는 것이다.

판차 및 쇄차 사항은 저작권 사항 다음에 온다. 여기서는 초판의 출판년도와 최신판의 판차 및 연도, 중쇄의 쇄차 및 연도 등 해당 도서의 출판내력이 순서대로 기재된다. 번역서는 그 저본이 된 원서명, 출판사, 저작권에 관한 정보를 적는다. 한정판의 경우 그 인쇄부수를 표시하며, 특별히 인쇄한 국가를 밝힐 필요가 있으면 그 사실을 출판 내력에 포함시킨다. 달리 재킷에 인쇄 국가명을 나타내는 경우도 있다.

그 밖에도 저작권면에는 출판사 주소, CIP(Cataloging in Publication) 데이터, ISBN(International Standard Book Number)이나 ISSN(International Standard Serial Number) 및 기타 저작권과 관련된 사항 등이 기재된다.

간기(imprint)는 책 간행정보를 제공하는 중요한 요소이다. 표제면이 없던 시기에 인쇄소, 출판사, 주소, 후원자와 일자 등의 내용이 기재된 간기는 책 맨 뒷장에 실렸다. 사본시대에는 거기에 필사자의 이름과 일자를 적었다. 인쇄소와 출판사의 기능이 분리되면서 간기는 인쇄소보다는 출판사에 대한 것으로 바뀌게 되고 표제면으로 옮겨 갔다. 오늘날 간기는 좁은 의미에서 책의 간행정보 가운데서도 단지 인쇄소에 한정된 의미로 사용되고 있다.

양장본에서 출판사 마크가 나타난 것은 15세기의 일이다. 단순한 식별 목적에서 간기 위 또는 접지 마지막 장 여백에 표시되었으나, 점차 해당 도서의 출처를 밝히고 그 품질을 보증하며 지면을 장식하는 상징적인 도구로 쓰이게 되었다.

④ 서문 및 헌사

서문은 저자가 쓴 서문, 즉 자서(preface)와 다른 사람이 쓴 서문, 즉 타서(foreword)로 구분된다. 일반적으로 타서가 자서 앞에 온다. 타서의 내용은 주로 저명인사나 편집자가 저자의 노력과 저작의 가치를 독자에게 소개하고 추천하는 것이며, 자서의 내용은 저술의 목적과 범위, 개인적 생각이나 감회를 밝힌 것이다.

자서에는 저술에 도움을 준 사람이나 단체에게 감사하는 글이 실리는 것이 보통이다. 이를 독립된 지면으로 만들었을 때 인사말(acknowledgement)이라 하는데 통상 서문 앞에 온다. 판을 거듭해 서문이 다시 작성된 경우에는 최신판의 것을 앞에 싣고, 번역서의 경우에는 원저자의 서문을 번역자의 서문 앞에 싣는 것이 일반적이다.

헌사(dedication)는 저자가 자신의 저작을 특정인에게 바치는 글로, 가까운 가족이나 친구, 동료, 저명인사, 고인에 대한 것이 많다. 편집자에게 헌사하는 것은 통례가 아니다. 책에 헌사를 싣는 습관은 오래된 것으로 종교적 차원에서 이루어졌다. 초기에는 서신의 형태로 쓰였으나 오늘날에는 보다 간결해지고 명구(epigraph)로 대체되는 경향이 있다. 통속적이거나 시사적인 내용을 담고 있는 대중서, 실용서에는 싣지 않는 것이 보통이다. 헌사는 서문 앞에, 그리고 명구는 본문 시작 바로 앞면 또는 각 장 머리에 싣는다.

⑤ 목차

목차는 본문을 중심으로 저작물 전체의 구성과 지면의 배치를 독자가 인식할 수 있게 하는 주요한 요소이다. 저작의 전반적인 체계와 전개에 대한 이해를 촉진하고, 특정한 내용에 대한 독자의 탐색을 용이하게 하는 기능을 한다. 이를 위해 목차에는 내부요소의 표제와 순서, 그 시작 쪽수가 기입된다. 각 장의 저자가 다를 경우 해당 저자명을 목차에서 밝힌다. 목차는 홀수 지면에서 시작되는 것이 보통이다. 다만 두 면 분량이면 한 눈에 식별이 가능하도록 맞쪽으로 배열한다. 내부요소의 구성이 단순하고 본문의 각 장 구분이 무의미한 책에서는 내용목차가 생략되기도 한다. 그 림, 사진, 도표가 많이 들어가는 경우에는 별개의 목차가 있다.

삽도목차는 저작의 내용에 대한 목차기능을 삽도에 한정해 적용한 것이다. 내용목차와 같은 형식으로 표제와 순서, 쪽수가 기재된다. 다양한 종류의 삽도자료가 쓰인 경우에는 그 유형에 따라 구분할 수도 있으나, 삽도의 수가 목차로 열거하기에 적절하지 않을 때에는 그 기입을 생략한다. 일반적으로 목차는 서문 바로 뒤에 오며, 삽도목차는 내용목차 다음 지면에 수록된다.

⑥ 일러두기 및 기타 요소

일러두기 또는 범례는 독자가 본문을 읽기에 앞서 주지할 필요가 있는 해당 저작의 특수한 서술방식과 체계, 용어, 기호 등을 안내하는 기능을 한다. 사전류나 서지류의 참고도서에서는 주요한 본체의 구성요소이다. 저작에서 약어의 사용이 특별히 많을 때에는 권두 끝에 별도로 약어표를 싣는다.

개인의 생애나 특정 기간 동안의 의미 있는 사건에 대한 연대순 목록이 필요한 저작의 연표는 대개 권두에 수록되지만 분량이 많으면 권말에 싣는다. 편집된 학술서의 경우에는 권두에 기술되기도 한다.

정오표(errata)는 저작의 잘못 인쇄된 부분을 바로잡아 나중에 끼워 넣은 표이다. 사안이 중요해 오해의 여지가 있을 때 부득이 동원되는 수단으로 앞표지, 또는 뒤표지 안쪽에 끼워 넣게 되는데, 도서의 통상적인 구성요소는 아니다. 다만 독자가 본문을 읽기에 앞서 확인할 필요가 있고, 나중에 따로 인쇄된다는 점에서 권두의 요소로 간주되기도 한다.

(4) 본문

본문은 통상 편, 부, 장, 절 등으로 구분한다. 각 편, 장, 절의 제목을 표제라 하고, 보다 세분된 제목을 하위표제라 한다. 서구에서는 사본시대부터 본문의 내용구분이 확연히 드러날 수 있도록 본문의 첫 글자를 다른 글자보다 크게 하고, 이를 여러 문양으로 꾸미고 채색한 두문자(decorated initials)의 사용이 일반화되었다. 오늘날에도 그러한 예는 쉽게 찾아볼 수 있다.

특별히 분량이 큰 저작은 본문 내에 별도의 중간표제 면이나 간단한 머리말(introduction)이 있는 경우도 있다. 머리말은 독자가 미리 알아둘 필요가 있으나, 서문에 포함시키기에는 적절치 않은 저자의 관점 또는 저작의 개관이 주로 실린다. 서문이 책 전반에 걸친 것이라면, 머리말은 본문 자체에 한정된다. 다만 이들 요소의 구분이 명확하지 않아 비교적 간단한 머리말이 권두에 실리는 경우가 많다.

본문의 마지막 장에서 저자가 보다 중요한 의미를 가지고 광범위하게 본문의 전체 내용을 마무리하는 것을 결론이라고 한다. 에필로그(epilogues)나 후기(afterwords)는 상대적으로 간단한 결론부로서 통상 탈고 뒤에 쓴 저자 자신의 감상이다.

(5) 권말

양장본에서 권말의 주요한 요소로는 부록, 주, 참고문헌, 색인, 용어해설 등이 있다. 권말은 책의 구성에서 권두처럼 형식상 필수적이지는 않지만, 본문을 지원하고 보완하는 요소로서 많은 지면을 차지하는 경우도 적지 않다.

일반적으로 권말 가운데 부록이 맨앞에 온다. 부록은 유용하지만 본문

이나 권말의 다른 요소에 편입시키기에는 부적절한 자료를 싣는 공간으로
의미가 있다. 말하자면 본문을 이해하는 데 도움이 되지만 본문으로 처리
할 경우 본문을 읽는 데 방해가 되는 자료를 부록으로 처리되는 것이다.
부록의 양이 너무 많으면 별책으로 내기도 한다. 본문의 각 장을 이해하
는 데 국한된 것이라면 해당 장의 끝에 두기도 한다.

　본문의 주요항목에 대한 독자의 이해를 돕기 위해 저자가 참조한 자료
원을 밝히거나 부연해서 설명한 글을 주라 한다. 권말 또는 각 장의 끝에
실린 주는 후주(end notes)라 하며, 사본에서처럼 본문 지면의 여백에 쓰는
주를 난외주(marginal gloss)라 하고, 본문 자간 또는 행간 사이에 쓰는 주
를 협주(cutting notes) 또는 행간주(interlinear gloss)라 한다. 지난 몇 세기
동안 양장본에서는 각주 형태가 일반적이었으나, 근자에는 후주의 비중이
더 크다.

　서지 또는 참고문헌은 저자가 저작에 참고한 문헌이나 해당 주제와 관
련해서 독자가 참고할 만한 가치가 있는 문헌을 안내하는 요소로서 학술
서에서 무엇보다 중요하다. 서지사항을 단순히 기술하는 형식이 대부분이
나 보다 상세한 주석이 붙는 경우도 있다. 본문이 독립된 논문으로 구성
된 것이면 각 장 끝에 별도로 싣는다.

　색인은 본문의 주요항목을 찾아보기 쉽게 일정한 기준에 따라 표목을
선정하여 조직적으로 배열하고 그 해당 페이지를 일일이 나타낸 것으로
본문보다 작은 글자를 사용해 2단으로 짜는 것이 보통이다. 다책본의 경
우 총색인이 따로 만들어지며, 일부 참고도서는 색인이 권두면에 오기도
한다. 반달 색인(thumb index)이라는 것이 있는데, 특별히 신속한 참조를
위해 반달 모양으로 홈을 내 지면을 쉽게 넘기게 한 것을 말한다.

　용어해설은 일반인이나 대학생을 주 독자대상으로 하고 난해한 전문용
어가 많이 쓰인 책에 수록된다. 권말에 자모순으로 배열함으로써 일일이
용어사전을 찾아보는 번거로움을 덜어 준다. 해당 저작에서 용어를 처음
만들어 사용했거나 기존 개념과 다른 뜻으로 사용한 경우에는 더욱 중요

하다.

저자가 저작의 시점에 알았다면 본문에 적었을 내용만 따로 모아 한데 실은 보유(supplement) 또한 권말에 수록된다. 개정판을 내기에 앞서 저작의 내용을 갱신할 수 있는 하나의 방편이 된다.

<참고문헌>

김성재. 『출판의 이론과 실제』, 서울: 일지사, 1994.

이희재. 『서지학신론』, 개정판, 서울: 한국도서관협회, 2003.

The Chicago Manual of Style, 14th ed., Chicago: University of Chicago Press, 1993.

Haines, Helen E. Living with Books, New York: Columbia University Press, 1950.

Kent, Allen, ed. Encyclopedia of Library and Information Science, New York: Marcel Dekker, 1969.

Lee, Marshall. Bookmaking, 2nd ed., New York: Bowker, 1979.

Martin, Henri-Jean. The Coming of the Book, London: NLB, 1976.

Room, Adrian. Tuttle Dictionary of Dedications, Boston: Charles E. Tuttle Company, 1990.

Stokes, Roy, Esdaile's Manual of Bibliography, Metuchen: Scarecrow Press, 1981.

Whittaker, Kenneth. Systematic evaluation, London: Clive Bingley, 1982.

제4장 사본

 문자가 발명되기 전에 인간은 정보전달에서 시간과 공간의 제약을 받았다. 오로지 머리에 저장된 기억을 몸짓과 말로 전달할 뿐이었다. 그러다가 문자를 사용해 주위의 나무, 돌, 점토판, 나뭇잎, 비단, 파피루스 등에 기억과 의사를 저장함으로써 그 제약에서 벗어날 수 있게 되었다. 가볍고 휴대하기 용이한 종이의 출현으로 기존의 기록매체는 서서히 대체되었으나, 아직 인쇄술이 발명되기까지 모든 지식과 정보는 오로지 필사에 의해 보존되고 전달될 수밖에 없었다.

 사본(manuscript)이란 붓이나 펜을 이용해 손으로 쓴 책을 가리킨다. 사본은 베낄 사(寫)와 책 본(本)의 합성어로 좁게는 베낀 책을 말하며, manuscript는 '손으로' '쓰여진'이라는 뜻을 지닌 라틴어 'munū'와 'scriptum'의 합성어로 손으로 쓴 책을 나타낸다. 문헌에서 사본과 같은 의미로 사용되는 용어로는 서사본(書寫本), 필사본(筆寫本), 선사본(繕寫本), 초본(鈔本) 등이 있다.

1. 사본의 종류와 성격

1) 종류

사본에는 저자가 직접 쓴 고본(稿本)이 있고, 남의 글을 베껴 쓴 전사본(轉寫本)이 있다.

(1) 고본

개인이나 단체가 생산한 모든 저작물의 원고는 필사본이다. 이후 사정에 따라 인쇄되기도 하고 필사된 그대로 보존되기도 하였다. 현재 필사본으로 전래하는 고본을 책의 성격에 따라 편찬·편집류, 저술류, 기록류, 문서류로 나누어 살펴보면 다음과 같다.

편찬·편집류는 방대한 서적으로 국가나 개인이 편찬 또는 편집한 역사서나 백과사전류가 포함된다. 관찬사서는 대개 국왕의 명령으로 편찬되므로 완성되면 인출하였다. 그러나 개인이 편찬한 사찬사서의 경우에는 인쇄되지 않고 사본으로 전래하는 경우가 있으니, 이긍익의 『연려실기술(燃藜室記述)』이 그 예이다.

저술류는 시문집이 대표적인데, 이는 저자가 생전에 직접 수집·편집하여 출판하거나 아니면 사후에 그의 자제나 후학들에 의해 편집되었다. 그런데 이 문집이 자기 가문을 선양하는 증표라는 상징성 때문에 문집 출판에는 사회적 제약이 따랐다. 글이 있고 그 글을 간행할 수 있는 경제적 여건이 구비돼 있다 하더라도 그 향촌사회에서 인정을 받지 못하면 문집을 간행할 수 없었다. 설령 간행했다 하더라도 인정받지 못한 문집은 배포하지 못하였다.

현재 필사된 형태로 전래되는 개인의 저작물 가운데 인본이 만들어지지 않은 경우는 후손들이 간행할 만한 경제적 여유가 없었든지, 향촌사회에서 문집을 간행할 만한 인물로 인정받지 못했기 때문이다. 일반적으로 문

집을 간행하고 난 뒤 누락된 원고는 다시 속집 또는 별집의 형태로 출판
되었다. 하지만 정치적 이유로 문집을 간행할 때 제외되거나 문집 간행
후 수습된 원고가 속집이나 별집의 형태로 출판되지 못한 채 전래되는 사
본도 다수 있다. 단독 저술인 잡저(雜著)는 문집 간행에서 제외되었다가
전서(全書)를 간행할 때 포함되는 것을 볼 수 있다.

　기록류는 개인이나 단체 혹은 중앙이나 지방관청에서 각각의 활동을 기
록한 것이다. 대부분 인본 없이 사본만 전래되는데, 일기나 일지, 등록, 의
궤 등을 들 수 있다. 사본으로만 전래하는 대표적인 기록으로는 인조
1(1623)년부터 융희 4(1910)년 승정원에서 매일 처리한 왕명의 출납, 제반
행정사무, 의례를 기록한 『승정원일기(承政院日記)』와 조선 중후기의 국가
최고 회의기관이었던 비변사의 활동에 대한 일기체 기록으로 비변사에서
회의가 있을 때마다 낭청(郞廳)이 입회해서 매일매일의 회의와 의결 상황
을 직접 기록한 『비변사등록(備邊司謄錄)』이 있다.

　그리고 조선조에서 국가나 왕실에 특별한 행사가 있을 때 후세에 참고
하도록 하기 위하여 그 일의 전말과 경과, 소요된 비용 및 인원, 의식 절
차, 행사 후의 논상(論賞) 등을 기록해 놓은 의궤(儀軌)도 대개 사본으로만
전래된다. 의궤는 국가에 특별한 행사가 있을 때 이를 주관하는 임시 관
청인 도감을 설치해 행사를 거행하고, 일이 끝난 뒤에는 다시 의궤청을
설치해 행사의 자초지종을 기록하게 하였다.

　공사(公私)의 문서류는 대부분 인본 없이 사본으로만 전한다. 개인이나
단체가 어떤 목적을 수행하기 위하여 서로 주고받은 문서류는 녹권 등 일
부를 제외하고는 대부분 필사되었다. 하급관청이 상급관청에 보낸 행정상
의 보고 혹은 판결이나 지시를 구하기 위하여 보낸 공문서인 보첩(報牒)과
행정상 지방관이 관할 고을에 지시 혹은 공지하기 위해 작성한 전령(傳令)
등 거의 대부분의 문서류는 필사되었다.

(2) 전사본

원고본이나 인본이 있더라도 보존이나 기타 여러 가지 목적에서 소수 전사본을 생산하였다. 중앙이나 지방관청 혹은 단체의 활동에 대한 기록은 다수에게 배포하여 공개할 성질이 아니므로 인쇄할 필요가 없었다. 이런 경우 보존을 위해 복본을 만들어 후일을 위한 증거자료로 보존하였다. 세종 11(1429)년에 승문원 제조가 모든 문서의 사본을 여러 사고에 간직하여 수재나 화재에 대비할 것을 건의한 것이나, 선조 39(1606)년에 춘추관의 등록을 강화의 사고에 간수하여 두고 뒤따라 베껴서 춘추관에 보존한 것이 그 예이다.

실록의 경우 조선 초기의 태조, 정종, 태종의 3대 실록은 처음에는 각각 2부씩 등사하여 1부는 서울의 춘추관, 1부는 충주 사고에 간직했다. 실록을 장기적으로 보존하기 위하여 세종 27(1445)년에 다시 2부를 등사하여 전주와 성주에 새로운 사고를 설치하여 1부씩 분장하였다.

조선 세조 11(1465)년 기록에 나타난 『지리대전(地理大全)』의 경우를 보면 우리나라에 없기 때문에 시취(試取)할 때마다 사본을 구하였고, 선조 33(1600)년에 윤근수가 지관인 이문통에게 대행왕비의 묏자리를 봐줄 것을 청하면서 우리나라에는 지리에 대한 서적이 드무니 그 비결을 베끼는 것을 허락해 주기를 청한 예처럼 인본이 없는 경에우는 필사한 사본으로 인본을 대신하였다.

문종 1(1451)년의 기록을 보면, "집례(執禮)가 '분황(焚黃)하라' 하면, 대축(大祝)이 고명(誥命)의 사본을 받들어 요소(燎所)에 나아가서 불사른다"고 하는 내용이 있다. 분황할 때 원본은 보관해야 하므로 황지에 전사한 사본을 불사른다는 말인데, 이때의 사본은 불사르기 위해 제작된 것이라 하겠다.

인본이 생산되었더라도 경제적 혹은 다른 이유로 입수하기가 용이하지 않은 경우에도 사본을 만들었다. 그 종류로는 심심풀이용 고소설이나 가사집 등의 문학류, 초학자의 학습을 위한 자서나 운서류, 소학류와 경서류, 일상생활에 요긴한 참고도서나 의례서 등을 들 수 있다.

(3) 사경

사경(寫經)이란 불교나 기독교 등 종교의 경전을 인쇄에 의하지 않고 손으로 직접 글을 옮겨 쓴 것을 말한다. 사경은 부처님의 말씀을 제자들이 불교를 전파하려는 목적으로 종려 껍질에 베껴 쓴 패엽경(貝葉經)에서 비롯되었다. 동양에서 일반적 의미로 사경이라 함은 이와 같이 불교의 포교를 위해 필사된 경전을 의미한다. 이는 인쇄술 발명 이후 간행된 인경과 구별하여 사경이라 일컫게 된 것이다.

이와 같이 경전은 원래 불교의 경문을 가리키는 말이다. 그러나 오늘날에는 그 개념이 확대되어 넓은 의미와 좁은 의미 두 가지로 쓰이고 있다. 넓은 의미의 경전은 모든 종교에서 교도들이 알고 지켜야 할 교리나 계율을 적은 글이나 책을 말한다. 즉 불경은 물론 기독교의 성경, 이슬람교의 코란도 경전이다. 이에 비해 좁은 의미의 경전은 불교의 교리나 계율을 적은 글이나 책을 가리킨다. 따라서 경전은 보통 글이나 책과 달리 신성시되며 종교적으로나 윤리적으로 규범적인 역할을 한다.

이러한 경전에 대한 필사, 즉 사경은 동서양을 막론하고 사본 중에서 중요한 위치를 차지하고 있다. 동서양 모두 최초의 책들은 종교적 성격을 띠었다. 구전되어 오던 성인의 말이 문자화되고 종교적 기록으로 체계적으로 정리된 후 사경은 시작되었다. 따라서 사경의 역사는 문자기록의 역사와 같다고 하여도 과언이 아니다.

초기의 사경은 경전을 서사하여 널리 보급시키는 수단으로 사용되었으나, 점차 신앙의식으로 발전하였다. 사경은 단순히 경전을 써 옮기는 일이 아니고 깊은 신앙심으로 임하는 신앙행위였다. 이러한 사경행위는 동서양 대부분의 종교에서 행해졌다.

① 불교 사경

불교경전은 부처님이 말씀하신 내용을 문자화한 것으로 불경, 경문, 경이라 한다. 그러나 사경이란 말은 부처님의 가르침을 기록한 경(經)뿐 아니라 부처님이 정한 교단의 규율인 율(律), 경과 율을 조직적으로 논술한 논(論)까지 그 대상으로 하고 있다. 그러므로 사경이란 말은 삼장(三藏), 곧 대장경, 일체경(一切經)이라 통칭되는 불교성전 모두를 대상으로 하는 포괄적인 용어로 사용된다.

불교에서 사경의 역사는 퍽 오래되었다. 석가의 교설(敎說)이 나온 뒤 먼저 교설을 결집하였으나, 이것은 구송(口誦)으로 결집되었기 때문에 이 때에는 사경이 있을 수 없었다. 약 3백 년 후에 처음으로 문자화될 때 비로소 사경은 시작된 것이라 볼 수 있다. 파리문 도사나 대사에 보면 기원전 39년부터 17년까지 재위한 밧타가-마니왕 시대에 처음으로 경전이 기록되었다 하고, 『대당서역기(大唐西域記)』 제3에 보면 카니시카왕이 협존자 등으로 하여금 『비바사론』을 결집하고 이것을 뒤에 적동섭에 새겼다는 기록 등이 있다. 이 사경은 이미 기원전 초에 이루어진 것임을 알 수 있다.

불교성전은 원래 고대 인도의 표준어인 범어(梵語)로 표기되었다. 그 뒤 불교의 전파와 더불어 중앙아시아 및 동북아시아로 전해진 북방 불교권에서는 범어성전이 중국어와 티벳어로 번역되었다. 남방인도에서는 이 지방의 언어인 팔리어로 표기되었는데, 팔리어 성전이 인도 남단의 세일론, 미얀마, 타일랜드 등에 전해져 이른바 남방불교는 모두 이 성전을 사용하였다. 범어와 팔리어 성전은 종려나무의 잎에 필사한 것으로 패엽경(貝葉經)이라고 한다. 따라서 다양한 언어를 사용한 불교의 사경이 있다.

중국에 불경이 전해진 것은 후한 명제(明帝) 영평(永平) 10(67)년 중인도의 승려 섭마등(攝摩騰)과 축법란(竺法蘭)이 『불설사십이장경(佛說四十二章經)』을 가져온 데서 시작되었다. 그 후 후한으로부터 삼국과 양진, 남북조를 거치면서 계속 발전하였으며, 수와 당대에 이르러 크게 성행하였다.

<그림 4-1> 패엽경

　우리나라 사경의 역사는 퍽 오래이며, 불교 전래기인 4세기경에 비롯된 것으로 볼 수 있다. 사경에 관한 기록은 『고려사』에 처음 나타나고 있다. 그러나 현재 상당 수준의 신라통일기 장식사경이 전해지고 있어 사경의 역사는 훨씬 오래 전이었을 것으로 짐작된다.

　우리나라에 불교가 처음 전해진 시기는 『삼국사기(三國史記)』에 의하면 고구려 소수림왕 2(372)년에 전진왕 부견이 사신과 순도(順道)를 고구려에 파견, 불상과 경문을 보낸 것으로 기록되어 있다. 이때 전래된 경문의 내용은 알 수 없으나 그것이 바로 사경이었을 것으로 추정된다.

　사경이 특히 성행한 시기는 고려시대인데, 신라시대의 경전신앙에 의한 사경의식이 이어져 온 것이다. 고려는 불교가 국교였고 또 당시 국가가 어지럽고 외침이 잦았던 만큼 난국을 구제하고자 하는 각종 법회나 불사가 지나칠 정도로 많았다. 이 시대의 사경은 바로 이러한 상황에서 국가적인 신앙의식의 하나로 이루어진 불사였다. 그러나 지나친 신앙의식의 성행으로 순수한 신앙의식보다 외형에 치중하여 호화로운 금・은의 사경이 성행하였다. 이러한 것은 고려시대 불교의 성격을 단적으로 나타낸다고 하겠다.

<그림 4-2> 고려 사경

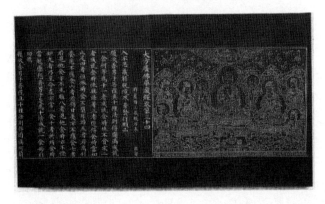

　조선시대의 사경은 고려시대 것에 비하면 그 작품의 질이 떨어지는 것은 사실이나, 여러 불상이나 탑 속에서 많은 사경이 쏟아져 나온 예를 보면 조선시대에도 사경이 계속되었음을 알 수 있다. 조선시대 사경의 특징은 변상이 생략되는 등 간략화되는 경향이 뚜렷해지고 묵서경(墨書經)이 유행하였지만, 금니(金泥) 또는 은니(銀泥)의 사경이 만들어지기도 하였다. 이러한 우리나라 사경의 역사는 인쇄술이 발달한 오늘날에까지 이어져 오고 있다.

　사경은 재료 및 제본, 그리고 발원자 등에 따라 나누어진다. 재료에 의해서는 크게 먹으로 쓴 것과 금니 또는 은니로 쓴 것으로 나눈다. 먹으로 쓴 것은 묵서경, 금이나 은으로 쓴 것은 금자경, 은자경이라 부른다.

　불교 전래 초기의 우리나라 사경은 대부분 묵서경이었을 것으로 생각된다. 당시는 인쇄술이 보급되기 전이었고 불교경전이 수입되는 대로 베껴써서 널리 유통시키기 위한 것이었으므로, 단순히 옮겨 쓰는 차원에서 먹으로 베껴 썼다. 그러다가 차츰 인쇄술이 보급되자 열람용은 가독성이 높은 목판본을 사용하게 되었고, 필사에 따른 공덕과 신앙이 강조되면서 금니, 은니의 필사가 성행했다. 특히 권별 변상도와 표지명은 반드시 금니로 썼다. 금은 썩지 않고 변하지 않기 때문에 불경을 신성시하는 데서 비롯된 것이다.

이렇게 금니, 은니의 필사가 성행하면서 금과 은을 더욱 돋보이게 하려는 목적으로 백지보다 염색한 종이를 사용하게 되었다. 그리하여 가장 많이 사용하게 된 것이 감지(紺紙), 상지(橡紙)이다. 감지는 진한 청색이 나는 종이를 말하며 쪽풀에서 채취한 염료를 물들인 것이고, 상지는 상수리나무 열매로 물들인 갈색의 종이를 말한다. 이 밖에 다른 식물에서 채취한 염료를 물들인 여러 가지 색지가 있었다.

고려시대 금·은자 사경은 감지에 쓴 것이 가장 많고, 다음이 상지에 쓴 것이 많다. 이렇게 사용한 종이와 먹의 재료에 따라 우리는 백지에 먹으로 쓴 것을 백지묵서경, 감지에 금·은으로 쓴 것을 감지금니경·감지은니경 등으로 부르고 있다. 그리고 제책형태의 관점에서 보면 사경은 주로 권자본과 절첩본 형태로 만들어졌으나, 드물게 선장본도 만들어졌다.

사경은 발원자에 따라서 국왕 발원경과 개인 발원경으로 나눌 수 있다. 국왕 발원경은 주로 고려시대 충숙왕 때 많이 이루어졌으며, 조선 초기까지 지속되었다. 국왕 발원경은 국왕이 발원하여 전문 사경승에 의뢰해서 사경했기 때문에 본문 글씨나 표지장식과 제본이 정교하다.

오늘날까지 전해오는 사경을 보면 매우 호화스러워 당대 최고의 예술품을 보는 듯하다. 현존하는 국왕 발원경은 장정, 변상도 및 본문 글씨가 매우 정교하고 호화스러워 사경 가운데서도 일품이라 할 만한 것들이다. 이러한 국왕 발원경은 권두의 경전 이름 아래에 반드시 천, 지, 현, 황 등으로 경전의 권별 순서가 표시되어 있는데, 이런 점이 개인 발원경과 구별되는 특색이다.

고려시대는 국왕 발원의 사경이 성행하였기 때문에 많은 전문 사경승이 활동하였고, 사경은 당시 신앙의 한 유형으로 일반에게까지 큰 영향을 미쳤다. 그리하여 주로 귀족이 중심이 된 금·은자의 개인 발원경도 성행하게 되었다. 이들 개인 발원경은 국왕 발원경의 영향과 성숙된 사경기술의 보급으로 인해 국왕 발원경과 비교하여도 손색이 없을 정도의 상당한 수준의 사경도 있었다.

개인 발원경은 대체로 전문 사경승에 의뢰하여 하는 경우와 개인이 직접 사경하는 경우로 나눠 볼 수 있다. 개인이 직접 사경하는 것은 사경과정에서 수행을 쌓는 일이고 또 그것이 공덕이 되는 일이지만, 현존 사경을 보면 발원자 자신이 직접 필사한 것보다는 상당수가 전문 사경사에 의해 사경된 것이 많다. 전문 사경승에 의해서 이루어진 사경도 개인이 단독으로 시주한 것과 공동으로 발원하여 제작한 것으로 나눌 수 있다.

또 승려가 발원하여 시주자를 모집하여 사경한 경우도 있다. 이러한 경우는 신분이 높고 낮음이나 귀천에 관계없이 동참할 수 있었다. 특히 고려 중후기부터는 일반인에게 금·은의 사용이 금지되어 있었기 때문에, 사찰에서 승려가 주관하는 금·은자 사경작업에 동참함으로써 신앙인으로서 자기의 위치를 확인할 수 있었을 것이다.

사경의 권말에는 대개 발원문을 기록하고 있어 당시 사경을 통한 신앙형태를 살필 수 있다. 또 사경에 동참하는 사람의 관직, 품계 등이 상세히 적혀 있어 당시 사회상과 인물을 살피는 데 중요한 사료가 되고 있다.

우리나라에서 가장 많이 필사된 경전은 『묘법연화경(妙法蓮華經)』이며, 그 다음은 『대방광불화엄경(大方廣佛華嚴經)』, 『금강경(金剛經)』, 『금광명경(金光明經)』, 『아미타경(阿彌陀經)』, 『지장보살본원경(地藏菩薩本願經)』, 『부모은중경(父母恩重經)』, 『원각경(圓覺經)』, 『능엄경(楞嚴經)』 등이다. 이들 경전은 삼국시대부터 한국 불교의 중심 경전으로서 각 시대마다 큰 영향을 미치면서 유통되었다.

일본의 경우 『일본서기(日本書紀)』의 흠명(欽明) 13(552)년에 백제의 성왕이 석가금동불 1구와 경론(經論), 번개(幡蓋)를 보내왔다는 기록이 있다. 여기서 경론은 사경이었을 것이다. 또 천무(天武) 원(673)년에 일체경을 서사했다는 기록이 있어 7세기경에는 이미 사경이 국가적 차원에서 제작되었다는 것을 알 수 있다.

② 기독교 및 유대교 사경

　서양의 대표적 종교는 기독교이며, 민족종교로 유대교가 있다. 이들 종교의 경전은 모두 성경으로 기독교는 『구약성경』과 『신약성경』을 경전으로 사용하고, 유대교는 『구약성경』만을 정경으로 인정하고 있다. 우리말로 거룩한 책이란 뜻의 성서(聖書), 또는 거룩한 경전이란 뜻의 성경(聖經)은 그리스어 비블리온(Biblion)을 번역한 것으로 12세기에 이르러 성경을 가리키는 고유명사가 되었다.

　성경은 크게 구약과 신약으로 나눈다. 그런데 신약은 별 문제가 없지만 구약은 범위를 정하는 데 유대교와 개신교 및 가톨릭 사이에 다소 차이가 있다. 유대교의 성전은 히브리어 성서이며 내용은 『구약성서』와 같은데, 특히 서두의 창세기, 출애굽기, 레위기, 민수기, 신명기 등 이른바 모세 5서는 율법을 뜻하는 토라라 하며 신성시한다.

　성경의 원본은 분실되었거나 파손되어 지금 보존되고 있는 것은 사본뿐이다. 이들 사본은 그 전에 기록된 원본 또는 다른 사본을 정성 들여 베낀 것으로, 점토, 밀랍, 나무껍질, 도기조각, 파피루스, 양피지나 독피지 등에 필사되었다. 그러나 전래되는 성경 사본은 점토판보다는 파피루스나 가죽에 필사된 것이 많다. 현재 알려진 성경 혹은 성경 일부의 사본은 약 4천 종이며, 2~15세기경에 만들어졌다.

　사본의 필사자들은 성경을 길이 보존하고자 하는 열정과 또 그 말씀을 널리 보급하고자 하는 사명감으로 심혈을 기울여 원본을 베껴 썼다. 사실 유태인들은 탈무디스트라는 특수한 집단에 의해 원본과 똑같은 성경을 17개의 엄격한 규칙 아래 베껴 썼다. 또한 성경은 두루말이 형식에서 경제적이고 편리한 고책자 형식으로 변천하였다.

　『구약성경』의 사본에는 1947년 사해 북방 쿰란 동굴에서 발견된 사해 사본, 히브리어에 모음을 달았던 학자들이 필사한 히브리어 구약성경인 맛소라 사본, 그리고 1616년 발견된 사마리아 오경 등이 있다.

　전체이건 부분이건 신약성경이 기록된 그리스어 사본은 대략 5천여 종에 이르고, 그 밖에도 초기 번역본에 대한 사본이 약 1만 종 이상, 교부들의 인용문도 수천 개가 발견되었다. 9세기까지 모든 사본은 그리스어 대문자로만 기록되었고, 소문자는 그 이후에 사용되었다. 대문자 사본으로 공식목록에 올라 있는 것은 214종에 달한다. 그 중 대표적인 것은 시내 사본, 알렉산드리아 사본, 바티칸 사본, 에프라임 사본, 베자 사본 등이다.

③ 이슬람교 사경

이슬람교는 7세기 초 아라비아반도 메카에서 유일신 알라의 예언자 무함마드가 창시하였으며, 유대교와 그리스도교에서 유래한 일신교이다. 한국에서는 마호메트교, 회교라 하고, 중국에서는 청진교(淸眞敎) 또는 회회교(回回敎)라고 한다.

이슬람교의 경전은 『코란(Koran)』 또는 『꾸란(Quran)』이라 하는데, 아랍어로 읽다, 공부하다, 암송하다, 선포하다 등의 뜻이 있는 동사에서 파생된 것으로 암송되는 책, 읽을 책, 읽기 등을 의미한다. 『코란』은 무함마드 생전에는 하나의 책으로 정리되지 못하고, 안쏴르[성문보사]들에 의해 낙타의 견갑골, 양피지, 목간, 석편 등에 기록되거나 암송되었을 뿐이다. 무함마드에 이어 이슬람의 수장이 된 초대 정통 칼리파 아부 바크르 때 『코란』 남본(藍本)이 완성되었다. 그 후 이슬람세계 각지에 경문이 많아 혼란해졌으나 3대 칼리파인 오스만시대에 정식으로 편집되어 정본(定本)으로 삼았다. 이슬람문명 전성기인 933년에 이르러 아랍어 문법이 정리되자 『코란』의 독법과 서법이 최종적으로 확정되어 오늘날까지 전해오고 있다.

이슬람교의 종교행위 중 대표적인 것은 『코란』의 송독(誦讀)이며, 송독과 더불어 정성을 다해 『코란』을 베껴 쓰거나 장식하는 사경 또한 중요한 종교행위이다. 코란의 필사본은 이슬람문화의 찬란함을 보여주듯이 양피지 등에 우아한 서체와 화려한 삽화로 장식되어 있다.

2) 성격

사본의 성격을 전사의 관점, 구연 방식인 구술성과 문자성의 관점, 발달
사적 관점에서 정리하면 다음과 같다.

(1) 사본은 전사가 거듭될수록 오류가 누적된다

전사본은 베끼는 횟수가 누적될수록, 즉 전사하면 할수록 의식적으로든
아니면 무의식적으로든 본문에 변화가 일어나 원문이 변형된다. 고려 문
종 10(1056)년의 기록에 "서경에서는 진사과, 명경과 등 과거시험에 응시
할 사람들이 배우고 있는 서적의 대부분이 사본으로 된 것이기 때문에 글
자의 오착이 많다"라든가, 조선 세종 2(1420)년의 기록에 "비록 예전의
보법(譜法)이 있더라도 사본으로 전하여 내려오다가 잘못 적은 글자를 거
듭 이어받아 진면목을 잃게 되었다. 그리하여 옛적의 음악은 거의 다 잃
어버리고 겨우 남은 것이 40여 곡(曲)에 불과하다"는 지적에서 볼 수 있
듯이 잘못 적은 본문을 거듭 이어받아 적으면 오착이 많아져 원래의 모습
을 잃게 된다.

서양에서도 고대의 도서관 운영자들은 진본에 가장 가까운 책을 구하려
고 온갖 노력을 다했다고 한다. 아직 인쇄술이 발명되기 전이니 복본을
여러 책 만들려면 필사를 하는 수밖에 없었고, 필사를 거듭하다 보니 미
필적 혹은 의도적인 오류가 계속해서 쌓였던 것이다. 그래서 도서관 운영
자들은 책이 처음 시기와 가장 가까운 시기에 제작된 필사본을 구하려고
애썼다. 알렉산드리아의 프톨레마이오스 왕조는 책을 수집할 때 오래된
책일수록 베끼는 과정을 덜 거쳤을 것이고, 내용상 오류도 적을 것이라고
판단했기 때문에 오래된 책을 선호했다고 한다.

(2) 사본은 고도의 구술성을 지니고 있다

구텐베르크가 금속활자를 발명함으로써 필사본 시대가 막을 내린 서구

와 달리 목판인쇄나 금속활자 인쇄를 일찍부터 시작한 동양에서 목판은 여전히 제작이 용이하지 않았고, 금속활자는 조판기술이 획기적으로 개량되지 않아 발행부수가 제한적이었으므로 사본과 인쇄본이 병행되었다. 따라서 구술문화의 성격이 강한 필사문화의 성격이 조선 후기 인본에까지 일부 나타나기도 한다. 구술성과 문자성에 입각하여 사본의 특성을 인본과 비교하면 다음과 같다.

① 사본은 음독 중심이다

고대와 중세에 필사본을 읽는다는 것은 소리내서 읽는, 즉 음독 혹은 일종의 낭송을 의미했다. 필사본은 혼자 읽을 때조차 소리를 내서 큰 목소리 혹은 방백(傍白)으로 읽었는데, 이는 내용을 기억하는 데 유용했기 때문이다. 필사문화에서는 본문의 내용을 정정할 때 기억을 조금이라도 되살리기 위해 대부분 읽는 것을 들으며 정정했다. 이는 청각적인 처리, 즉 듣는 것이 시각적인 것, 즉 씌어진 것보다 우위에 있음을 보여주는 것이다. 이러한 흔적은 현재 대학에서 치르는 구술고사에 남아 있다.

인쇄된 문장은 대체로 필사본 문장보다 훨씬 읽기 쉽다. 한층 읽기 쉬움으로 인해 궁극적으로 속독과 묵독이 가능하게 되었다. 이는 읽는 행위에서 음과 말이 분리되었음을 의미한다.

② 사본은 발화된 기록으로 여겨졌다

고도의 구술성을 지닌 필사본은 비록 동일한 본문을 나타내고 있을 때조차 물리적으로 같지 않으며 동일한 물건이 아니다. 하지만 인쇄가 상당한 정도 내면화되면서, 책은 과학이나 창작 등의 정보를 내용으로 하는 일종의 물건으로 여겨지게 되고, 그 전처럼 발화(發話)가 기록된 것으로는 여겨지지 않게 되었다. 같은 판으로 인쇄된 각개의 책은 서로 물리적으로 같으며 동일한 물건이다. 이제 인쇄와 더불어 어떤 작품의 두 인본은 단지 같은 내용을 말하고 있을 뿐 아니라 사물처럼 서로가 서로의 복제품이

된다. 이로써 인쇄된 책은 문자가 쐬어진 사물이라고 인지하게 되어 표제지가 붙여졌다.

③ 사본은 공동체문화를 발달시켰다

필사문화와 초기의 인쇄문화에서 책을 읽는다는 것은 많은 경우 한 사람이 집단 속에서 다른 사람들에게 읽어서 들려준다고 하는 사회적 활동이었다. 서양에서 12세기 청중은 문학작품이 낭송되는 것을 들었는데, 『추재집(秋齋集)』에 의하면 우리나라도 조선 후기에 소설을 읽어 주고 일정한 보수를 받던 전기수라는 직업적인 낭독가가 있었다. 목소리로 된 말은 소리라는 물리적인 상태로 인간의 내면세계, 즉 인격을 표명하는 것이다. 한 사람의 화자가 청중에게 말하고 있을 때, 청중 사이에, 그리고 화자와 청중 사이에 일체감이 형성되어 공동체문화가 발달한다. 지금도 종교집단에서는 경전을 함께 독송함으로써 일체감을 느끼도록 하고 있다.

④ 사본은 생산자 지향적이다

필사문화는 생산자 지향적이다. 왜냐하면 모든 사본은 필사자들의 시간을 막대하게 소비하기 때문이다. 중세의 필사본은 약어로 가득한데, 그러한 약어는 독자에게는 불편해도 필사하는 사람에게는 편리한 것이다. 반면에 인쇄는 소비자 지향적이다. 왜냐하면 인쇄는 필사에 비해 훨씬 적은 시간을 소비하고, 수천 부도 즉시 수정될 수 있기 때문이다. 그리하여 책을 입수하기가 용이해졌다.

⑤ 사본에서는 문단을 표시하는 기호가 발달했다

색인은 말이 담론의 맥락에서 뽑혀 활자의 공간에 끼워져 있는 것이다. 필사본도 색인을 만들 수 있지만, 어떤 동일한 작품을 동일한 구술에 의해 베낀다 하더라도 한 필사본의 페이지와 다른 필사본의 페이지가 서로 대응하는 경우는 거의 없다. 따라서 동일한 작품의 사본이라 하더라도 각

사본에는 별도의 색인이 필요하게 된다. 따라서 사본은 색인을 만들더라도 노력의 보람이 없다고 할 수 있다.

사본에서 어떤 대목을 찾을 필요가 있는 경우는 기억을 더듬어 생각난 대목을 말해 보는 편이 색인 제작보다 훨씬 경제적이었다. 그래서 필사본의 본문 속에서 내용을 시각적으로 위치를 잡아 주기 위해서 회화적인 기호가 색인보다도 선호되었는데, 자주 사용된 기호는 '문단'이었다. 사본에서 문단의 처음을 '○'로 표시하기도 하는데, 이는 실록에 그대로 나타난다. 방각본 소설에서는 문단의 첫 어절을 음문자로 표시하여 시각적으로 눈에 띄도록 하였는데, 이 역시 필사본의 흔적이 지속된 예이다.

⑥ 사본은 개방적이다

필사본은 필사가 완결되고 난 뒤에도 내용 첨삭이 용이하다. 즉 필사본은 주석, 미주나 각주를 통해 끊임없이 외부세계와 대화를 주고받는다. 그러한 주석은 그 다음 필사되는 사본에서는 종종 본문 속에 짜 넣어진다. 이로 볼 때 필사본은 구술적 표현의 주고받음과 아직 가까운 거리에 있으며, 필사본의 독자는 인쇄본 독자만큼 저자로부터 격리돼 있거나 부재중이지도 않다.

이와 대조적으로 인쇄된 본문은 결정적 혹은 최종적 형태로 인지된다. 인쇄는 최종적 형태를 나타낸 것이어야 한다고 여기기 때문이다. 일단 종이에 인쇄되면, 본문은 손으로 쓴 것만큼 간단히 삭제나 삽입 등 변경하기가 어렵다. 이처럼 인쇄가 주는 폐쇄성이나 완전성은 때로는 대단히 물질적이다.

(3) 사본은 필사자의 개성과 책의 생성과정을 보여준다

① 사본은 필사자의 개성을 보여준다

사본은 필체나 글자의 크기 등을 통해 필사자의 개성이 그대로 드러나

기 때문에 개성적이다. 동일한 필사자가 동일한 본문을 필사하더라도 엄
격한 의미에서는 동일하지 않으므로 모든 사본은 유일하다. 반면에 인쇄
는 원본과 똑같이 반복 복사하는 기술로 인쇄를 통해 동일한 복본이 일시
에 다수 생산되므로 인본은 몰개성적이다.

② 사본은 책의 생성과정을 보여준다

인본은 폐쇄적이므로 책이 생성되는 과정은 볼 수 없고 완결된 결과만
보여준다. 반면에 사본은 원고가 완결되고 난 뒤의 수정이나 첨삭도 보여
준다. 아울러 완성된 원고를 보고 쓴 명망가의 서문, 또는 저술이나 편집
에 대한 내력을 기록한 발문은 앞표지와 뒤표지 안쪽에 붙여 두었다가 인
쇄할 때 권두와 권말에 들어가게 된다. 이는 사본에서 책의 생성과정을
볼 수 있는 대표적인 예이다.

2. 사본의 제작

1) 동양

동양에서는 한국 사본의 필사에 대해 언급하고자 한다. 사본은 원고본
인 경우 저자가 직접 쓴 친필본과 타인이 쓴 타필본이 있다. 타필본을 쓴
사람은 수요자이거나 전문적인 서사관이다.

유희춘(柳希春)이 살았던 16세기에는 책 역시 자급자족했기 때문에 필요
한 책이 있으면 직접 베껴서 만들거나 혹은 누구를 시켜서 만들기도 하였
다. 선조 3(1570)년에 흉년이 들어 임금이 신하들에게 일체의 휴가를 내주
지 않자 유희춘은 『헌근록(獻芹錄)』을 지어서 바치고 휴가를 요청하고자
하였다. 9월 하순에 이 일을 구상한 그는 곧바로 홍문관에 가서 책을 빌
려다 자료를 수집하는 한편, 거의 매일같이 이정(李楨)을 불러 자료와 붓

과 먹을 주고 글씨를 써 오도록 하였다. 마침내 근 한 달 만인 11월 2일 에 『헌근록』을 완성했다.

이때 『헌근록』을 필사한 이정은 서사관으로 쓰기를 담당하는 직위에 있던 전문인이라 할 수 있다. 이는 쓰기가 도입된 이후에 발달한 '장인 문자성'(craft literacy)을 보여주는 것이라 할 수 있다. 조선조에서는 국가의 각종 문서를 작성하거나 기록할 때 쓰기를 전담하는 관리를 고용하였는데, 서사관, 서장관, 사자관 등으로 일컬어졌다. 이러한 필경문화(scribal culture)가 지속된 첫째 이유는 필기도구의 물리적 성질을 들 수 있다. 동아시아에서는 필기도구로 모필을 이용했는데, 이를 잘 사용하기 위해서는 오랜 훈련이 필요했다. 아울러 8만여 자나 되는 한자를 모두 다 아는 사람은 없을 뿐 아니라 주로 사용하는 약 9천여 자의 글자만 잘 아는 것도 결코 쉬운 일이 아니었다.

승문원은 사대교린 문서를 관장하였는데, 특히 사대문서인 주본(奏本), 자문(咨文), 표전(表箋), 방물장(方物狀) 및 부본(副本)은 선사자(善寫者)가 서사하여야 하였으므로 당상관이나 문신이 아니더라도 사자(寫字)에 특이한 재능이 있는 자로 하여금 서사케 하였다

자필로 씌어진 대표적인 것이 일기이다. 유희춘도 『헌근록』은 서사관에게 필사를 부탁했으나, 자신의 일상생활을 기록한 일기인 『미암일기(眉巖日記)』는 친필로 남겼다. 일기는 저술과 달라 일시에 완결되는 것이 아닐 뿐더러 자신의 속내를 드러내는 것이므로 친필로 쓸 수밖에 없다.

2) 서양

서양에서 사본이 손으로 쓴 것을 의미한다면 처음 기록하던 시대로 거슬러올라가야 할 것이다. 즉 고대 메소포타미아나 이집트에서 처음 기록을 한 시대로 파피루스나 양피지를 사용하던 시대까지 거슬러올라가야 한다. 또한 중세 유럽에서는 수도사들이 필경사의 역할을 하였으며, 대개 그

들은 글씨를 잘 쓰는 서예의 대가였다. 이들은 창작가도 권력자도 아니었다. 오로지 이들은 글씨를 베꼈을 뿐 스스로 저작을 하지는 않았다. 특히 샤를마뉴대제 시대부터 수도사, 즉 필경사의 필경은 예술적 수준이었다. 이들은 아름다운 글씨와 장식을 곁들인 채식사본을 창조해 냈다.

성경을 필사하던 초기 필경사들은 파피루스 두루말이를 사용했다. 그러나 파피루스는 값이 비싼 데다 질기지 못하고 또 한 번밖에 사용하지 못했다. 또 간수하기도 번거롭고 본문을 인용할 때 어느 부분이 어디에 들어 있는지 언급하기도 쉽지가 않았다.

그 후 양피지의 출현으로 필기의 기법이 바뀌게 되었다. 독피지는 잉크나 페인트가 번지지 않아 원래의 색깔을 그대로 보존할 수 있는 특징이 있어 채식화를 그릴 때 주로 이용하였다.

(1) 필사재료

채식(彩飾)문자는 여러 단계를 거쳐 완성되는데, 먼저 기본적 요소인 글자와 그림을 연필로 스케치한 다음 잉크를 사용하여 선화작업을 한다. 이에 약간의 음영을 표현하기 위해 금박과 색채를 입힌다. 가장 널리 사용된 적색은 연단(minium)에다 계란의 흰자위나 노른자를 섞은 것이다. 이두 가지를 서로 혼합하면 붉은 색 외에도 아주 밝은 밤색의 효과를 낼 수 있었다. 세밀화를 가리키는 용어인 miniature는 이 minium에서 나온 것이다.

필경사가 제일 먼저 해야 할 일은 양피지의 거친 부분을 제거하여 결이 고르고 반질반질하게 하는 것이다. 이래야만 양피지에 잉크가 잘 먹히고 번지지 않게 할 수 있기 때문이다.

양피지가 지닌 장점은, 첫째, 깃털펜을 사용할 수 있다는 것이다. 이는 잘 부러지기 쉬운 갈대 붓보다는 훨씬 글을 쓰기 좋았다. 깃털펜은 커다란 거위의 왼쪽 날개에서 뽑은 깃털을 여러 시간 물 속에 담가 두면 부드러워지는데, 그 다음 물에서 꺼내 건조시키고 뜨거운 모래로 담금질한 다음 칼로 앞쪽을 잘라내 만든 것이다. 둘째, 책자 형태로 한데 묶을 수가 있었다. 책의 선구라고 할 수 있는 고책자는 특별히 접혀 함께 묶인 여러 장의 페이지로 되어 있었다.

(2) 필사실

서양에서는 특히 9세기 또는 10세기에 각 수도원에 원고를 필사하고 장식하고 장정하는 필사실을 갖추고 있었다. 주로 도서관 가까운 곳에 설치했다. 독립된 방으로 된 필사실은 수도원에 따라 조그만 방을 여러 개 설치하기도 했고, 가난한 수도원에서는 필사실이 회랑에 설치되는 경우도 있었다.

필경사는 써야 할 글씨의 스타일에 따라 각각 다른 거위 깃털펜을 사용했다. 깃털펜은 주기적으로 손질해야 했고 자주 잉크를 채워 넣어야 했다. 필경사는 하루에 보통 가로 25~30cm, 세로 35~50cm 크기의 양피지 2절판을 네 쪽 정도 쓸 수 있었다.

(3) 필사작업

서양에서 필사작업은 완벽한 조직과 엄격한 분업으로 수행되었다. 또한 필사를 하는 고통스런 작업은 기도시간에만 중단되었다. 필경사들은 구술을 받아 적거나 또는 동일한 책을 나누어 작업하였기 때문에 똑같은 필사본에서 철자의 오류나 그림 기술의 차이가 나기도 한다.

필사작업에서 수련수사, 도제, 초심자들이 먼저 줄을 그었다. 그 후 필경사들은 그 줄을 따라 글을 써 나갔다. 현재까지 남아 있는 원고에서 이런 밑줄이 지워지지 않은 것도 볼 수 있다. 또 원고의 필사는 수도원의 주요한 수입원이었기 때문에 늘 일거리가 끊이지 않았다. 귀족이나 고위 성직자가 주문하는 명예로운 일거리는 가장 재능 있는 필경사의 몫이었다.

필경에 사용된 도구는 잉크통, 깃털펜, 분필, 숫돌, 돌꼴, 작은칼, 양피지를 긁어내기 위한 면도날, 첨필, 고급첨필, 자, 서판 등이었다.

(4) 장식작업

장식작업은 채식화가와 세밀화가의 영역이었다. 채식화가나 특정 공정을 잘해 내는 기술자를 수도원 안에서 구할 수 없을 때는 세속 예술가를 초빙하기도 했다. 채식사는 회반죽, 설탕, 납 따위의 혼합물을 필요한 부분에 칠하고 그 위에다 아주 얇은 금박을 씌웠다. 혼합물을 칠한 부분은 페이지를 넘길 때에도 갈라지지 않을 만큼 탄력성이 있어야 했으며, 펜에서 잘 흘러 채색할 때 사용되는 물, 달걀 흰자위 등과도 잘 섞여야 했다.

이들은 각 단락과 장과 절의 두문자에 도금문자를 써넣었을 뿐 아니라 꽃, 사람, 전원 풍경 같은 생동하는 세밀화를 함께 그려 넣어 책의 품위를 높여 주었다. 채식화가들은 그림의 전체 윤곽을 먼저 첨필로 그리고 거위 깃펜과 잉크를 이용해 마무리했다. 컴퍼스, 자, 직각자가 사용되기도 했다. 색깔 있는 윤곽선은 펜으로 그렸으며, 마지막으로 빈곳을 메워 넣을 때만 가는 붓을 사용했다. 제본가의 도움도 필요했는데, 이들은 가죽 책표지와 책의 잠금장치를 만들었다.

필사작업의 세속화와 함께 12세기 말이 되면 교육분야에 대한 교회의 독점적 통제력이 약화되면서 수도사와 함께 일하던 세속 필경사들이 그들 나름대로 길드나 직장인 조합을 만들었다. 그들은 새로 진출한 상공업 계층의 중산층을 위해 공식문서를 작성해 주었고 또 직접 책을 필사하기도 했다.

<참고문헌>

권희경. 『高麗寫經의 硏究』, 서울: 미진사, 1986.
金雲學. 「寫經의 역사」, 《佛光》 49(1978. 12), 48-51.
金雲學. 『寫經의 의의』, 《佛光》 48(1978. 11), 52-55.
남권희. 『高麗時代 記錄文化 硏究』, 청주: 淸州古印刷博物館, 2002.

『문자의 역사』, 시공디스커버리 총서, 서울: 시공사, 1995.

박상국. 『사경』, 서울: 대원사, 1990.

볼 발타 외. 『세계의 종교이야기 4』, 서울: 미래 M&B, 1999.

장충식. 「朝鮮時代 寫經考」,《한국미술사학》 204호, 71-99.

길희성 외. 『경전으로 본 세계종교』, 서울: 전통문화연구회, 2001.

정수일. 『이슬람문명』, 서울: 창작과비평사, 2002

陳振廉. 「中國寫經書法의 起源과 類型研究」,《동방학지》 106(1999. 12), 연
　　　세대학교 국학연구원, 285-334.

『책의 역사』, 시공디스커버리 총서, 서울: 시공사, 1999.

최영길. 『이슬람문화의 이해』, 서울: 신지평, 1997.

黃壽永. 「寫經의 歷史(1)」,《佛光》 69(1980. 7), 40-43.

黃壽永. 「寫經의 歷史(2)」,《佛光》 70(1980. 8), 68-72.

黃壽永. 「사경의 신앙과 역사」,《佛光》 57(1979. 7), 81-87.

Svend, Dahl. *History of Book*, New York: The Scarecrow Press, Inc., 1958.

제5장 인쇄본

1. 인쇄술의 발명

1) 인쇄술 발명의 요건

인쇄본은 인쇄된 책을 말한다. 사본은 유일본이므로 엄밀한 의미에서 복본은 있을 수 없다. 그러나 사회문화가 발전함에 따라 대량의 수요가 있게 되고, 여기에서 발명된 것이 인쇄술이다. 인쇄술의 발명으로 서적을 하나씩 손으로 써서 제작하는 대신 일시에 동일한 서적을 대량으로 제작할 수 있게 되었다.

인쇄술이 개발되는 데 영향을 미친 것은 여러 가지를 생각할 수 있을 것이다. 즉 사회적 요소, 문화적 요소, 기술적 요소 등이다. 이 가운데 가장 중요한 요소는 대량의 서적이 필요한 사회적 수요라고 할 수 있다. 사회적 수요는 곧 독서인구의 증대를 말한다. 대량의 수요가 없었다면 설령 인쇄술이 발명되었다 하더라도 곧 소멸하였을 것이다. 이는 원대의 주묵투인술(朱墨套印術)에서도 볼 수 있다. 만약 원대의 투인본『금강반야바라밀경(金剛般若波羅密經)』이 전래되지 않았다면 투인술은 명대에 개발된 것으로 알고 있었을 것이다.

인쇄본의 수요는 불인, 탁인, 사경의 납탑이 성행된 풍조에서 기인된 것이라 할 수 있다. 여러 가지 선의 배열이나 짜서 맞춘 기하형 도안의 화문이 들어간 인문도(印紋陶)는 중국 최초의 전인(轉印)기술을 활용한 것인데, 그 원리는 인쇄와 유사하다. 이는 곧 천불상의 날인으로 전환되었을 것이다. 불인과 탁인은 중국에서 1세기 중엽 불교가 전래된 후 성행하였다.

서적의 수요에는 불교뿐 아니라 유학의 성행도 일익을 담당했을 것이다. 중국에서 과거제도는 수(隋)의 문제(文帝) 시대부터 시행되었으므로 관리 지망생이 많았을 것이다. 관리 지망생, 즉 독서인구가 증가하면 자연스레 서적의 수요가 있고 여기에서 서적을 복제할 필요성이 생겼을 것이다.

수요 다음으로 중요한 요소는 문화적 상황이다. 인쇄술이 개발될 수 있는 문화적 생활이 가능해야 했기 때문이다. 문화적 요소는 정형화된 문자, 기록매체와 염료의 발달을 들 수 있다. 동양의 문자는 한자라고 일컫는 문자로 대전, 소전, 예서, 초서, 행서의 단계를 거쳐 해서가 정착된 때이다. 획수가 많이 간략하게 된 해서를 사용함으로써 글쓰기의 속도는 한층 제고되었고, 글자의 인식은 보다 쉽게 되었다.

문화적 상황 다음으로 중요한 요소는 기술적 요소이다. 동서양을 막론하고 인쇄술은 기술적으로 그 전제적 여건이 적절히 갖추어져 있었기에 가능한 일이었다. 동양에서는 금속이나 돌의 표면에 문자와 도상을 새기고 그것을 탁인하는 방법이 이미 개발되어 있었다. 또 인장을 날인하거나 불상과 탑을 새긴 불인이나 탁인에 주묵을 칠하여 종이 또는 비단에 다량으로 찍는 방법이 개발되어 있었다. 이것은 각자의 기법과 인쇄의 기법이 결합되어야 하는 것이었다. 각자와 인쇄의 기법이 결합될 수 있었던 데는 석각의 탁인법과 인장의 날인법을 생각할 수 있다.

동양에서 탁인은 석각에서 유래했는데, 석각은 이미 기원전 7~8세기 춘추시대부터 비롯되었다. 현존 최고의 석각은 섬서성 봉상현 출토의 석고(石鼓)이다. 이어 진시황 기공비, 한대의 희평석경, 위대의 정시석경, 묘비 등 많은 각석이 있었다. 금석 위의 문자를 탁인하는 방법은 목판인쇄술을 고안하는 데 중요하게 작용하였을 것이다. 그러나 석각의 성행에도 불구하고 탁인방법의 개발은 수백 년의 세월이 지나서야 가능했다. 석각과 명문의 각자는 그 재료를 목재로 대체하면 되는 것이니 그리 어려운 일은 아니었을 것이다.

석각의 탁인 다음으로 기법에 영향을 미친 것은 인장의 날인이다. 인장은 안양 은허(殷墟)에서 출토된 청동 인장이 최고이다. 이후 한대에 이르면 통신용 문서의 봉함용으로 필수적으로 사용되었다. 사실 초기의 인장은 작은 인판이며 종이가 아니라 진흙 위에 찍었다. 중요한 사실은 압인기술의 발견이다. 『포박자(抱朴子)』에 120자가 각인된 도가의 목판에 대한 기술이 있는데, 이도 흙에다 찍었다. 이처럼 인쇄술 이전의 원시적 복제방법이 차차 발전하여 목판인쇄술이 발생하게 된 것이다.

목판인쇄술은 이처럼 비석의 탁본이나 인장의 날인 등 몇 가지 방법과 과정을 거쳐 개발되었다. 처음에는 석비가 일종의 판재 역할을 했지만 나중에는 가볍고 조각하기 편한 목재를 판재로 사용하게 되었다. 탁본으로 보면 판면을 축소시킨 것인 데 비해 인장으로 보면 판면을 확대시킨 것이다. 인쇄기법은 인장의 날인과 석각 탁인의 기법을 결합하여 또 다른 방법을 도출해야 하므로, 창안이 가해져야 하는 고도의 기술이었다. 그리고 세월이 흐르면서 보다 발전되고 널리 보급되었다.

인쇄술 가운데 동서양 모두 가장 먼저 개발한 방법은 철판(凸版)인쇄술이다. 철판인쇄술은 볼록 튀어난 부분에 염료를 칠하고, 그 염료를 종이나 다른 기록매체에 옮겨 내는 방법이다. 철판인쇄술은 크게 조판인쇄술과 활자인쇄술로 나눌 수 있다. 동양에서는 조판인쇄술을 먼저 개발했는데, 주로 목판을 새겼으므로 목판인쇄술이라고도 한다. 서양은 오히려 활자인쇄술을 선호하였다.

인쇄술의 사용은 사회·정치·경제·문화발전의 동기가 되었다. 동양권에서도 한국과 중국의 특성이 다르게 나타나고 있다. 한국은 목판인쇄술과 활자인쇄술이 같은 비중으로 사용되었다. 이는 상대적으로 활자인쇄술이 빈번하게 사용되었음을 의미한다. 당시 활자인쇄술은 수요가 적거나 전문적이고 고급한 서적을 간행하는 데 적합했기 때문이다. 이와 같은 특성에서 기인하여 고려가 세계 최초로 금속활자 인쇄술 개발에 성공할 수 있었다. 반면 중국은 목판인쇄술이 더 비중 있게 사용되었는데, 목판은 반복인출이 가능하여 지속적인 대량수요에 적합했기 때문이다.

당대에서 명대에 이르기까지 필사본과 인쇄본의 가격의 비는 줄곧 10대 1의 비례로 필사본이 10배나 비쌌다. 인쇄본은 가격이 싸고 대량으로 인쇄되어 불교의 성행 및 과거제도 시행과 관련하여 수요가 증대하였다. 오대(五代) 이후에는 유가경전의 표준본이 발행되었고, 과거제도와 관련하여 도서간행은 더욱 성행하였다. 중국의 목판인쇄술은 왕래가 빈번하고 유학을 존중하며 불교를 신봉한 우리나라, 일본, 베트남 등에 큰 영향을 미쳤다.

활자의 주조기법은 주전(鑄錢)에서 기인되었을 수 있다. 동양은 이미 춘추전국시대부터 대량의 주전이 있었다. 이미 주전의 경험이 있고 여러 기명을 제작한 경험이 있으므로 활자의 주조 자체는 그리 어려운 일이 아니었을 것으로 추정된다. 동양에서는 동을 주로 하고 납, 주석, 아연, 철을 합금한 활자가 주로 주조되었다. 문제는 금속에 적합한 염료와 조판기술의 개발이었다. 이 어려운 문제를 최초로 해결한 것이 13세기 고려였다.

서양에서도 금은 세공업이 성행하였으므로 새로운 기술을 개발할 필요 없이 기존의 기술을 적당히 재구성하여도 활자 주조는 가능하였다. 다만 납, 안티몬, 주석의 합금비율과 인출기법이 문제였다. 결국 구텐베르크는 활자에 적합한 금속의 합금에 성공하였다. 이후의 서양은 납을 주로 하고 여기에 주석과 안티몬을 합금하였다. 또한 구텐베르크의 뛰어난 점은 인쇄기의 발명과 금속에 적합한 염료를 개발한 것이다. 인쇄기는 세기를 거듭하면서 가장 많이 개선되었다. 구텐베르크가 인쇄기를 발명한 것은 동양과는 다른 인쇄 재료와 전통의 차이에서 기인한 것이다.

동양에서는 인쇄기 없이도 쉽게 목판인쇄나 활자인쇄가 가능하였다. 동양의 종이는 얇으면서도 찢어지지 않아 신속하고 용이하게 문질러 인쇄할 수 있었다. 또한 반투명이어서 뒷면이 비치므로 사본시대부터 종이의 한쪽 면에만 필사하는 것이 전통이었다. 그러므로 인쇄기의 도움 없이도 인출이 가능하였다.

그러나 서양은 양피지의 양면에 필사해서 중앙을 묶는 제본을 해서 책을 펼치면 양쪽에 본문이 나타나게 하는 것이 전통이었다. 서양에서 종이는 초기에는 천으로 만들었으므로 불투명하고 유연성이 적고 두껍고 표면이 거칠었다. 그러한 종이에 인쇄하기 위해서는 상당한 압력이 필요하여 기계의 힘을 빌리지 않을 수 없었다. 처음에 사용된 인쇄기는 기름을 짜거나 포도주를 짜는 데 사용한 목재 나사 압판이었다. 구텐베르크의 인쇄술은 350년간 그 체제가 변하지 않았으나, 1797년 스탠호프(Charles Stanhope)가 완전히 철로 된 인쇄기를 만들었다. 그리고 인쇄의 실질적인 개량은 1802년 쾨니히(Friedrich König)와 바우어(Andreas Friedrich Bauer)가 원통을 사용하여 인쇄하는 원통식 인쇄기를 발명함으로써 윤전식으로 발전하였다.

2) 인쇄술의 영향

인쇄술이 발명된 후 기하급수적으로 많은 인쇄본이 출판되었다. 이는 인류문화사에 새로운 시대로의 전환을 뜻하는 커다란 의미가 있는 일이었다. 인쇄술의 등장으로 책을 만드는 일이 종전과 비교할 수 없을 만큼 용이해졌으며, 대량생산이 가능하여 보다 염가로 책을 구해 볼 수 있게 되었다.

동양에서는 선구적 개발과 오랜 역사에도 불구하고 인쇄에 대해 권력의 통제와 탄압이 가해진 사실이 별로 많지 않다. 인쇄의 탄압과 탄압에 대한 자유를 요구하는 투쟁도 거의 알려지지 않고 있다. 참위서를 비롯한 요서, 서학서, 대역죄인의 문집을 불태우거나 파괴시킨 개별적 사례를 제외하면, 유럽과 같은 사전·사후검열의 실시, 간행요목 명기 강요, 인쇄 시설 제한조치, 금서목록 작성과 같은 조직적·체계적인 인쇄출판에 대한 탄압조치는 거의 알려지지 않고 있다. 국가에서 인쇄술 자체를 부정한 바가 없었으므로 인쇄의 자유를 요구하는 일도 없었다. 오히려 정부가 인쇄출판을 적극적으로 주도하였고, 결국 정부의 통제하에서 유지·발전하였다. 따라서 인쇄술은 체제권력을 비호하는 바가 되었으므로 책은 좋은 것으로 여겼다. 서적을 읽는 선비는 체제와 조화되고 체제를 지탱하는 세력이었으므로 인쇄 탄압은 있을 수 없었다.

서양에서는 구텐베르크 이후 도서의 대량출판, 상업화, 실용화가 가능해짐으로써 사회의 계몽과 과학혁명이 이루어져 근세를 여는 데 결정적 역할을 하였다. 구텐베르크의 활판인쇄 기술은 불과 50년 만에 유럽의 대소 도시에 폭발적으로 확산되었다. 이로써 사상의 대량생산과 대량유통이 시작되었다. 그러나 이는 뒤이은 인쇄 통제 내지 탄압의 역사와 불가분의 관계에서 발전하였다. 바꾸어 표현하면 서양 인쇄의 역사는 바로 인쇄의 자유를 위한 투쟁의 역사라고 할 수 있다. 인쇄술의 위험을 먼저 깨달은 것은 가톨릭교회였다. 교리에 어긋나는 글을 확산시켜 교회에 해로운 견해를 퍼트릴 수 있다고 보았기 때문이다.

구텐베르크의 인쇄술이 보급되던 시기는 종교개혁 직전이었다. 문예부흥 이후 전통적인 가톨릭교회와 체제권력에 대항하는 불온하고 위험한 사상이 성행하고 있었다. 이 사상은 인쇄술에 의해 확산될 수 있었는데, 실제로 루터는 인쇄술을 활용하여 독일어 성경 번역본을 보급하고 종교개혁 운동을 전개하였다. 또한 당시로서는 불온하고 위험한 사상인 계몽주의도 인쇄술에 의해 확산되어 프랑스 시민혁명의 불을 당겼다. 책은 좋은 것이라고 여긴 동양과는 달리 유럽에서는 책은 감시하고 단속해야 할 물건으로 여겨졌다.

인쇄물 검열을 최초로 시도한 것은 교황청이 아니라 독일의 주교와 대학들이었다. 최초의 검열조치는 1475년 쾰른(Köln)대학에서 시행되었고,

1482년에는 뷔르츠부르크(Würtzburg)와 바젤(Bazel)의 주교, 1485년 마인츠(Mainz)의 대주교가 검열을 시작하였다. 1487년에는 이노센트 8세의 교황청에서 사전검열을 시행하였다. 사전 및 사후 검열제도의 실시에도 불구하고 불온서적이 간행되자, 비밀출판을 단속하기 위해 모든 서적마다 저자명, 인쇄자명, 인쇄소, 인쇄 연월의 발행사항을 명기하게 하였다.

사전·사후 검열제도와 발행사항 명기제도에도 불구하고 바람직하지 않은 서적이 유통되자 불온서적을 읽는 것도 금지시키기 위해 금서목록을 작성하였다. 독일황제가 1540년 플란데르 지방에 공포한 것이 최초이고, 1542년 소르본느대학, 1546년 벨기에 루뱅대학, 1549년 독일의 쾰른시가 금서목록을 작성하였다. 또 서적상도 규제하기 시작하여 영국에서는 인쇄기 설치장소와 인쇄기 대수를 규정한바, 1586년 인쇄기 설치장소는 런던시, 옥스퍼드대학, 캠브리지대학 세 군데로 한정되었다.

그러나 인쇄술의 보급은 문예부흥을 성공적으로 완수하고, 나아가 종교개혁의 길을 열게 하였다. 또한 인쇄본을 통한 교육의 확산으로 정치적으로는 절대왕권 사회가 근대사회로 전환하는 데 결정적인 역할을 하였다. 사회적으로는 권위주의가 무너지고 자유주의가 싹트게 되었다. 이러한 일련의 변혁은 모두가 정신문화를 수용해서 널리 보급시킬 수 있게 한 인쇄본이 있었기 때문에 가능했다. 인쇄물을 통해 사상이나 이념을 널리 전파할 수 있었고, 기존의 문화를 보존하고 전승시킴으로써 지식과 정보를 확대 재생산시킬 수 있었다.

동양에서 인쇄본은 지배층의 전유물이었으므로 수요가 급격하게 증대하지 않았고, 사회체제나 의식의 변모를 이끌어 내지 못하였으므로 새로운 독자층을 창출해 내지 못하였다. 따라서 대규모 수요가 없어 인쇄기의 개발이나 기계화의 필요성을 느끼지 못하였으므로 20세기에 이르기까지 획기적인 진전은 없었다.

서양에서는 인쇄술의 보급 이후 처음에는 기존의 방식과 상충되어 적지 않은 마찰을 빚기도 했다. 그러나 많은 시간과 인력을 대체할 수 있고 비

용을 절감할 수 있는 획기적인 신기술로 인식되어 널리 보급됨으로써 사
회 전반에 걸쳐 많은 영향을 미치게 되었다. 값싼 인쇄본의 보급으로 중
세인의 의식이 변모하였고 급격하게 수요가 증대하였다. 이런 현상은 나
아가 사회체제의 변모로 진행되고 가속화되어 수요는 더욱 증대하여 인쇄
기의 개량과 기계화로 발전하여 사회변혁이 일어났다. 따라서 과학기술은
급격히 발전하여 결국 서양 인쇄술이 전세계에 영향을 미치게 되었다.

2. 목판본

목판본은 간행하고자 하는 저작을 종이에 필사하여 이를 목판에 뒤집어
붙이고, 그 내용인 그림과 글자를 목판에 양각으로 새기고 난 뒤 먹칠한
다음, 그 위에 종이를 놓고 부드러운 털뭉치로 문지르거나 비벼서 찍어낸
책을 의미한다. 초기의 목판인쇄본은 각각의 목판에서 찍어낸 낱장을 여
러 장으로 연결하여 완성한 권자본 형태였다.

목판인쇄 기술은 금석류의 표면 또는 평면에 문자와 도상을 새기고 그
것을 탁인하는 경험, 인장류의 날인이나 불인, 탁인을 다량으로 찍는 방
법, 조지법의 개발과 보급, 먹의 개발과 사용 등의 방법이 복합적으로 응
용됨으로써 드디어 등장하였다고 볼 수 있다.

세계 인쇄사에서 목판인쇄술의 기원은 그 어떤 역사적 문헌에도 기록되
어 있지 않기 때문에 명확하게 규명할 수 없다. 다만 인쇄술은 동양에서
먼저 시도되었고, 불경의 간행과 관련하여 중국에서 목판인쇄술이 태동되
고, 이것이 한국과 일본으로 전파되었다고 보는 견해가 지배적이다. 중국
인쇄술의 기원은 동한(東漢)시대부터 오대(五代)에 이르기까지 그 설이 분
분하다.

중국 학계에서는 대체로 6~8세기로 그 기원 연대를 추정하고 있지만,
중국에서 간행년도가 확실한 실물은 돈황에서 발견된 868년 간기의 『금

강반야바라밀경』이다. 한편 일본에서 가장 오랜 인쇄물은 770년 무렵에 간행된 『백만탑다라니(百萬塔陀羅尼)』 지편(紙片)이다. 우리나라에서 가장 오래된 인쇄도서는 1966년에 경주 불국사 석가탑에서 발견된 『무구정광대다라니경(無垢淨光大陁羅尼經)』(이하 『무구정광경』으로 약칭)이다. 이 도서는 8세기 전기에 간행된 것으로 추정되고 있다. 우리나라 목판인쇄술의 기원은 삼국시대 후기인 백제 성왕 4(526)년에 겸익(謙益)법사가 율소(律疏)를 간행하였다는 기록에서 비롯되나, 그 사실을 실증할 만한 근거는 현재 제시할 수 없다.

목판인쇄는 그 특성상 제작과정이 길고 경비가 많이 소요되는 단점이 있다. 그렇지만 목판은 그 성질상 일단 제작이 완료되면, 해당 판목이 마멸될 때까지 계속 인쇄할 수 있는 장점도 있다. 예컨대 1251년 완성되어 현재 해인사에 보존되고 있는 고려재조대장경의 경우 지금도 인쇄가 가능하다.

위와 같은 목판인쇄술이 비단길을 통하여 서양으로 전래되었다고 보는 견해가 있다. 이것은 종이가 중국에서 비단길을 통하여 유럽으로 전래되는 '종이의 천년 여행'과 같은 맥락이라 할 것이다. 그러나 목판인쇄술이 서양으로 전파되는 데는 그 중간에 이슬람지역으로 인한 지리적 장벽이 가로놓여 있었다. 한편 원의 대제국 시대에 러시아를 경유하여 유럽에 전파되었다는 설도 있다.

서양에서 목판인쇄는 십자군 동정 이후 14세기에 민중들 사이에서 이루어졌고 현존하는 목판인쇄물은 단편 50여 점으로 중국 및 중앙아시아의 인쇄술과 관련이 있는 것으로 보인다. 그러나 16세기 초 목판인쇄는 활자인쇄와 병행되다가 점차 사라지고, 서양문자 자체에 적합한 활자인쇄가 발전하였다고 볼 수 있을 것이다.

1) 목판인쇄의 방법

(1) 목판의 판각방법

목판인쇄를 하기 위해서는 판각에 필요한 목판을 먼저 마련한다. 그 재료는 대추나무, 배나무가 가장 좋으며 가래나무[梓木]를 그 다음으로 친다고『임원십육지(林園十六志)』에 기록되어 있다. 그러나 대추나무와 배나무는 과수로 소중하게 여겨졌으므로 목판 판각의 주재료는 우리의 산야에 자생하는 가래나무가 흔히 사용되었다고 볼 수 있다. 이는 우리 조상이 판각의 뜻으로 '상재(上梓)'라는 용어를 자주 쓰고 있는 것으로 보아도 그렇다. 참고로 해인사 소장의 고려 재조대장경판의 경우 산벚나무, 돌배나무, 단풍나무, 박달나무, 자작나무, 후박나무 등이 사용되었고, 그 중 산벚나무가 가장 많이 활용되었다.

재질이 좋은 나무를 가려 베어낸 다음 통나무를 그늘진 곳에서 6개월 정도 말리는데, 이는 나중에 판목의 뒤틀림과 갈라짐을 방지하기 위한 것이다. 통나무를 적당한 크기와 부피로 나무판을 켜서 아직 다듬지 않은 판목을 마련하고, 이를 바닷물에 일정 기간 담가 두거나 또는 소금물을 만들어 가마솥에 붓고 여기에 나무판을 담가서 삶는다. 이 과정은 나무의 진을 빼고 벌레에 의한 충해와 수분 증발 및 나뭇결에 의한 뒤틀림을 방지하기 위한 것이다. 동시에 나무의 결을 삭이는 역할을 함으로써 나중에 판각할 때 조각칼이 쉽게 들어갈 수 있도록 하기 위함이기도 하다.

그리고 다듬지 않은 판목의 양쪽 표면을 대패질하여 매끄럽게 하고, 또 목판 양쪽 가에 마구리를 붙이는 작업을 한 다음 미리 준비되어 있는 등재본(登梓本)의 각 장을 판목 위에 뒤집어 붙이고, 각수가 판목에 비쳐 보이는 반대 글자체의 자획과 판식 등을 조각칼과 망치로 그대로 새겨낸다. 본문 새김을 다하면 각수는 판심에 제목과 권차, 장차를 새기고, 판의 끝 또는 적절한 곳에 간기와 각수의 이름 등을 새겨 마무리한다.

(2) 목판의 인쇄방법

목판인쇄 작업을 하기 위해서는 인쇄용 먹물과 종이 및 인쇄용구를 먼저 마련하여야 한다. 우리나라에서 주로 사용된 먹은 송연묵이며, 종이는 닥으로 만든 것을 으뜸으로 여겼다. 한편 목판본의 인쇄용구로는 먹솔 또는 먹비, 말총 또는 인체(印髢), 밀랍, 먹판, 먹물 그릇 등을 준비한다.

인출하는 방법은 찍고자 하는 목판을 위로 향하도록 판판하게 놓고, 목판의 자면에 먹솔과 먹비로 먹물을 균일하게 칠한 다음, 종이를 놓고 그 위를 말총 또는 모발뭉치로 만든 인체에 밀랍 또는 기름을 칠하여 위아래로 고루 가볍게 비벼서 박아 낸다. 인쇄가 끝나면 책판을 깨끗이 닦아 말린 다음, 통풍이 잘되는 선반 또는 누각에 보관한다.

2) 목판본의 성격

목판본은 필사본이나 활자본과는 다른 특성이 있다. 그 일반적 특성은 크게 네 가지로 구분해 볼 수 있다.

첫째, 목판본은 출판해야 한다는 분명한 목적을 가지고 있기 때문에 교정이 정확하고 문헌의 내용이 완결되어 있다. 이 완결성과 함께 글자의 크기나 판형의 조절, 편집상의 배려 등 체제의 외양적 정제성이 있다.

둘째, 사본이 동시에 같은 책을 만들 수 없는 각각의 유일본인 반면, 목판본은 종이만 있으면 같은 모양을 계속 찍어 낼 수 있어 체제의 동양성(同樣性)이 있으며, 특수한 사정이 없는 한 모양이 변하지 않는 양태의 고정성이 있다.

셋째, 목판본은 비교적 오랜 시간을 두고 계속해서 찍을 수 있는 누인성을 지님과 동시에, 시간이 지나 많은 분량을 인출하고 나면 책판이 마멸되거나 나중에는 판독하기도 힘든 난잡성이 생긴다.

넷째, 판심이나 서체와 판형에서 시대에 따른 변화를 반영하고 출판자의 지위나 경제력이 반영되는 시대성과 사회성이 있다.

한편 목판본이 번각본일 경우에는 저본과 비교할 때 다음과 같은 특징을 찾아볼 수 있다.

첫째, 변란을 중심으로 볼 때 번각본의 경우 저본보다 크기가 줄어드는 경우가 많다. 이는 저본의 경우 이미 판이 새겨지고 건조된 후 인출되는 과정을 거치면서 크기가 고정된 반면, 그를 바탕으로 번각한 경우 판이 시간이 지남에 따라 수분의 증발로 글자나 변란 등 모든 면에서 일정한 비율로 축소되어 있는 경우를 볼 수 있다. 그 차이가 심할 때는 1cm 이상 되기도 한다.

둘째, 번각본은 저본에 비하여 획이 굵거나 가늘어지고 정교도는 훨씬 떨어져 거칠고 균형이 잡히지 못한 경우가 많다. 예를 들어 조선 세종 때 중국 명의 영락시대에 만들어진 사서오경을 들여와 다시 번각한 것이 있는데, 이 판본의 현존하는 자료들은 대단히 정교하다. 그러나 중종부터 선조년간에 여러 곳에서 이를 다시 재번각한 판본들은 대단히 획이 거칠고 굵다.

셋째, 원본의 후쇄본일 경우에는 인출면이 초기의 것보다 후기에 찍은 것일수록 크기가 줄어드는 경향이 있다. 또 이때 판목 중 일부분에 분실이나 파손이 있을 경우 새롭게 새겨서 보충하는 보각판(補刻板)이라 불리는 것도 있다. 그 예로는『삼국유사』,『구급간이방』이 있으며 고서 간행 시기를 추정할 때 주의 깊게 살펴야 한다. 특히 언해본의 경우 임진왜란을 전후하여 언어현상의 변화를 보이므로 표기법의 차이 등을 유심히 살펴야 하고,『구황촬요(救荒撮要)』와 같이 각 지역에서 간행되어 지역별 언어현상이 반영되어 있는 것도 있으므로 완전한 번각이 아닌 개각현상도 주의하여야 한다.

이와 같은 특성을 지닌 목판본의 발달과 변천은 형태적인 면과 사회적 현상의 반영이라는 양면적 상호관계가 있었다.

<그림 5-1> 무구정광대다라니경

3) 우리나라의 목판본

(1) 신라시대의 목판본

신라의 목판본 중 현재 가장 오래된 것은 『무구정광경』이다. 이 경은 조탑경의 소의경전(所依經典)으로, 1966년에 불국사 석가탑 탑신 제2층의 사리공(舍利孔)에 봉안되었던 금동사리외함(金銅舍利外函)에서 『무구정광경』 전문이 권자본으로 발견되었다. 이에 국내 학계에서는 이 권자본을 신라 경덕왕 시대인 751년경에 간행된 목판 인쇄본이라 주장하였다. 그리고 유네스코에서 1972년 '세계 도서의 해'를 기념하는 *The UNESCO Courier*에 『무구정광경』의 부분사진과 함께 704~751년 사이에 간행된 세계 최고의 인쇄 기록물이라고 소개하면서 세계적으로 알려지게 되었다.

『무구정광경』의 간행지와 간행년대를 여러 가지 사실을 통해 살펴보면 다음과 같다.

『무구정광경』은 704년 1월 5일 이후 한역이 시작되어 그 당해년도인 704년 완료된 것이다. 1988년에 『무구정광경』을 보수할 때 그 지질을 일본의 종이 시험소에서 실험해 본바, 닥으로 뜬 해묵은 한지임이 밝혀졌다. 즉 한국 특유의 종이뜨기 방식인 '흘림뜨기[流漉法]'를 한 종이이며, 우리의 전통적 종이 가공법인 도침(搗砧)과 마연(磨硏)에 의한 가공법을 적용하면서 황벽(黃蘗)으로 장엄한 숙지(熟紙)였다.

한편 중국 고대의 종이는 대부분이 마지이며 닥종이는 극소수에 불과하다. 또 역대 중국에서는 숙지를 만들기 위해 종이에 아교와 백토 및 밀랍을 가하는 등 여러 가지 방법을 행해 왔다. 따라서 『무구정광경』의 바탕종이는 한국 전통종이 가공법을 적용하여 신라에서 제작한 것임을 확인할 수 있다.

중국은 1906년에 중국 신강(新疆)의 투루판[吐魯番]에서 발견되고 현재 일본 서도박물관에 소장되어 있는 『법화경』에 무주제자(武周制字)가 포함되어 있기 때문에, 이 경이야말로 측천무후 시대의 간행본으로는 첫 번째[第一早期]의 것이라고 주장한다. 그런데 성암고서박물관 조병순 관장은 서도박물관에 소장되어 있는 문제의 『법화경』에는 실제로 무주제자가 한 자도 없다는 것을 확인하였다.

『무구정광경』의 필법은 각각의 글씨는 그 결구(結構)가 부정형하고 그 장법(章法)이 불균정하며 각 행의 행자수가 상이하기 때문에 어떤 형식이나 구속에서도 벗어난 자유분방한 분위기를 보인다. 더구나 『무구정광경』의 서법은 6세기 초 북위의 마애서(磨崖書)와 유사하고, 7세기 말~8세기 초 중국의 사경서법과는 명백한 차이를 보이고 있다.

중국의 서법 발전사를 보면 3세기 중기 서진의 중앙에서 유행한 서법의 양식이 중국 남북의 변방까지 전파·유행하는 데는 무려 2백 년의 세월이 걸렸다. 바로 이와 같은 관점에 의거하여 신라 8세기 『무구정광경』의 서법을 논하면, 중국 6세기 초의 서법이 대륙을 횡단하여 한반도의 신라에까지 전파·정착되는 데는 무려 2백 년 이상의 세월이 소요되기 때문에 『무구정광경』의 서법이 6세기 초의 중국 서법과 흡사함을 파악할 수 있다.

이는 『무구정광경』의 필법과 여타 신라의 서법과의 비교에서 더 확실하게 입증된다. 즉 『무구정광경』의 서법과 신라의 봉평신라비와 냉수리 신라비 및 신라 백지묵서 『화엄경』의 서법을 상호 비교하여 보면, 『무구정광경』의 서법은 이들 자료에 나타나는 신라의 전통적 서법을 계승·발전시킨 것이며, 『무구정광경』이 8세기 전기에 신라지역에서 제작된 것임을 알 수 있다.

『무구정광경』의 간행년대를 추적할 수 있는 실마리는 바로 『무구정경』의 권미제 및 그 본문의 서법에서 비롯되어야 한다. 『무구정경』의 권미제와 황복사지석탑 사리함 명문의 '무구정광대다라니경(無垢淨光大陀羅尼經)'이라는 아홉 글자의 서법을 비교한 결과 이 양자의 아홉 글자는 각 글씨의 기필(起筆)과 행필(行筆) 및 수필(收筆)의 기법이 절묘하게 일치하였다. 이는 특정 개인의 오랜 서예 습관에서 이루어진 운필법이기 때문에 이 양자가 동일 인물에 의한 작품이라는 것을 입증한다. 따라서 『무구정광경』 등재본의 사성 년도는 706년으로 결론지을 수 있다. 『무구정광경』의 등재본이 706년에 완성되고 또 목판으로 새겨져 그 당해년도에 간행되었다 하더라도 불국사가 중창된 751년에 이미 마련되었던 목판에 의하여 『무구정광경』을 다시 인쇄하였을 가능성도 배제할 수 없다. 따라서 『무구정광경』의 간행년대는 그 등재본이 사성된 연도인 706년을 상한 년도로 하고, 불국사의 중창 년도인 751년을 하한 년도로 규정하는 것이 가장 합리적일 것이다.

결론적으로 『무구정광경』은 목판인쇄술의 성격과 특징을 완전하게 갖춘 현존하는 세계 최고의 목판인쇄 도서로서 그 간행지역은 한국의 신라였으며, 그 간행년대는 '706~751년'으로 확정하는 것이 과학적인 논증이라고 볼 수 있다.

(2) 고려시대의 목판본

고려시대의 목판인쇄는 신라시대의 인쇄술을 계승하여 11세기에는 대장경의 간행으로 한층 더 발전하는 모습을 보여준다. 고려시대의 목판인쇄를 조망하기 위하여 『보협인다라니경(寶篋印陀羅尼經)』과 초조대장경(初雕大藏經), 속장(續藏) 및 재조대장경(再雕大藏經), 관판본, 사찰본 등으로 나누어 기술하면 다음과 같다.

① 『보협인다라니경』

고려시대 목판인쇄 기술은 주로 사찰에서 계승되면서 발전하였다. 특히 고려는 불교를 국교로 하여 그 진흥책을 폈기 때문에 불서 간행이 매우 활발하였다. 고려시대는 국초부터 잦은 외침과 내란으로 인하여 고려 초의 귀중한 전적은 대부분 소실되었다. 단지 신라 때부터의 전통인 간경납탑공양(刊經納塔供養)으로 인하여 고려 목종 10(1007)년 개성의 총지사에서 간행된 소형 권자본인 『보협인다라니경』이 현재 남아 있다.

이 경의 종이는 황벽으로 염색된 닥종이다. 이 책의 앞부분에는 당시 총지사의 주지였던 홍철이 개판한 내력과 간기가 있고, 이어서 경의 내용을 그림으로 묘사한 변상도가 양각으로 묘사되어 있으며, 이어서 보협인다라니의 공덕을 설법한 40구의 본문을 정교하게 새겼다. 특히 변상도는 우리나라 판화 중 가장 오래된 것으로 주목받고 있다.

『보협인다라니경』의 완전서명은 『일체여래심비밀전신사리보협인다라니경(一切如來心秘密全身舍利寶篋印陀羅尼經)』으로 원래 중국의 오월(吳越)국에서 956년, 965년, 975년에 간행한 판본이 있는데, 10세기 후기에 이 경의 판각이 널리 유행하였다. 중국본과 우리나라의 총지사본을 비교하여 보면, 총지사본은 중국본을 참고로 하였으나 우리 나름대로 새로운 등재본을 마련하여 새겼기 때문에 그 판식과 행자수 및 자체에 차이가 뚜렷할 뿐 아니라 본문과 변상도에서도 차이가 난다. 우리나라 총지사본의 글자체는 구양순 계열의 방필에 원필이 조화롭게 곁들여져 결구(結構)되고, 도각의 솜씨가 정교하여 자획에 필력이 약동하고 자양이 정연하다. 또 먹색이 진하고 윤이 나서 인쇄가 한결 정교하고 아름답다. 즉 중국의 영향을 받았으면서도 실제 개판에서는 그것보다 월등하게 창의성을 발휘하여, 그

등재본을 마련하고 정교하게 새긴 고려 초기의 대표적인 정각본(精刻本)이
라 할 것이다.

② 초조대장경의 간행

목판인쇄술의 발전으로 10세기 말에 북송에서 최초로 대장경이 판각되
었다. 이 북송 개보칙판(開寶勅板)이 성종 10(991)년에 고려에 수입되자,
고려는 이를 간행하여 문화국가의 위상을 정립하려는 의도가 있었다. 그
러던 중 거란의 침입이 있자 이 국란을 부처님의 힘으로 타개해 나갈 것
을 거국적으로 발원함으로써 현종 2(1011)년부터 대장경 조조에 착수하여
선종 4(1087)년에 일단락된 것이 바로 초조대장경이다.

초조대장경은 개보칙판 대장경에 의거하여 23행 14자의 형식을 모범으
로 하여 조조하였고, 이어서 문종 17(1063)년에 들어온 거란대장경을 개
보칙판의 부족분이나 교정에 활용하면서 새롭게 새겨 함차(函次)에 편입시
켰다. 또 문종 37(1083)년에 들어온 『송신역경론(宋新譯經論)』 및 『정원속
개원석교록(貞元續開元釋敎錄)』과 『속정원석교록(續貞元釋敎錄)』 등에 입장
된 경론을 누가 식으로 새겨 나가면서 국내의 전래본으로도 보충하였다.
그리하여 그 수록의 범위는 570함 6천여 권에 이르렀으며, 그 당시에 조
조된 한역 대장경으로서는 그 규모가 가장 컸다. 한편 거란판과 국내전본
은 매행 17자의 형식인데, 초조대장경에서는 이들을 편입하면서 모두 매
행 14자의 형식으로 글자의 크기를 동일하게 정각하고 아울러 그 함차도
개보판과 달리하였다.

초조대장경은 현재 국내에 97종 2백여 권이 전래되고 있으며, 1984년
에는 일본 대마도에서 『대반야경(大般若經)』이 대량으로 발견되었다. 이
초조대장경은 고려 전기의 판각술 및 불교사, 미술사, 문화사 등의 연구에
중요한 가치가 있는 자료로 평가된다.

③ 속장의 간행

속장은 대장경과 같은 정장에 대한 동양 학문승들의 연구논술인 장소(章疏)와 소초(疏鈔)를 일컫는다. 대각국사 의천(義天, 1055~1101)은 신라 고승의 연구저술 4백여 권을 비롯하여 정장(正藏)에 대한 고금의 연구, 주석서를 송, 거란, 일본 등에서 광범위하게 수집하고, 1,010부(部) 4,857권에 달하는 방대한 양의 장소목록인『신편제종교장총록(新編諸宗敎藏總錄)』 3권을 편성하였다. 그리고 홍왕사에 교장도감을 설치하고 이 목록에 입각하여 속장을 간행·유포하였다.

이『신편제종교장총록』은 동양 불교의 여러 종파에서 표방하고 있는 교리 해석상의 분류법을 두루 종합하여 논리적이고도 합리적인 새로운 분류체계를 갖춘 목록이라는 점에서 그 중요한 의의가 있다. 또한 속장의 완성은 동양 학문승들의 장소(章疏)들을 최초로 집대성하여 정장과 쌍벽을 이루는 업적을 쌓았다.

이와 같은 속장의 현존하는 초간본은 일본 동대사(東大寺)도서관 소장의 『대방광불화엄경수소연의초(大方廣佛花嚴經隋疏演義鈔)』20권 40축의 완질 권자본 등이 있고, 국내의 초간본으로는『주인왕호국반야경(注仁王護國般若經)』등이 있다.

속장본이 지니는 우수성을 살펴보면, 초조 및 재조대장경에는 매행 14자씩 글자를 배치하고 있으나, 속장에서는 매행 20~22자씩 배열하여 그 글자가 비교적 작고 조밀하면서도 도각이 정교하고 판면의 인쇄가 깨끗하고 선명하다 점이다. 또한 당대의 명필 서예가들을 동원하여 판각용 정서본을 새로 마련하고 철저하게 교감한 다음 정성껏 판각해 낸 것으로, 선진 불교문물의 도입은 물론 고려의 독자적 특성과 우수성을 살린 개판본이라는 점에서 높이 평가되고 있다.

④ 재조대장경의 간행

몽고군의 침략(1231)으로 대구 팔공산 부인사(符仁寺)에 소장되어 있던 초조대장경이 소실되자(1232), 불력의 수호로 외침을 다시 물리치려고 발원하여 대장도감에서 재차 조조한 한역 정장이 재조대장경이다. 현재 해인사에 소장되어 있는 팔만대장경이 바로 그것이다. 이러한 재조대장경은 총 633함(函) 1,562부(部) 6,778권(卷)에 달하며, 경판의 수는 총 8만 1천여 판이다.

재조대장경은 그 본문이 정확하기로 세계적으로 정평이 나 있다. 즉 수기(守其) 법사가 우리의 초조대장경을 비롯하여 중국의 개보칙판 및 거란판 대장경과의 대조는 물론 각종 불경 목록을 두루 참고하여, 본문의 오탈(誤脫), 착사(錯寫), 이역(異譯) 등을 논정하여 교정 또는 보수한 다음에 번각하고 새로 추각한 여러 사항은 『고려국신조대장교정별록(高麗國新雕大藏校正別錄)』에 잘 나타나 있다. 때문에 그 본문이 한역대장경 중에서 가장 정확하고 모범적인 대장경으로 인정된다.

위와 같은 재조대장경은 고종 23(1236)년에 착수하여 16년간에 걸쳐 강화도에 있는 대장도감 본사와 남해 분사에서 판각하여 동왕 38(1251)년에 완성되었다. 이렇게 완성된 경판은 강화도의 대장경판당에 소장되었으며, 조선 태조 7(1398)년 5월에 해인사로 이전되어 오늘에 이르고 있다. 유네스코가 1996년에 이 재조대장경 경판과 판전인 장경각을 '세계문화유산'으로 지정함으로써 인쇄문화의 세계적인 보물이 되었다.

⑤ 관판본

관판본은 중앙이나 지방의 관청에서 간행한 책으로 중앙관본, 지방관본으로 구분하기도 하고, 기관명에 따라 비서성본, 대장도감본 등으로 구분하기도 한다. 고려는 신라의 탁월한 목판인쇄술을 계승하였으므로 관아에서도 일찍부터 서적을 개판할 수 있는 조건을 갖추고 있었는데, 광종 때에는 『삼국사(三國史)』가 개판되었다.

고려에서 서적에 대한 수요는 광종이 과거제를 처음으로 실시하면서 크게 창출되었다. 중앙관서 중에서 경적을 관장하는 비서성이 전적 간인업무를 관장하게 된 것은 거란과의 전쟁이 일단락된 후 유생들의 과거시험을 위한 향학열이 고조되고 판각기술이 지방까지 널리 유포된 정종 때였다. 『고려사』에 의하면, 비서성은 동경관(東京官)에 명하여 『전한서(前漢書)』, 『후한서(後漢書)』, 『당서(唐書)』를 간행하여 진상케 하였다. 그리고 비서성에서는 직접 『예기정의(禮記正義)』와 『모시정의(毛詩正義)』를 간행하여 어서각(御書閣)에 소장하는 한편 문신들에게 반사하였다.

문종 때에는 비각 소장의 구경(九經)과 의서, 복서(卜書) 등을 인출하여 서경으로 보낸 기록이 있고, 충주목에서 『황제팔십일난경(皇帝八十一難經)』 등을 새로 새겨 비각(祕閣)에 보냈다는 등의 기록이 있다.

이와 같이 고려 초기의 관판본 유통정책은 중앙관서인 비서성에서 판각술이 발달한 지방관서에 명을 내리거나 권장하여 필요한 책판을 새겨 비각에 입고시키게 하고, 이를 간수하면서 각 관서의 문신 또는 교육기관이 요구하는 책을 수시로 인출하여 반사한 것이 특징이다. 그리하여 문종 때에는 국가에 문헌이 크게 갖추어져 중국에까지 알려졌다. 송나라의 사신 서긍(徐兢)은 『고려도경(高麗圖經)』에서 궁중의 임천각(臨川閣)에 수만 권의 장서가 있고, 청연각(淸讌閣)에는 경사자집 사부(四部)의 전적이 가득 차 있다고 기록했다.

⑥ 사찰본

사찰본은 사찰에서 간행한 책을 총칭하며, 사원판, 사찰판본, 사찰판이라고도 한다. 고려는 불교를 국교로 하였기 때문에 사원이 경제적으로 넉넉하였고, 더불어 왕실, 귀족이나 권신 등이 국태민안과 공덕, 명복을 빌기 위하여 간경의 자금을 희사함으로써 사찰본은 꾸준히 발전하며 활기를 띠었다. 또한 사찰에서는 포교를 위해 불경과 고승들의 저술 등을 주로 간행하였다. 그리하여 사찰에는 판각, 인출, 장책, 제지 등에 능숙한 공인이 많았으며, 판각용 목재도 손쉽게 구할 수 있어 사찰판이 더욱 발전하였다.

고려 사찰본의 자체를 보면 초기의 간본은 신라에서 고려로 계승·발

전된 사경체를 바탕으로 하고 있다. 이는 방필 계통과 원필 계통, 그리고
양자가 곁들여진 것 등으로 분류할 수 있고, 가끔 행서체 계통도 보인다.
그 후에는 왕희지의 서풍을 바탕으로 하면서도 새로운 필법을 구사한 탄
연(坦然)의 서법이 병행되기도 하였으나, 고려 말기의 간본은 송설체가 지
배적이었다.

11세기의 대표적인 사찰본은 현종이 그 어머니의 명복을 빌기 위하여
현화사에서 600권『반야경(般若經)』및 삼본『화엄경(華嚴經)』,『금광명경
(金剛明經)』,『법화경(法華經)』을 판각한 것이다. 이와 같은 사찰본은 대장
경판과 달리 글자가 작고 한 줄에 17자 또는 그 이상 빽빽하게 새긴 것이
특징이다.

12세기의 대표적인 사찰본은 국보 제203호로 지정된『대방광불화엄경
주본(大方廣佛華嚴經周本)』이다. 권 제16의 권수에는 '해동사문수기장본(海
東沙門守其藏本)'의 장서인이 있다. 13세기에 해인사에서 판각된『범석사
천왕다라니경(梵釋四天王陀羅尼經)』의 경판은 현재 해인사 대장경판전 구
내 동쪽 경판고에 소장되어 있다.

13세기 후기부터의 사찰본에는 주로 다라니와 관련된 경전이 많이 간
행된 것이 특징이라 할 수 있다. 즉 1278년 인홍사에서『대비심다라니(大
悲心陀羅尼)』와 신하사에서『불설장수멸죄다라니경(佛說長壽滅罪陀羅尼經)』
을 개판하였고, 1330년에는 보성사에서『불정존승다라니경(佛頂尊崇陀羅
尼經)』을 개판하였다.

14세기에 여주 취암사에서는『백운화상초록불조직지심체요절(白雲和尚抄錄
佛祖直指心體要節)』과『백운화상어록(白雲和尙語錄)』을 목판으로 간행하였다.

(3) 조선시대의 목판본

조선시대에는 금속활자 인쇄가 세계에서 유례를 찾아볼 수 없을 정도로
고도로 발달함에 따라 정교하고 아름다운 활자본이 다양하게 생산되었다.
그러나 주자인쇄가 본격적으로 시작된 태종 3(1403)년 이후에도 활자인쇄

는 인출부수가 제한을 받았기 때문에 수요가 많거나 계속해서 인출해야 하는 책은 목판본으로 공급하였다. 더구나 조선조의 건국이념인 숭유우문(崇儒右文) 정책을 실천하기 위해서 유교경전을 비롯한 역사, 시문 및 일상 생활에 긴요한 의서를 전국적으로 대량 간인·보급하는 데는 목판인쇄본이 적합하였다.

① 관판본

조선 전기에 목판인쇄를 담당한 중앙관서는 교서관 및 전교서를 비롯하여 주자소, 언문청(諺文廳), 책방, 간경도감 등이었다.

그 중 교서관과 전교서에서는 경서를 비롯하여 유서, 사서, 시문서 등을 간행하였다. 세종 때 설치된 언문청에서는 여러 국역서를 편찬하였는데, 그 중 국역 불서는 책방에서 간인·장책하였고 문종 때에는 정음청(正音廳)에서 담당하였다. 그리고 간경도감에서는 불경의 국역과 간인이 이루어졌다. 이러한 중앙관서에서 간행한 책을 관판본이라 일컬었는데, 그 판각이 정교하고 인쇄가 깨끗하였다.

조선에서 관판본이 활기를 띠기 시작한 것은 중국(명)의 관찬서인 『성리대전(性理大全)』, 『사서대전(四書大全)』, 『오경대전(五經大全)』을 수입하여 세종 7(1425)년부터 동왕 11(1429)년에 걸쳐 간행한 때이다. 중앙관서에서는 이를 조정과 유신들에게 보급하기 위하여 우선 소요되는 종이를 충청, 전라, 경상도의 관찰사에게 제작하도록 명하였다. 세종 9(1427)년에는 경상도에서 『성리대전』이 상재되었으며, 그 이듬해에는 강원도에서 『사서대전』, 경상도에서 『오경대전』의 일부가 간행되었으며, 세종 11(1429)년까지 전라도에서 그 간행작업이 계속되었다.

지방관서의 목판인쇄 또한 세종 이후 활기를 띠어 선조 18(1585)년까지 팔도의 지방관서에서 『고사촬요(攷事撮要)』 등 980종이 판각되었다. 임진왜란, 정묘호란, 병자호란이 발발하면서 인쇄활동은 침체되었으나, 17세기 후반부터 다시 판각이 시작되어 18세기 초까지 많은 책판이 새겨졌다.

그 결과 정조 20(1796)년에는 규장각에서 중앙·지방의 공·사 장판(藏板)을 포괄적으로 수록한 『누판고(鏤板考)』가 편찬되었다. 이 책판 목록은 관판본은 물론이고 사찰, 서원, 개인 집의 장판까지도 신빙성 있게 저록한 것으로 조선 후기의 목판본을 조사·연구하는 데 크게 기여하고 있다.

19세기 중기에 전국 팔도의 지방에서 판각한 책판을 조사·수록한 것으로 『제도책판목록(諸道冊板目錄)』이 있다. 이 목록에서는 관판과 사판의 구분은 물론 책판의 완전성 및 신·구간 여부, 완결(刓缺), 파상(破傷) 등까지도 표시하고 있어 지방판의 고증에 크게 도움이 된다.

② 간경도감본

간경도감본이라 함은 세조 7(1461)년에 설치된 간경도감에서 간인한 국역 불서와 한문 불서를 일컫는다. 세조는 대군으로 있을 때부터 불서 편찬 및 간인사업을 주도하였고, 즉위 후에는 해인사의 대장경을 50부 찍어 전국의 사찰에 배포하였다. 간경도감 제도는 고려시대 대장도감과 교장도감을 참고하여 중앙에 본사를 두고 각 지방에 분사를 두었다. 여기에서 간행되는 국역본은 모두 당대의 명필가들, 즉 강희안, 정난종 등이 총동원되어 송설체 계통의 원필로 대중소자를 늠름하고 육중하게 써서 새겨낸 것이 특징이다.

간경도감에서 간행된 서적으로는 『능엄경언해(楞嚴經諺解)』를 비롯하여 『법화경언해(法華經諺解)』, 『아미타경언해(阿彌陀經諺解)』, 『선종영가집(禪宗永嘉集)』, 『금강경언해(金剛經諺解)』, 『반야심경약소언해(般若心經略疏諺解)』와 『원각경언해(圓覺經諺解)』, 『목우자수심결(牧牛子修心訣)』, 『몽산화상법어약록(蒙山和尙法語略錄)』 등이 있다. 이 밖에 간경도감에서는 고려시대 의천이 수집한 장소(章疏)도 간행하였다. 이와 같은 간경도감본은 조선시대 국어학, 문화사 연구에 귀중한 자료가 되며, 그 번역사업은 불교의 근본이념과 교리를 쉽게 이해할 수 있도록 함으로써 불교학 연구에도 크게 기여하였다.

③ 사찰본

조선시대의 사찰본은 고려시대와 달리 크게 위축되는 경향을 보인다. 인쇄기술 또한 관판본에 못 미치지만 민중의 시주에 의한 사찰본 간행은 끊이지 않았다. 임진왜란 이전의 개판처에 대한 연구에 의하면 서적을 개판한 사찰은 163개소로 나타나고 있다. 당시 서적을 개판한 지방관서가 37개소로 확인된 것에 비하면 상당히 활발하게 개판한 것을 볼 수 있다. 이는 불서에는 간기가 대개 수록되기 때문에 쉽게 확인되는 데 비해 유가 서적에는 간기를 명확히 밝히지 않은 데도 원인이 있다고 볼 수 있다. 어쨌든 불교가 위축된 분위기에서도 경전의 간행은 지속되었음을 알 수 있다.

정조 20(1796)년 규장각에서 편찬한 『누판고(鏤板考)』에는 도합 41개 사찰에서 153종의 책판을 보유한 것으로 나타난다. 『한국책판목록총람』에 의하면 임진왜란 이후의 연도가 기록된 사찰판은 474종인데, 이 가운데 불교서적의 책판은 221종으로 유학서적, 문집, 족보, 소설 등 불교 이외 서적의 비중이 더 높다. 심지어 도교서적과 조정에서 간행하여 반포한 『명의록(明義錄)』, 『봉선잡의록(奉先雜儀錄)』, 『천의소감(闡義昭鑑)』, 『흠휼전칙(欽恤典則)』도 판각하였다. 각 도 사찰에서 불경만 간행한 것이 아니라 여러 주제의 서적을 두루 판각한 것은 우리나라 인쇄술과 학문 발전에서 사찰판이 차지하고 있는 비중을 여실히 보여주는 일이라 하겠다.

조선 초기부터 말기까지 전국 각 도의 사찰에서 간행된 불서는 여러 목록에서 산견된다. 또한 1987년 현재 각지에 보유되어 있는 책판을 수록한 『전국사찰소장목판집(全國寺刹所藏木板集)』이 있다.

④ 국왕 및 왕실판본

조선시대에는 유교를 국시로 하였으나 국왕이나 왕실에서 불서를 간행하는 사례가 많았다. 이를 국왕 및 왕실판본이라 하며 주로 15세기에 많이 이루어졌다. 태조는 즉위년에 대장경의 인출을 발원하고, 연복사에 5층탑을 세워 대장경을 봉안하고 낙성식을 거행하였다. 태조 3(1394)년에는 금니로 『법화경(法華經)』을 사성하였다.

　세종 4(1422)년에는 성달생이 정서한 『법화경』을 간행하였으며, 동왕 14(1432)년에는 『부모은중경(父母恩重經)』과 『장수멸죄경(長壽滅罪經)』을 합각하여 인시(印施)하였다. 세조 때의 간경은 왕세자를 잃은 후에 시작되었다. 세조 4(1458)년에는 내경청(內經廳)을 설치하고 대장경을 인출하였고, 이듬해에는 『월인석보(月印釋譜)』를 증편·간행하였다.

　성종 때에는 간경도감이 폐지되지만 왕실에 의한 간경사업은 지속되었다. 연산군 10(1504)년 인수대비가 죽은 후 왕실에서는 경판을 간직하고 있는 각 사찰에서 29종 2,815부의 방대한 부수를 인출케 한 사례도 있다. 이후 명종년간의 문정왕후 섭정기에 보우(普雨, 1515~1565)를 신임하면서 불교를 지원한 이후 왕실에는 더 이상 불교를 옹호하는 사람이 없어 특별한 왕실판본은 없게 되었다.

　⑤ 서원판본

　서원판본은 유학의 교육기관 중 사학인 서원에서 간인한 책을 말한다. 조선시대에는 중앙관서나 지방관서에서 간행한 책을 사액서원에 반사하는 사례가 많았다. 한편 각 서원에서는 필요한 책을 자체 간행하여 이것을 서로 기증하기도 하였다. 즉 16세기 중엽 청량서원에서 『근사록집해(近思錄集解)』와 『고사통략(古史通略)』을 간행한 것은 초기의 사례이다. 임진왜란 이후 서원의 창건과 사액의 수가 늘어나 정조 20(1796)년의 『누판고』에 의하면 84개소의 서원에서 각종 서적을 개판하였으며 그 책판도 184종에 이르렀다.

　⑥ 사가판본

　사가판본이라 함은 개인이 자비로 간행하여 대가를 받지 않고 기증한 책을 말한다. 고려시대에는 불서와 문집류가 많았고, 조선시대에는 시문집, 전기, 족보류가 많았다. 시문집은 주로 저자의 자손이나 문하생들이 비용을 염출하여 펴내는 것이 통례였다.

고려의 대표적인 사가판본에는 무인정부의 최이가 발원하여 간행한 대자본『금강경』과『법화경』,『선문삼가염송집(禪門三家拈頌集)』이 있고, 13세기 초에 간행한 세소자본(細小字本)『불정심관세음보살대다라니경(佛頂心觀世音菩薩大陀羅尼經)』등이 있다. 시문집으로는 이인로의『파한집(破閑集)』을 그의 아들이 사비로 간행하였고, 이제현의『익재난고(益齋亂藁)』를 그의 손자가 간행한 사례가 있다.

조선시대 사가에서 불서를 간행한 것은 명종 10(1555)년 황해도 황주의 이순촌의 처 허(許)씨가 시주하여『선림보훈(禪林寶訓)』을 판각하고 그 간역(刊役) 사실을 밝힌 것이 고작이다. 반면 시문집과 족보류의 간행이 주류를 이루었고, 특히 시문집은 국초부터 그 개판이 성행하여 이색의『목은집(牧隱集)』과 길재의『야은시집(冶隱詩集)』등이 간행되었으며, 권근의『양촌집(陽村集)』과 정몽주의『포은집(圃隱集)』및 서거정의『사가집(四佳集)』등이 간행되었다. 16세기 후기부터는 특히 족보류의 간행이 성행해 전국적인 규모로 광범위하게 간행되었다. 사가판은 주로 가문을 빛내고 양반의 문벌과 혈통을 유지하며 특권을 누리기 위해 간행된 것이 그 특징이라 할 수 있다.

⑦ 방각본

방각본(坊刻本)은 민간의 서사(書肆)에서 영리를 목적으로 주로 목판에 새겨 찍어 낸 책을 말한다. 조선시대 후기에는 목판 외에 목활자와 주자로 인쇄하는 경우도 있었다. 이를 각각 방각자본(坊刻字本), 방주자본(坊鑄字本)이라 한다.

16세기의 방각본으로는 소백과전서인『고사촬요(攷事撮要)』가 있다. 영조 30(1754)년의 완산(完山)판『동몽선습(童蒙先習)』등 아동의 학습용 교재를 비롯하여 과거시험용 사서삼경류 및 일상생활에 긴요한 의서(醫書)류 등과 한글 소설류가 많이 간행되었다. 방각본은 일반과 서민의 교육과 독

서의 저변을 확대하는 데 크게 기여하였다는 점에서 그 의의가 크다고 하
겠다.

3. 활자본

인쇄술은 목판인쇄술에서 비롯되었다. 그러나 목판인쇄술은 책판의 제
작과 인출 종수의 제한, 책판의 보관 등에 어려움이 있어 새로 고안된 것
이 활자인쇄술이었다. 활자는 장방형의 나무나 금속으로 문자, 숫자, 기호
등을 조각 또는 주조하여 만든 것이다. 활자인쇄술은 목판인쇄술에 비하
여 기술적·효용적인 면에서 훨씬 경제적이고 실용적인 인쇄술이었다.

1) 활자인쇄술의 발명

활자인쇄술의 중요한 요소는 활자, 조판, 인출이다. 활자는 그 재질에
따라 교니활자(膠泥活字), 도활자(陶活字), 목활자(木活字), 금속활자(金屬活
字), 포활자(匏活字) 등으로 나누어진다. 그러나 인류문화 발전에 크게 영
향을 끼친 대표적인 활자인쇄술은 목활자 인쇄술과 금속활자 인쇄술이다.

(1) 교니활자 및 도활자 인쇄술

교니활자는 찰흙에 문자와 숫자, 기호 등을 새기고 구워서 만든 활자로
토활자(土活字)의 일종이며, 송대 경력년간(1041~1048)에 필승(畢昇)에 의
하여 발명되었다.

북송의 과학자였던 심괄(沈括)의 『몽계필담(夢溪筆談)』에 의하면, 필승의
교니활자 제작과 인출의 공정은 교니를 사용해 활자를 만들며, 운(韻)에
따라 배열하고, 사용할 때는 운에 따라 배검(排檢)해서 먹으로 인쇄하는
것이었다. 그러나 안타깝게도 활자나 인본의 실물은 유전되지 않는다.

도활자는 도자기를 빚는 찰흙에 문자를 새기고 구워서 만든 토활자로 오지활자라고도 한다. 필승에 의한 교니활자도 일종의 도활자였다. 그러나 그의 교니활자 인쇄술은 송진과 종이의 재를 혼합한 응고력이 약한 점착성 물질을 사용하여 조판함으로써 인쇄 도중에 활자가 움직이거나 떨어지는 현상으로 말미암아 실용화에 실패하고 말았다. 그 뒤 원대 초기에 이르러 요추(姚樞)가 그의 제자 양고(楊古)에게 접착성 물질을 개량하여 인서하게 하였으나 또다시 실용화에 실패하였다.

도활자 인쇄술의 실용화는 18세기 무렵에 이르러 실현되었던 것으로 보이며, 당시 우리나라에서도 이미 도활자 인쇄술이 실용되었던 것으로 추정되고 있다. 현재 우리나라에는 도활자의 제작과 서적 인출에 관해서는 『동국후생신록(東國厚生新錄)』에 통제사 이재항이 황주 병영에서 도활자를 만들었다는 기록이 있을 뿐이다. 또한 미국 컬럼비아대학 동아도서관의 화산문고에는 침(忱), 휘(彙), 희(禧) 등의 활자 실물과 수종의 인본이 소장되어 있다.

(2) 목활자 인쇄술

목활자는 장방형의 목편에 문자와 숫자, 기호 등을 조각하여 만든 활자로 나무활자라고도 한다. 목활자는 필승의 교니활자 인쇄술이 발명되었을 때 이미 시험적으로 사용되었으나, 나뭇결(木理)에 소밀이 있어 유약이나 먹물을 바르면 높낮이가 같지 않거나 서로 달라붙어 실용화에 실패하였던 것이다.

목활자 인쇄술이 실용에 성공한 것은 원대의 왕정(王禎)이었다. 그는 안휘성(安徽省) 정덕현(旌德縣)의 현관일 때 13만 6천여 글자의 방대한 『농서(農書)』를 편찬하였다. 그리고 『농서』를 인출하기 위하여 자신이 설계한 3만여 개의 목활자를 제작하여 1311년에 6만 글자가 넘는 『정덕현지(旌德縣志)』를 시험적으로 인출하였는데, 100부를 인출하는 데 1개월이 채 걸리지 않을 정도로 그 효과가 컸다.

『농서』에 부록된 '조활자인서법(造活字印書法)'에는 사운(寫韻), 각자(刻字), 거자(鋸字), 수자(修字), 감자(嵌字)를 비롯하여 조륜(造輪), 취자(取字), 안자(安字), 쇄인(刷印)에 이르기까지 모든 과정이 상세하고도 체계적으로 설명되어 있다. 왕정의 목활자 제작과 인출의 공정은 ① 글자를 운에 따라 종이에 써서 목판 위에 뒤집어 붙이고 글자를 보기 좋게 새기며, ② 새긴 목판을 1자씩 실톱으로 잘라 높이와 크기를 동일규격으로 가지런하게 수리하며, ③ 직경 7척의 윤반 2기를 만들어 한 윤반에는 운에 따라 각 활자들을 배열시키고 다른 윤반에는 잡자를 갈무리하며, ④ 배자는 한 사람이 운에 따라 글자의 호수를 부르면 다른 한 사람은 윤반에서 활자를 골라 활자판에 배열하며, ⑤ 판면을 가지런히 한 뒤 계행에 따라 세로인쇄를 하는 것이었다.

(3) 금속활자 인쇄술

금속활자란 활판인쇄를 하기 위해 녹인 쇠붙이를 주형에 부어 만든 각종 활자를 말한다. 금속활자는 재질에 따라 석(錫)활자, 연(鉛)활자, 동(銅)활자, 철(鐵)활자 등으로 나누어진다. 일반적으로 금속활자라 하면 그 재질이 어떤 것이든 금속성 재료로 만든 것을 총칭하는 것이다.

① 동양

금속활자 인쇄술은 우리나라에서 발명되었다. 우리나라는 13세기 초 고려 때 이미 세계 최초로 금속활자 인쇄술을 발명하고 실용화에 성공하였다. 우리나라는 중국과는 달리 독서인구가 한정적이라 적은 부수의 다양한 주제와 분야의 서적이 필요하였으므로 그 결과 고안된 것이 금속활자 인쇄술이었다. 그러나 언제 누가 어떤 방법으로 금속활자를 주조하고 서적을 인출하였는지에 관한 자세한 기록이 없고 실물이 부족하여 그 기원에 관해서는 여러 학설이 있다.

첫째, 문종년간(1047~1083) 기원설은 김부식(1075~1151)이 서(序)한 대각국사 의천의 비명에 나타나는 "흥왕사에 교장사(敎藏司)를 설치하여 명류들에게 오류를 간정(刊正)하고 연참(鉛槧)할 것을 주상하니, 1년이 지나지 않아 문적이 크게 완비되었다"는 문장에서 '오류를 바로잡아 판각한다'는 의미의 연참을 연판(鉛版), 연활자판(鉛活字版), 금속활자판 등으로 확대 해석함으로써 생긴 것이다.

둘째, 숙종 7(1102)년 기원설은『고려사절요(高麗史節要)』숙종 7년 12월조에 나타나는 "비로소 고주법(鼓鑄法)으로 필요한 주전(鑄錢) 1만 5천 관을 만들어 재추·문무양반·군인들에게 분사(分賜)하여 권여(權輿)로 시작하고자 하는바, 그 전문(錢文)을 '해동통보(海東通寶)'라 할 것이다"는 기록에 근거한 것이다. 이는 국립중앙박물관에 소장된 고려 '복' 활자의 성분이 구리 50.9%, 아연 0.7%, 주석 28.5%, 납 10.2%, 철 2.2% 등으로 합성되어 있어 '해동통보'의 금속성분과 거의 같다는 점에서, 주전의 고주법을 임의적으로 금속활자를 주조하는 고주법으로 간주함으로써 생긴 기원설이다.

셋째, 예종 15(1120)년 기원설은 15세기 전기의 활자본인『고문진보대전(古文眞寶大全)』의 권말에 나타나는 2과의 장서인 중의 하나를 '이녕보장(李寧寶藏)'으로 잘못 판독하여, 그가 인종 2(1124)년 중국에 사신으로 가서 송의 휘종에게『예성강도(禮成江圖)』를 바친 바로 그 인물일 것이라는 점에서 "금속활자 주조기술 발달의 상태와 활자 발명의 시기로 보아 잘 맞는 사람"으로 판단하여 생긴 기원설이다.

넷째, 충렬왕 23(1297)년 기원설은『청량답순종심요법문(淸凉答順宗心要法門)』의 권말에 간행자로 나타나는 중국인 '별불화(別不花)'가 충선왕과 함께 원나라 무왕(武王)을 옹립한 사실이 있고, 그가 이 무렵 사신으로 고려를 다녀갔을 가능성이 있다는 점에서 이 인본이 그 무렵에 간행되었을 것으로 추정함으로써 생긴 기원설이다.

다섯째, 고종 19(1232)년 이전 기원설은 주자본을 중조(重雕)한『남명천화상송증도가(南明泉和尙頌證道歌)』의 권말에 나타나는 최이의 "공장들을

모집하고 주자본을 중조하여 오래도록 전하고자 하는 바이다. 기해(1239)
년"이라는 기록에 근거한 것이다. 이는 천도 시기와 최이가 진양공에 책
봉된 시기 및 중조 시기 등을 비롯하여 피난처인 강화에서 금속활자를 주
조할 만한 상황이 아니었던 점을 감안할 때, 『남명천화상송증도가』의 금
속활자본은 고종 19년 6월 이전에 이미 개경에서 간행되었을 것이라는
판단에서 생긴 기원설이다.

우리나라 금속활자 인쇄술 발명의 기원에 관해서는 앞으로 발견될지도
모르는 새로운 자료와 실물을 예상하여 더 신중하게 연구되어야 할 과제
이다. 그러나 『동국이상국집(東國李相國集)』의 '신인상정예문발미'를 비롯
하여 중조본 『남명천화상송증도가』의 간기, 금속활 자본 『불조직지심체
요절』의 간기, 『삼봉집(三峰集)』 '치서적포시병서(置書籍鋪詩並序)', 『고려
사』 '백관지'의 서적 원조 등의 기록과 방증을 통해 볼 때 고종 19(1232)
년 이전 기원설이 가장 신빙할 만한 학설로 보인다.

② 서양

서양의 금속활자 인쇄술은 독일의 구텐베르크(Johann Gensfleisch zum
Gutenberg)에서 시작되었다. 1400년경에 마인츠에서 태어난 그는 일찍부
터 금세공을 위한 훈련을 받았고, 1430년에는 스트라스부르크에서 보석
세공과 유리를 제작하는 일을 했다는 기록이 남아 있다. 금속활자 인쇄와
관련된 그의 초기작업은 이 무렵부터 시작되었던 것으로 보이나, 그가 연
활자로 서적을 인출한 것은 마인츠로 돌아온 1450년 이후부터였다.

구텐베르크의 금속활자 발명의 중요성은 동일한 활자를 수없이 많이 주
조하는 방법의 개발에 있었다. 이러한 개발은 새로운 조판술과 인쇄술로
이어졌다. 활자 제작은 우선 줄이나 끌 등의 연장을 사용하여 기다란 쇠
막대(펀치)에 문자를 양각으로 새기고, 작은 동판에 펀치를 대고 두드려서
모형을 만들었다. 활자 주조를 위해서 메트릭스를 제작도구인 모형에 맞
도록 조정하여 도가니 바닥에 고정시켜 녹인 쇳물을 그 위에 부었으며,

주조된 글자를 도가니에서 꺼내 줄을 사용하여 마감해 활자를 완성하였
다. 활자의 성분은 1580년에 만들어진 표준 금속활자의 경우 납(82%), 주
석(9%), 안티몬(6%), 구리(1%), 철(1%) 등이었다.

구텐베르크의 가장 뛰어난 인쇄본은 1455년에 간행된『구텐베르크 성
서』이다. 일반에 유포된 이 라틴어 성서는 2권으로 구성되어 있으며, 전
체 분량은 1,282페이지에 달한다. 이 성서는 대부분의 페이지가 2단 42
행으로 되어 있어 '42행 성서'라고도 하며, 15세기 중반에 약 180질이
인출된 것으로 추정되고 있다.

이 인쇄술을 사용하여 간행한 구텐베르크는 42행 성서를 인출하기 위
하여 직공들과 함께 대문자 47개, 소문자 63개, 약어 92개, 복합자 83개,
마침표 5개 등 290개의 서로 다른 종류의 활자를 만들었다. 42행 성서를
조판하는 데는 적어도 10만 개의 활자가 주조되었던 것으로 보이며, 이
많은 활자는 활자함에 보관되었던 것으로 판단된다.

구텐베르크의 성서는 현재 48질이 세계 43처의 도서관 또는 박물관에
소장되어 있으며, 그 중 12질은 양피지에, 36질은 종이에 인쇄되어 있다.
독일 내에서는 구텐베르크박물관을 비롯한 12처에 소장되어 있으며, 괴팅
겐대학교 도서관 소장본은 2001년 유네스코의 '세계기록유산'으로 등재
되었다.

금속활자 인쇄술은 동양과 서양에서 각기 13세기와 15세기에 발명되어
인근 나라로 전파되었다. 세계의 석학들은 금속활자 인쇄술의 중요성에
대하여 인류 문화사상 최고의 발명품으로 정보화의 효시이며, 인류문화
발달의 획기적인 전기가 되었던 것으로 인정하고 있다. 금속활자 인쇄술
은 1992년에 미국의『뉴욕타임스』, 1995년에 미국의『워싱턴포스트』,
1997년에 미국의『라이프』등을 비롯하여 최근 인터넷 조사 등에서 인류
역사상 최고의 발명품으로 선정되었다. 이들은 한결같이 금속활자 인쇄술
이 없었더라면 종교개혁 운동이나 산업혁명 및 정치혁명도 이루어지지 않
았을 것으로 기록하고 있다.

이렇게 세계사에 지대한 공헌을 한 금속활자 인쇄술의 발명은 우리나라
가 독일이나 중국보다 훨씬 앞섰음에도 불구하고 금속활자 인쇄술 발명국
으로 인정되지 못하다가, 2001년 『불조직지심체요절』이 현존하는 세계
최고의 금속활자본으로 인정받아 유네스코의 '세계기록유산'으로 등재되
었다.

(4) 포활자 인쇄술

포활자(匏活字)는 바가지의 외피에 문자와 숫자, 기호 등을 새긴 활자로
바가지활자라고도 한다. 그러나 언제, 누가, 어떤 방법으로 활자를 제작하
고 서적을 인출하였는지에 관한 자세한 기록은 없다. 다만 현재 미국 컬
럼비아대학 동아도서관의 화산문고에 수종의 인본이 전해지고 있을 뿐이
다.

2) 활자의 제작방법

활자를 제작하는 방법은 활자의 재료에 따라 달라질 수 있다. 다음에서
는 활자인쇄술 발전의 꽃이었던 목활자와 금속활자 제작법에 관하여 살피
고자 한다.

(1) 목활자 제작법

우리나라에는 초기 목활자 제작기술에 관한 기록이 전해지지 않아 그것
이 언제 누구에 의해 고안되었는지 알 수 없다. 현존하는 최고의 금속활
자본 『불조직지심체요절』 하권에서 부족자가 목활자로 보충되고 있는 점
에서 일찍부터 목활자가 제작되어 인쇄에 쓰였음을 알 수 있을 뿐이다.
왕정의 『농서』에 수록된 '조활자인서법'과 김간(金簡)의 『무영전취진판정
식(武英殿聚珍版程式)』 등 관련문헌을 참작하여 일반적인 목활자 제작법으
로 유추할 수밖에 없다.

목활자 제조법은 ① 자본을 선정하여 제작한 다음, ② 목재를 선정하고 가공하여 각목을 제작하고, ③ 자본을 뒤집어 붙여서 활자를 새기고, ④ 마감질하여 활자를 완성해서 일정한 순서에 따라 보관한다.

(2) 금속활자의 주조법

주조법은 가열·용해된 액체 형태의 소재를 주형에 부어 원하는 모양을 만들어 내는 것으로 금속뿐 아니라 석고, 도토, 유리 등에도 쓰인다. 금속 주조의 재료는 금, 은, 동, 철, 납, 아연, 알루미늄, 안티몬, 합금 등에 의한 각종 금속의 이용이 모두 가능하다.

금속활자 주조에 주로 쓰이는 금속재료는 청동이다. 청동은 구리와 주석의 합금이며, 우리나라 선사시대의 청동은 구리 7할, 주석 2할, 아연 1할 정도의 합금으로 알려지고 있다. 일반적인 청동의 혼합비율은 구리가 70~95%, 주석이 5~30%이며, 그 외에 불순물과 니켈, 아연, 안티몬 등이 섞이나 그 양은 1% 미만이다. 주석을 섞는 목적은 구리보다 단단하게 하기 위해서이며, 주석이 많이 섞일수록 흰색이 나고 부서지기 쉽다.

우리나라의 금속활자는 대체로 밀랍주조법(蜜蠟鑄造法)과 주물사주조법(鑄物砂鑄造法)으로 제작되었던 것으로 알려지고 있다. 활자를 조판하여 인출하는 방법에는 고착식 조판에 의한 인출법과 조립식 조판에 의한 인출법이 있는데, 고착식 조판에 의한 인출법은 주로 고려시대에 사용되고, 조립식 조판에 의한 인출법은 주로 조선시대에 사용되었던 것으로 알려지고 있다.

고려시대에 별도로 활자장이 있었는지에 관한 자세한 기록은 없다. 조선시대의 경우 주자소는 금속활자의 제작을, 교서관은 금속활자의 인쇄·출판을 주로 맡았던 기관이었다. 『경국대전』의 '공전(工典)'에는 활자인쇄에 관계되는 교서관 소속의 장인과 인원수를 규정하였는데, 주장(鑄匠) 14명, 조각장(彫刻匠) 8명, 야장(冶匠) 6명, 균자장(均字匠) 40명, 인출장(印出匠) 20명, 각자장(刻字匠) 14명, 목공(木工) 2명, 지장(紙匠) 4명으로 기록되

어 있다. 또 교서관에는 서리(書吏) 중에 장책제원(粧冊諸員) 20명, 수장제
원(守藏諸員) 44명이 있었다.

『대전후속록(大典後續錄)』의 '공전'에는 이들 교서관 공인의 벌칙까지
기록되어 있다. 감인관, 창준, 수장, 균자장은 1권에 1자의 착오가 있으면
30대의 매를 맞고 1자가 더할 때마다 1등씩 벌이 더해졌으며, 인출장은
1권에 1자의 먹이 진하거나 희미한 글자가 있으면 30대의 매를 맞고 1자
가 더할 때마다 1등씩 벌이 더해졌다. 교서관원은 5자 이상이 틀렸을 때
파직되고, 창준 이하의 장인은 매를 때린 뒤 50일의 급료를 깎는 벌칙이
적용되었다. 이와 같은 엄격한 벌칙이 마련되어 있었던 결과, 조선시대의
관서 활자본에는 오자나 탈자가 별로 없는 정교한 인쇄가 가능하였다.

3) 고활자본의 성격

활자본은 문자와 숫자, 기호 등을 조각 또는 주조한 활자를 원고에 따
라 문선하여 조판한 다음 그 판에 염료를 칠하여 인출한 서적이다. 활자
본의 동의어로는 배인본(排印本), 배자본(排字本), 식자본(植字本), 식자판(植
字版), 일자판(一字版), 집자판(集字版), 취진본(聚珍本), 취진판(聚珍版), 파인
본(擺印本), 활각본, 활각판, 활인본, 활자인본, 활자판, 활판본 등 여러 가
지가 있다.

활자본의 구체적인 명칭은 활자의 명칭과 직접 관련되어 있다. 활자의
명칭은 일반적으로 활자를 제작한 시기의 간지 및 제작한 기관명이나 인
명, 활자의 자체명, 자본의 제작자명 등에 따라 여러 가지로 명명된다. 따
라서 활자로 인출된 각종 판본의 구체적인 명칭은 활자명에 본, 판본 등
을 덧붙인 이름으로 사용하는 것이 일반적이다.

목판을 조성하고 보관하는 어려움을 극복하고 금속활자의 고비용을 해
결하여 속성으로 인출하기 위한 방안으로 개발한 방법이 목활자 인쇄였
다. 따라서 목재는 구하기 쉽고 단단하면서도 새기기 쉽고 먹물 흡수가

잘되는 나무를 이용하였다. 이 목활자 인본의 특성은 문선할 때 견서(見書)
도 하지만 문서(聞書)해서 조판하므로 발음과 모양이 비슷한 글자가 잘못
식자될 수 있는 오식성에 있다. 활자본은 대개 일정한 부수를 인출한 후
해판하게 되어 모두 한정판인 셈이므로 한인성(限印性)이 있다. 동일한 활
자를 반복 사용하므로 자양의 동일성이 있다. 활자 조성 후 상당 기간이
지난 후 인출된 책에는 보입 활자가 들어가게 되는데, 이때의 활자는 대
소, 서체, 먹의 농담에 차이가 있으므로 조잡성이 있다.

4) 우리나라의 활자와 인본

우리나라의 활자인쇄술이 고려 말기에 이미 실용화된 것은 공양왕
4(1392)년에 활자인쇄 출판업무 전담을 위한 서적원이 개설되었던 것에서
알 수 있다. 고려시대의 인쇄출판 기관으로 서적점과 서적포가 있었으나,
문종 때에 설치된 서적점은 공양왕 3(1391)년에 폐지되었고 숙종 6(1101)
년에 설치된 서적포는 고려 말기에 이르러 그 기능을 제대로 수행하지 못
하였다. 이에 활자를 장치하고 서적을 인출하고자 공양왕 4(1392)년에 서
적원을 한 행정기구로 설치하였다.

조선은 고려의 서적원을 계승해 활자인서의 기능을 수행케 하였고, 개
국하면서 서적정책 및 인쇄출판과 유관한 기관인 예문춘추관, 성균관, 교
서감 등을 설치하는 한편, 주자소, 교서관, 간경도감을 비롯하여 홍문관,
사역원, 내의원 등 임시 인쇄출판 기관도 차례로 설치하였다.

태종은 독자적인 관제로 행정기구를 개혁하는 동시에 숭유억불 정책을
국시로 하는 문교정책을 실시하면서, 동왕 3(1403)년에 서적원 제도를 본
받아 주자소를 설치하였는데, 그것은 새로운 문교정책의 실시로 무엇보다
서적의 인출과 보급이 절실하였기 때문이다.

주자소는 조선시대 전반을 통하여 금속활자 제조와 금속활자 인쇄의 본
산이었다. 나아가 동왕 15(1415)년에 조지소를 설치한 것을 비롯하여 모

필(毛筆)과 먹을 대량으로 제조할 수 있는 기술을 보유함으로써 조선시대 인쇄출판 문화의 수준을 급속도로 발전시켰다.

(1) 목활자와 인본

① 고려시대

고려시대의 목활자와 그 인본에 관해서는 기록이나 실물이 전해지는 것이 없어 언제 누구에 의해 어떤 활자가 제작되고 어떤 서적이 인출되었는지 알 수 없다. 다만 현존하는 최고의 금속활자본『불조직지심체요절』하권에서 부족자가 목활자로 보충되고 있다는 점에서 고려시대에도 목활자가 제작되어 인쇄에 쓰였음을 짐작할 수 있을 뿐이다.

② 조선시대

고려를 계승하여 개국한 조선은 고려의 관제를 답습하여 문적과 도서를 관장하는 서적원과 교서관을 설치하고 활자인쇄 업무를 담당하게 하였다.

<그림 5-2> 서적원자본

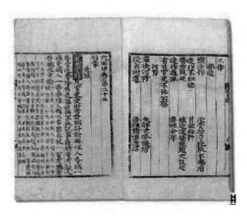

태조조에는 백주지사(白州知事) 서찬(徐贊)이 만들어 서적원에 바친 서적원자(書籍院字)와 공신도감에서 만든 녹권자(錄券字)가 서적의 인출에 사용되었다. 또한 세종조에는 동국정운자(東國正韻字)가 제작되고, 단종조에는 홍무정운자(洪武正韻字)가 제작되었으며, 세조조에는 을유자체목활자(乙酉字體木活字)가 제작되었다.

이외에도 연산군 때에는 인경자(印經字)가 제작되고, 중종조에는 금성자(錦城字)가 제작되었으며, 선조조에는 호음자(湖陰字)와 추향당자(秋香堂字) 및 효경대자(孝經大字) 등을 비롯하여 전국 여러 곳에서 목활자가 제작되어 서적의 인출에 사용되었다.

선조 25(1592)년에 일어난 임진왜란으로 우리나라 인쇄출판 문화는 큰 타격을 입게 되었다. 중앙정부에서 각종 활자인쇄가 어려워지자 이의 타개책으로 선조 27(1594)년에 훈련도감을 설치하고, 옛 활자의 자체를 본뜬 각종 목활자를 만들어 다양하게 서적을 인출해 냈다. 그 대표적인 것이 훈련도감자(訓鍊都監字), 공신도감자(功臣都監字), 실록자(實錄字), 내의원자(內醫院字) 등이다.

그 후 광해군 때에는 문계박자(文繼朴字)가 제작되고, 인조조에는 나주자(羅州字)와 교서관필서체자(校書館筆書體字)가 제작되었으며, 현종조에는 무신자병용한글자(戊申字並用한글字), 경종조에는 후기교서관인서체한글자(後期校書館印書體한글字)가 제작되었다.

영조조부터는 많은 목활자가 제작되어 서적의 인출에 사용되었다. 영조조에는 경서정음자(經書正音字), 방홍무정운대자(倣洪武正韻大字), 임진자병용한글자(壬辰字並用한글字) 등이 제작되고, 정조조에는 정유자병용한글자(丁酉字並用한글字), 기영필서체자(箕營筆書體字), 생생자(生生字), 정리자병용한글자(整理字並用한글字), 춘추강자(春秋綱字), 성천자(成川字) 등이 제작되었다.

순조조에는 지겟다리획인서체자(지겟다리劃印書體字), 장혼자(張混字), 금릉취진자(金陵聚珍字), 훈몽삼자경자(訓蒙三字經字) 등이 제작되었으며, 고종조에는 보광사자(寶光社字)와 학부인서체자(學部印書體字)가 제작되었다. 19세기 말에서 20세기 초에는 야소삼자경자(耶蘇三字經字)가 제작되어 서적 인출에 사용되었다.

(2) 금속활자와 인본

① 고려시대

고려시대 중기인 13세기 초에 이미 금속활자 인쇄술을 발명하고 중앙정부를 중심으로 이를 실용화하였다. 그러나 세계에서 처음으로 창안된 것이어서 활자의 크기와 모양이 고르지 않고 자획의 굵기가 일정하지 않았으며, 인쇄상태도 깨끗하지 못하였다. 조판술에서도 고착식 인판틀에 크기와 두께가 일정하지 않은 활자를 무리하게 배열하여 옆줄이 맞지 않고, 위아래 획이 맞물리거나 글자의 출입이 있었다.

증도가자(證道歌字)는 고종 19(1232)년 이전에 개경에서 『남명천화상송증도가』를 인출하는 데 사용된 금속활자이다. 중조본 권말에 나타나는 최이의 발문에 의하면, 본서가 참선을 하는 데 매우 긴요한 책이나 전래되지 않아 고종 26(1239)년에 이미 금속활자로 간행된 본서를 다시금 목판으로 새겼다고 기록하고 있다. 그러나 그 금속활와 인본이 전래되지 않아 자세한 것은 알 수가 없다.

상정예문자(詳定禮文字)는 『상정예문』을 인출하는 데 사용된 금속활자이다. 활자나 인본은 전해지지 않으나, 이규보의 『동국이상국집』에 수록된 '신인상정예문발미'에 의하면 금속활자로 『상정예문』 28부를 인출하여 여러 관사에 나누어 보관시키고 이용할 수 있도록 하였다고 한다. 따라서 고려의 금속활자본 인출 시기는 최이가 진양공에 책봉된 시기와 발문을 대작한 이규보가 서거한 시기로 미루어 1234년부터 1241년 사이였을 것으로 추정되고 있다. 따라서 늦어도 13세기 초에 우리나라에서는 중앙정부를 중심으로 금속활자 인쇄술이 시작되었음을 알 수 있다.

<그림 5-3> 고려 '복' 활자

　　그 후 중앙정부에서 이용하던 금속활자 인쇄술은 각 지방으로 전파되어 고려 말기까지 계속되었다. 그 대표적인 사례가 청주 흥덕사의 금속활자 인쇄술이다. 흥덕사자(興德寺字)는 흥덕사에서 『불조직지심체요절』과 『자비도량참법집해(慈悲道場懺法集解)』 등을 인출하는 데 사용한 금속활자이다. 백운화상(1298~1374)이 저술한 『불조직지심체요절』의 금속활자본은 현재 제1장이 결락된 총 38장의 하권 1책이 프랑스국립도서관에 소장되어 있다. 그 권말에 '선광칠년정사칠월 일청주목외흥덕사주자인시(宣光七年丁巳七月 日淸州牧外興德寺鑄字印施)'라는 간기가 있어, 우왕 3(1377)년 7월에 청주목 외곽에 있던 흥덕사에서 금속활자로 간행되었음을 알 수 있다. 또 흥덕사에서는 『자비도량참법집해』도 금속활자로 인출한 바 있었는데, 그 번각본이 국내에서 발견됨으로써 알려졌다. 중앙정부의 금속활자에 비해 활자의 크기와 모양이 고르지 않고 조잡하며 조판도 미숙한 편이었으나, 원의 지배로 중앙정부의 금속활자 주조와 인출기능이 마비되었던 당시에 그 명맥을 유지했다는 점에서 큰 의의가 있다.

　　고려시대의 금속활자 중에서 실물이 전해지는 것은 현재 국립중앙박물관에 개성의 개인무덤에서 출토된 '복' 활자 1자가 전해지고 있으며, 개성역사박물관에도 개성 만월대 신봉문(神鳳門) 터에서 서쪽으로 약 300m 떨어진 지점에서 출토된 '전' 활자 1자가 전해지고 있다. 이들 활자는 누

가 무슨 용도로 언제 어떻게 만들었는지 알 수 없으나, 고려시대 금속활
자 주조와 인출을 실증하고 있다는 점에서 큰 의의가 있다. 이들 활자는
여러 특징과 정황을 고려할 때 고려 후기에 만들어졌을 가능성이 높다.

② 조선시대

조선은 유학을 국가의 통치이념으로 하고 이 유학을 널리 전파하기 위
하여 각종 금속활자를 주조하여 다양한 서적을 간행하였다. 조선에서 처음
으로 주조된 계미자는 미숙하고 치졸하였지만 갑인자 이후로는 고려시대보
다 훨씬 향상된 금속활자 주조술과 조판술을 바탕으로 보다 발전하였다.

계미자(癸未字)는 태종 3(1403)년에 주자소에서 남송의 촉본 『시(詩)』,
『서(書)』, 『좌씨전(左氏傳)』을 자본으로 주조한 동활자로 모양은 끝이 둥
근 추형(錐形)이었다. 조선에서 처음 주조된 금속활자라 여전히 크기와 모
양이 고르지 않고 자획이 일정하지 않으며, 인쇄상태도 깨끗하지 못하였
다. 조판술도 개량되었으나, 상하의 변란에 계선이 붙은 고착식 인판틀에
무리하게 활자를 배열하여 옆줄이 맞지 않고 위아래 글자의 획이 물려 있
거나 18~20자로 출입이 있었다.

경자자(庚子字)는 세종 2(1420)년에 계미자의 단점을 보완하여 주조한
동활자로 뒷모양은 네 면이 있는 추형이었다. 조판은 상하의 변란에서 계
선이 분리된 고착식 인판틀로 개량되어 인쇄의 능률이 향상되어 하루에
20여 지를 인출해 낼 수 있었다.

갑인자는 세종 16(1434)년에 가늘고 빽빽하여 보기 어려운 경자자의 단
점을 보완하여 경연 소장의 『효순사실(孝順事實)』, 『위선음즐(爲善陰騭)』,
『논어(論語)』 등을 자본으로 이천의 감독 아래 장영실과 이순지 등이 주
조한 동활자이다. 활자의 모양은 네모가 반듯하고 평평한데 우리나라 금
속활자의 백미이다. 조판에는 처음으로 조립식 인판틀이 채용되었으며,
하루에 40여 지를 인출해 낼 수 있었다.

<그림 5-4> 계미자본   <그림 5-5> 갑인자본

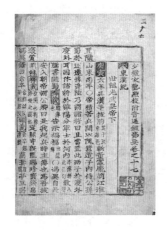

병진자(丙辰字)는 세종 18(1436)년에 진양대군(세조)이 쓴 대자를 자본으로 주조한 것으로 세계 최초의 연활자였다. 갑인자병용한글자(甲寅字竝用한글字)는 세종 29(1447)년에 강직하고 굵은 고딕인서체를 자본으로 주조한 한글 동활자로 우리나라 최초의 한글 금속활자인 점에서 그 가치가 높이 평가되고 있다.

이외에도 문종조에는 경오자(庚午字)가 주조되고, 세조조에는 을해자(乙亥字), 정축자(丁丑字), 무인자(戊寅字), 을해자병용한글자(乙亥字竝用한글字), 을유자(乙酉字) 등이 주조되었으며, 성종조에는 갑진자(甲辰字)와 계축자(癸丑字)가 주조되었다. 또한 중종조에는 병자자(丙子字)가 주조되고 선조조에는 경진자(庚辰字), 을해자체경서자(乙亥字體經書字), 인력자(印曆字) 등이 주조되었다.

선조 25(1592)년에 일어난 임진왜란으로 우리나라의 인쇄출판 문화는 큰 타격을 입게 되었다. 광해군 9(1617)년에 주자도감을 설치한 것은 황폐화된 활자기술과 인쇄기술을 기존의 수준으로 복구하려는 의도였다. 반면 일본은 우리나라에서 많은 활자를 전리품으로 가져갔을 뿐 아니라 활자공과 도공을 포로로 잡아감으로써 이때부터 일본의 인쇄출판 문화와 요업도 발전하게 되었다.

광해군 때에는 무오자(戊午字)가 주조되고 현종조에는 무신자(戊申字)와 낙동계자(洛東契字)가 주조되었으며, 숙종조에는 병진왜언자(丙辰倭諺字), 한구자(韓構字), 교서관인서체자(校書館印書體字), 원종자(元宗字), 숙종자(肅宗字) 등이 주조되었다.

경종조에는 후기교서관인서체자(後期校書館印書體字)가 주조되고, 영조조에는 율곡전서자(栗谷全書字)와 임진자(壬辰字)가 주조되고, 정조조에는 정유자(丁酉字·六鑄甲寅字), 재주한구자(再鑄韓構字), 정리자(整理字), 정리자체철활자(整理字體鐵活字) 등이 주조되었다. 순조조에는 필서체철활자(筆書體鐵活字)와 전사자(全史字)가 주조되고, 철종조에는 삼주한구자(三鑄韓構字)와 재주정리자(再鑄整理字)가, 고종조에는 신연활자(新鉛活字)가 주조되어 서적의 인출에 사용되었다.

4. 인쇄술의 전파와 발전

인쇄술의 시원에 대한 시각은 동서양이 서로 다르다. 유럽에서는 인쇄술이 발명된 연대를 활판인쇄술이 발명된 때로 생각하고, 목판인쇄는 다만 인쇄술 발달의 중요한 예비단계의 하나라고 생각하고 있다. 반면 극동에서는 인쇄술의 발명은 목판인쇄가 시작된 때로 보고 활판인쇄는 오히려 중요하지 않은 후세의 부산물로 여기고 있다. 이는 언어 구조의 차이와 문화적 배경에서 기인된 것으로 보인다. 중국의 문자는 4만여 개의 독립된 부호로 되어 있어 최근의 대규모 인쇄가 행해지기 전에는 활판인쇄가 실용적이거나 경제적이지 못하였다. 또 중국의 문화적 배경은 초기부터 동양문화권의 중심축으로 활동하였고, 고도로 발달한 선진문화를 목판인쇄술을 사용하여 전달하였다.

목판인쇄가 언제 시작되었다고 단언하기는 어렵다. 현존하는 것으로 가장 오래된 것은 750년경에 신라에서 인쇄된 『무구정광대다라니경』이고, 중국의 목판인쇄물로 가장 오래된 『금강경』은 868년에 간행되었는데 상당히 발전된 인쇄기술을 보여주고 있다.

목판인쇄술이 시작된 것으로 추정되는 시기는 중국의 당대인데, 당대는 중국 역사상 가장 전성기였다. 당은 중국 본토를 통일하였으며 한국과 일본도 그 영향하에 있었고, 천산산맥을 넘어 사마르칸트 지방으로 들어가 새로운 아랍세력과도 대치하였다. 당대의 전성기는 현종년간(712~756)이었으며, 이 문화의 황금기에 경전이나 원전을 복제하기 위한 다양한 방법이 불교사원이나 그 밖의 다른 사원에서 시도되었다. 이러한 활동은 황금시대가 끝나기 조금 전에 목판인쇄술의 실현으로 그 절정에 달하였다.

다만 현종 말기부터 도처에서 반란이 일어나고 종교에 대한 박해가 시작되었다. 이 박해는 845년에 내린 유명한 칙령[會昌의 廢佛事件]으로 말미암아 4,600여 개의 사찰이 파괴되었고, 260,500여 명의 승려와 비구니가 환속하게 되었다. 사찰의 파괴와 내란으로 인하여 당대의 훌륭한 예술품 대부분이 소실되었다. 이것이 중국 인쇄물 중에 868년에 인쇄된 『금강경』보다 더 오래된 것이 남아 있지 않은 요인일 수도 있다.

중국의 목판인쇄술은 당의 전통을 이어받은 송대에 절정기를 맞았다. 송대의 목판인쇄는 아름다운 자체가 인쇄로 완벽하게 재현된 예술품이었다. 오대부터 풍도(馮道)가 주도한 유교경전의 간행은 송대에 와서 완성되었으며, 이 인쇄를 주도한 사람은 사천인이었다. 중앙정부의 인쇄술은 민간에까지 확대되었고, 주제와 분야도 의학, 식물학, 농업, 시집, 문학작품 등을 망라하게 되었다. 송대에는 유교서적 외에 불교서적도 인쇄하였는데, 이는 우리나라와 일본, 인도네시아에 영향을 미쳤다.

중국의 목판인쇄가 서쪽으로 전파된 것은 비단길을 통해서였다. 비단길은 중국의 장안에서 시작하여 누란에 이르고, 누란에서는 타클라칸 사막지대를 서역 남로와 서역 북로의 두 길로 나누어져 카슈카르에 이른다.

카슈카르에서 파미르고원 지대를 세 갈래 길로 통과했는데, 그 중 사마르
칸트로 나가는 길이 유럽으로 나가는 주 통로였다. 사마르칸트에서 다시
메르브, 파르티아를 거쳐 테헤란에 도착하고 바그다드, 다마스커스, 알렉
산드리아에 도착한다. 다마스커스와 알렉산드리아에서 유럽으로 가려면
지중해를 경유하여 콘스탄티노플로 가거나 아니면 북부아프리카를 경유
하여 스페인을 거쳐 유럽으로 가야 했다. 이 길을 통한 동서의 교류는 중
국 전한 무제 때 장건의 잇따른 서역원정으로 시작되었다. 비단무역을 시
작으로 종교도 이 길을 통해 전파되었다.

중국의 목판인쇄술이 제일 먼저 전파된 곳은 위구르 터키였고, 이 지역
의 절충적 문화의 성격이 몽고에 흡수되어 유럽으로 전해지게 되었다. 몽
고인은 위구르 터키인을 통해서 인쇄술을 접했고, 이들이 중국을 정복했
을 때 당시 중국의 인쇄술은 정점에 도달해 있었다. 당시 아랍문화는 그
특수성으로 인해 목판인쇄술이 유럽에 전해지는 데 장벽이 되었지만, 몽
고시대에 인쇄술은 페르시아의 타브리즈를 경유하여 이집트를 거쳐 유럽
으로 전해졌다.

유럽에서는 목판인쇄가 활자인쇄보다 몇 년 빠르기는 하지만 거의 동시
에 이루어졌다. 그러나 오랜 시간을 경유하여 유럽에서 시작된 목판인쇄
는 부적, 트럼프, 달력, 카드, 성화상, 면죄부 등의 간단한 단면 인쇄물을
제작하는 데 많이 사용되었고, 서적을 제작하는 데는 별로 사용되지 않았
다. 서양의 목판인쇄 서적으로는 『빈자의 성서(Biblia pauperum)』 등 33종
이 전래되고 있으며, 목판인쇄술은 짧은 기간 이용되다가 활자인쇄로 대
체되었다.

활자인쇄도 동양에서 먼저 발명되고 발전하였다. 송대 초기 저술가인
심괄의 『몽계필담』에 필승이 발명한 도활자 인쇄술에 관한 명확한 기록
이 수록되어 있다. 이 도활자와 함께 석활자도 발명되었으나 실용화에는
모두 실패하였다. 활자인쇄에 완전하게 성공한 사람은 왕정으로 그는 원
대 인종 황경 2(1313)년에 목활자 자모를 만들어 인쇄에 활용하였다. 왕정

의 실험으로 완전히 평평하고 고정된 인판에 적합한 활자를 만들고 식자에 편리하게 활자가 기계적·체계적으로 정리되었다.

이러한 활자의 실험은 극동으로 전해져 고려조 말기에 관과 사찰에서 동활자를 발명하였다. 『상정예문』의 발문과 『남명천화상송증도가』의 말미에는 13세기 초에 주자로 서적을 인출하였다는 언급이 있다. 또한 프랑스국립도서관에 소장되어 있는 『백운화상초록불조직지심체요절』에는 '선광칠년(宣光七年)'이라는 분명한 간기가 남아 있다. 조선조에서는 계미자, 경자자, 갑인자 등 다양한 활자제작에 성공하여 활자의 주조와 인쇄기술의 개선에 큰 진전이 있었다. 이러한 활자인쇄술은 임진왜란 이후에 일본으로 전파되어 목활자 제작 및 동활자 주조에 지대한 영향을 미쳤다. 중국의 금속활자 인쇄술은 일본보다 조금 빨리 시작되어 19세기까지 지속되었다. 중국의 목활자 서전은 펠리오(Paul Pelliot)에 의해 돈황동굴에서 목활자 한 벌이 발견됨으로써 입증되었다. 이 활자는 왕정의 목활자 기술 내용과 부합되고 위구르어로 되어 있으며, 위구르어가 표음문자여서 긴 활자로 변형·제작된 것이다.

서양에서는 1450년경에 연활자 인쇄술이 발명되었다. 이는 동양의 동활자 인쇄술과 비교하여 250년 이후의 일이다. 이 인쇄술은 독일 마인츠의 구텐베르크에 의해 발명된 것으로 인정되고 있다. 이 기술은 안티몬과 합금을 주형에 주입시켜 활자를 만들고 안료를 기름에 갠 독특한 유성잉크를 사용하여 목제의 압착기를 이용하여 인쇄하는 기술이었다.

구텐베르크는 1448년 인쇄술 개발에 착수하여 성공하였으나, 1450년 부유한 상인 푸스트(Johann Fust)의 자금을 활용해 쓰다가 후에는 인쇄공장을 그에게 넘겨 포스트에 의해 인쇄술이 이어지게 되었다. 구텐베르크가 인쇄한 것은 『면죄부(Indulgence)』, *Constance Missal, Catholicon*, 『36행 성서』 등이 알려져 있다. 이외에도 초기 간본으로는 푸스트가 간행한 『42행 성서』와 『성시편(Psalter)』이 있다. 1462년 마인츠시가 관구 취득을 위한 봉건전쟁으로 분열되고 인쇄소가 파괴되자 실직한 인쇄공들은 유럽 전역으로 분산되었다. 이로 인해 유럽 전역에 인쇄술이 보급되었는데, 로마에는 1465년, 파리에는 1470년, 폴란드에는 1475년, 콘스탄티노플에는 1494년, 영국에는 1476년에 전파되었다.

유럽의 인쇄술은 당시의 인문주의나 문예부흥 운동과 더불어 유럽 전역으로 확대되었다. 또 인쇄수요가 늘어나면서 대량 고속인쇄를 추구하기 시작하였다. 1790년경 파리에서 연판인쇄술이 개발되었다. 조판된 원판을 진흙이나 금속에 찍고, 이를 이용해 똑같은 연판을 여러 장 만드는 방법인데, 이로 인해 동시에 여러 대의 인쇄기를 돌릴 수 있어 대량인쇄가 가능해졌다. 1803년 독일 인쇄업자 쾨니히는 톱니장치로 제어되는 인쇄기를 고안하였으며, 1811년 바우어와 함께 윤전기의 원리를 이용해 원압인쇄기를 만들었다. 이 인쇄기로 1814년에 런던의 『더 타임스(The Times)』를 1,100장 찍어냈다. 이 기계식 인쇄기는 꾸준히 개선되어 종이공급의 기계화에 성공했고, 1880년대에는 식자기를 라이노타입(linotype)과 모노타입(monotype)의 주식기(鑄植機)로 대체하면서, 속도가 시간당 1만 자에서 1만 2천 자로 발전하였다.

또한 1760년경 이탈리아의 피너게는 금속판의 표면을 부식시켜 오목판을 만들어 요판인쇄를 할 수 있는 방법을 고안하였다. 1798년에는 독일의 제네펠더가 자기 고장에서 산출되는 대리석에 인쇄잉크로 글씨를 쓴 다음 질산으로 대리석판을 부식시켜 볼록판을 만들어 악보를 인쇄하는 동안 이 대리석이 다공질(多空質)로서 수분을 오래 지녀 지방성인 인쇄잉크를 받지 않는다는 점에 착안해 석판인쇄의 원리를 발견하였다. 이 석판인쇄는 달력, 포스터, 팜플렛, 광고물의 인쇄에 사용되었다. 이리하여 18세기 말까지 볼록판, 요판, 평판 등의 인쇄방법이 고안되어 사용되었다.

19세기가 되면서 프랑스의 니에프스와 다르게에 의해 사진술이 발명되었다. 1839년 영국의 폰턴에 의해 중크롬산 젤라틴액의 감광성 내산물이 발견됨으로써 사진제판에 응용되었고, 1869년 독일의 알버트가 콜로타이프(collotype) 인쇄술을 개발하여 실용화하였다. 이는 사진을 응용하여 제판한 것으로 대량생산이 가능하고 인쇄가 정치하였다.

20세기에는 1904년 미국의 러벨이 오프셋 인쇄술을 발명하여 대량생산, 속도, 경제성에서 진일보하였다. 이어 사진술이 발달하여 글자의 형상을 사진화함으로써 금속활자를 대신하는 데 성공하였다. 이 사진식자법은 1세대의 기계식 사식기, 2세대의 모노타입 사식기, 3세대의 전자식 사식기의 발전으로 시간당 3만 자에서 10만 자의 출력이 가능하게 되었다. 또 하나의 중요한 개발은 광학적 문자인식(OCR) 판독장치의 도입이었다. 이 컴퓨터 식자기는 1시간에 30만 자의 속도로 주사할 만큼 발전하였다. 1965년에는 서독 키엘의 루돌프 헬 박사가 각각의 글자를 전자공학적으로 분석하여 그것을 작은 점으로 분할하면 그 점이 디지털 형태로 컴퓨터와 자기기억장치 속에 보존되는 방안을 개발하였다. 이로 인해 시간당 100만 자 이상의 생산속도를 갖추게 되었다.

1970년대에는 컴퓨터를 이용하여 디지털화된 방식으로 출판물을 제작하는 방법과 기술이 발전하여 전자출판 시대가 도래하면서, 컴퓨터 편집 시스템(DTP), CD-ROM출판, 전자통신 출판이 가능해졌다. DTP는 책상 위에 있는 컴퓨터를 이용하여 원고의 작성, 교정, 식자와 조판, 레이아웃, 사진의 처리, 인쇄용 필름의 출력까지 종이출판에 필요한 일체의 작업을 일괄적으로 처리하는 방식을 일컫는다.

CD-ROM은 레이저광선을 사용하여 금속 표면에 작은 구멍을 뚫어 정보를 기록하고, 레이저광선을 통하여 금속 표면에 뚫려 있는 구멍을 인식함으로써 정보를 판독하는 것을 말한다. 이 방식은 4.75인치(120mm) 크기의 매체에 650Mb의 저장용량에 사진이나 애니메이션, 영상, 음향, 문자정보 등의 다양한 정보를 저장할 수 있어 차세대 매체로 각광을 받고 있다.

특히 전자통신 출판은 통신망을 통해 출판물을 출판·배포·이용하는 방식이다. 즉 출판사가 여러 분야의 정보를 데이터베이스에 저장하면 독자는 전화선이나 전용회선을 통해 데이터베이스에 접속하여 출판물을 이용하는 새로운 개념의 출판이다. 독자는 출판물의 내용을 컴퓨터 모니터로 보거나 파일로 다운받아 이용할 수 있다. 전자통신 출판은 기존의 종이 출판물에 비해 신속성이 뛰어나고 검색이 용이하며 출판물을 보관하는 데 많은 공간을 필요로 하지 않으면서도 인쇄비용이 저렴하다는 장점이 있다.

　최근 들어와서는 웹의 등장으로 기존의 문자정보가 멀티미디어 정보서비스로 바뀌게 되고, 볼만한 출판사의 웹사이트가 늘어나자 전자통신 출판 사용자가 급증하게 되었다. 또 인터넷을 통한 글로벌 네트워크가 형성됨에 따라 사상 최대의 출판시장을 형성하게 되었고, 출판산업의 새로운 패러다임을 형성하게 되었다.

<참고문헌>

金簡 著. 朴文烈 譯.『武英殿聚珍版程式』, 서울: 典廣, 1998.

金斗鍾.『韓國古印刷技術史』, 서울: 探求堂, 1974.

金相淏.「朝鮮朝寺刹版 刻手에 관한 研究」, 서울: 成均館大學校大學院, 1990.

김성수.「무구정광대다라니경의 연구」, 청주고인쇄박물관, 2000.

김성수.「無垢淨光經의 간행에 관한 중국측 반론에 대한 비판」,《書誌學研究》25집(2003. 6), 477-506.

남권희.「고려시대 출판문화사」,《한국문화사상대계 3》경산: 영남대학교 출판부, 2003, 35-77.

朴文烈.「高麗金屬活字本 佛祖直指心體要節의 現代的 意味」,《書誌學研究》第17輯, 書誌學會, 1999.

朴文烈.「印刷術 起源說과 高麗時代 金屬活字印本에 관한 研究」,《古印刷文化》第6輯, 淸州古印刷博物館, 2000.

朴文烈.「金屬活字印刷術의 起源에 관한 研究」,《人文科學論集》第23輯, 淸州大學校 人文科學研究所, 2001.

朴文烈.「白雲和尙抄錄佛祖直指心體要節 復元研究結果報告書」, 淸州, 2001.

潘吉星.『中國·韓國與歐洲早期印刷術的比較』, 北京: 科學出版社, 1997.

배현숙, 「조선후기 인쇄술」,《한국문화사상대계 3》경산: 영남대학교 출판부,
    2003, 133-194.

卞特.『中國印刷術的發明和它的西傳』, 北京: 印刷工業出版社, 1991.

孫寶基.「韓國印刷技術史」,『韓國文化史大系 Ⅲ』, 서울: 高麗大學校 民族文
    化研究所, 1970.

吳國鎭.「直指復元 研究報告書」, 大田: 文化財廳, 2001.

옥영정.「한국 고대인쇄술의 기원과 발달」,《한국문화사상대계 3》경산: 영남
    대학교 출판부, 2003, 3-33.

柳鐸一.『韓國文獻學研究』, 서울: 亞細亞文化社, 1989.

尹炳泰.『朝鮮後期의 活字와 冊』, 서울: 汎友社, 1992.

윤상기.「조선전기 인쇄문화」,《한국문화사상대계 3》경산: 영남대학교 출판
    부, 2003, 79-132.

李弘植.「慶州 佛國寺 釋迦塔 發見의 無垢淨光大陀羅尼經」,《白山學報》4호
    (1968. 6), 167-198.

張秀民.『中國印刷史』, 上海: 上海人民出版社, 1989.

曺炯鎭.「韓國 初期金屬活字의 鑄造·組版·印出技術에 대한 實驗的 研究」,
    서울: 中央大學校大學院, 1994.

曹之.『中國印刷術的起源』, 武漢大學出版社, 1994.

千惠鳳.『羅麗印刷術의 研究』, 서울: 景仁文化社, 1980.

千惠鳳.『韓國古印刷史』, 서울: 韓國圖書館學研究會, 1976.

千惠鳳.『韓國典籍印刷史』, 서울: 汎友社, 1990.

韓東明.「韓國中世印刷文化의 制度史的 研究」, 서울: 慶熙大大學院, 1986.

禿氏祐祥.『東洋印刷史序說』, 京都: 平樂寺書店, 1951.

宿白.『唐宋時期的雕版印刷』, 北京: 文物出版社, 1998.

第二屆中國印刷史學術研討會籌署委員會 編.『中國印刷史學術研討文集』, 北
    京: 印刷工業出版社, 1996.

中國印刷博物館 編.『中國印刷史學術研討文集』, 北京: 印刷工業出版社,
    1997.

庄司淺水.『印刷文化史』, 東京: 印刷學會出版部, 1957.

카터, T. F. 저. 강순애·송일기 역.『인쇄문화사』, 서울: 아세아문화사, 1996.

Feipel, Louis N. *Element of bibliography*, Chicago: The Univ. of Chicago Press, [n.d.].

Davies, Martin. *The Gutenberg Bible*, London: The British Library, 1995.

Courant, Maurice. *Bibliographie Coréenne*, Paris: Ernest Leroux, 1894-1896.

Courant, Maurice. *Bibliographie Coréenne Supplement*, Paris, Ernest Leroux, 1901.

Vincent, Ricardo J., ed. *Johannes Gutenberg the 42 Line Bible, Commentary on the Burgos Facsimile*, Valencia: Vicent Oficio Grafico, 1997.

Hanebutt-Benz, Eva. "Features of Gutenberg Printing Process," International Symposium on the Printing History in East and West (Report), Seoul: Korean National Commission for UNESCO, 1997, 282-290.

제6장 도서의 감정

고서 감정은 쉬운 일이 아니다. 오늘날에는 책이 출판되면 서명, 저자, 출판사, 간행년도가 기록되는 것이 상례인데, 고서는 서명만 있고 저자가 없는 경우가 있으며, 저자가 있더라도 후인이 자신이 저술한 것으로 이름을 바꾸어 출판한 경우도 있다. 또한 간행년도가 수록되지 않은 책이 있는가 하면 간행년도가 있어도 간지로 기록되어 있어 정확한 연도를 감별하기 어려우며, 간행처가 없는 경우는 더욱 그렇다. 그 밖에 고서의 형태적인 문제, 즉 활자본, 목판본 등의 식별, 내용분석 등 문제의 해결이 고서 감정에서 중요한 위치를 차지한다. 이를 해결하기 위해서는 서지학적 지식과 경험이 선결되어야 한다. 따라서 이 장에서는 고서를 가장 기본적으로 감정할 수 있는 인쇄방법에 의한 감정과 서지요소에 의한 감정의 형태적 측면에 대해서 기술하기로 한다.

1. 인쇄방법에 의한 감정

우리나라의 고서는 크게 사본과 간인본으로 나눌 수 있는데, 간인본은 대부분 목판본과 활자본이다. 사본과 간인본의 감별은 비교적 쉬운 편이

지만, 간인본에서 목판본과 활자본의 감별, 활자본 중 금속활자본과 목활
자본의 감별, 금속활자본의 활자, 목활자본의 활자 감별, 목판본의 초쇄본
과 후쇄본의 감별 및 원간본과 번각본의 감별 등은 쉽지 않다. 특히 금속
활자본 상호간의 감별과 목활자본 상호간의 감별은 각 활자의 자형에 대
한 정확한 지식을 필요로 한다. 더욱이 수많은 종류의 활자를 만들어 사
용한 우리나라의 경우 그 모든 활자에 정통해야 하므로 더욱 어려움이 따
른다. 그 중에서도 특히 목활자본의 감별은 특징적인 대표자가 알려진 몇
몇 목활자를 제외하고는 아직 제대로 연구가 되어 있지 않아 감별에 더욱
어려움이 따르고 있다.

1) 목판본, 금속활자본 및 목활자본

(1) 글자 모양

목판본은 글자를 하나하나 따로 새겨서 찍기 때문에 똑같은 글자 모양
[字樣]이 없다. 그러나 금속활자본을 정교하게 번각한 번각본의 경우에는
매우 비슷한 글자 모양이 자주 나타나고, 목활자본을 정교하게 번각한 번
각본의 경우에는 매우 비슷한 글자 모양이 더러 나타난다.

금속활자본은 동일한 어미자로 만든 활자로 찍은 것은 글자 모양이 똑
같다. 단, 보주활자가 섞여있는 경우에는 다소의 차이가 있다. 금속활자본
이라 하더라도 어미자를 반복 사용하지 못한 활자와 주조방법이 다른 민
간의 활자 등으로 찍은 것은 글자 모양이 다르다. 다만 이러한 경우에도
인출할 때는 활자를 반복 사용하기 때문에 장(張)을 달리할 경우 같은 글
자 모양이 자주 나타난다.

목활자본은 동일한 글자라 하더라도 하나하나 따로 새기기 때문에 찍은
자국 역시 똑같은 글자 모양이 없다. 대체로 민간에서 조성한 목활자로
찍은 것은 글자 모양이 더욱 고르지 않고 조잡하다. 단, 인출할 때 활자를
반복 사용하기 때문에 장을 달리할 경우 같은 글자 모양이 자주 나타난다.

(2) 글자 획

목판본은 글자를 하나하나 따로 새겨서 찍었기 때문에 글자 획[字劃]의 굵기가 일정하지 않다.

금속활자본은 어미자를 정성들여 만들어 필요한 수만큼 활자를 만들어 인출하기 때문에 글자 획의 굵기가 대체로 일정하다. 그러나 어미자를 반복 사용하지 못한 활자와 주조방법이 다른 민간의 활자 등으로 찍은 것은 글자 획의 굵기가 그다지 일정하지 않다.

목활자본은 동일한 글자라 하더라도 하나하나 따로 새기기 때문에 글자 획의 굵기가 일정하지 않으나, 인출할 때 활자를 반복 사용하기 때문에 목판본만큼 그 정도가 심하지는 않다.

(3) 칼자국과 너덜이 자국

목판본과 목활자본은 글자 획에 칼자국[刻痕]이 예리하게 나타난다. 경우에 따라서 세로획과 가로획이 겹치는 곳에 칼자국이 나타나기도 한다.

금속활자본은 활자를 주조한 다음 줄로 손질하기 때문에 찍은 자국에도 칼자국이 남아 있지 않고, 글자 끝도 둥글둥글한 느낌이 난다. 다만 민간에서 주조한 활자는 손질이 거칠 경우 너덜이가 남아 인본에도 그 자국[鑄痕]을 남기는 경우가 있다.

(4) 글자 위치

목판본은 특정 글자가 옆으로 비스듬하게 기울어지거나 거꾸로 된 것 없이 비교적 바르다. 그러나 필사자의 취향에 따라 글자가 전체적으로 모두 비스듬한 경우는 있다.

금속활자본과 목활자본은 한자 한자 식자하므로 글자 중 일부가 옆으로 비스듬하게 기울어지거나 드물게는 거꾸로 된 것도 있다.

(5) 글자 줄

목판본은 글자의 가로·세로줄[字列]이 비교적 정연하다.

금속활자본과 목활자본은 한자 한자 식자하므로 글자의 가로·세로줄이 곧바르지 않고 상하좌우로 들어갔다 나왔다 해서 글자 줄이 비뚤어진 경우가 있다. 글자의 가로줄이 맞지 않는 것은 특히 초기 활자본에 자주 나타나는 현상이다. 글자의 세로줄이 가지런하기는 하나 활처럼 어느 한쪽 방향으로 휜 경우도 있다.

(6) 글자 사이

목판본은 윗글자의 아래 획과 아랫글자의 위 획이 서로 엇물린 경우가 있다.

금속활자본과 목활자본은 윗글자와 아랫글자의 사이[字間]가 떨어져 있다. 그러나 초기의 기술이 미숙했던 활자본에 한하여 윗글자의 아래 획과 아랫글자의 위 획이 서로 엇물린 경우가 있다.

(7) 마멸

목판본은 오래된 책판으로 찍은 후쇄본의 경우에는 글자가 마모되어 필획이 굵어지며, 글자 획에 나뭇결이나 터진 자국이 나타나고, 심한 것은 글자 획이 부분적으로 떨어져 나간 것도 있다.

금속활자본은 오래 사용한 활자로 찍은 경우에는 부식으로 인해 필획이 가늘어지거나, 충격에 인해 일그러진 경우가 자주 있지만 글자 획은 붙어 있다.

목활자본은 오래 사용한 활자로 찍은 경우에는 목판본의 경우와 같다.

(8) 광곽

목판본은 일반적으로 광곽의 네 모서리가 붙어있으며 광곽과 계선 사이도 붙어 있다. 그러나 간혹 오각(誤刻)으로 인하여 떨어진 경우도 있다.

금속활자본과 목활자본은 일반적으로 광곽을 조립하므로 상하좌우의 네 모서리가 약간 떨어져 있는 경우가 많으며, 광곽과 계선 사이도 마찬가지이다. 예외로 계미자본이나 경자자본과 같이 광곽과 계선이 고착된 일체식 인판을 사용한 금속활자본에서는 이것들이 붙어있다.

(9) 판심

목판본은 판심의 계선과 어미, 판심의 광곽 부분과 흑구가 붙어있다. 그러나 간혹 오각 때문에 판심의 광곽 부분과 흑구가 떨어진 경우도 있다.

금속활자본과 목활자본은 일반적으로 판심의 계선과 어미, 판심의 광곽 부분과 흑구가 떨어져 있다. 예외로 판심 중 불변요소들이 하나로 고착된 일체식 인판을 사용한 금속활자본에서는 이것들이 붙어있다.

(10) 계선

목판본은 칼자국, 목질이 약한 부분, 나무의 터짐 현상, 충격 등으로 인해 끊긴 곳이 많다. 계선의 끊김 현상은 초인본에 가까울수록 덜 나타나고, 후인본으로 갈수록 더 많이 나타난다.

금속활자본과 목활자본은 금속이나 대나무를 이용하기 때문에 끊긴 부분이 거의 없다. 그러나 계선의 높이가 문자면의 높이보다 낮게 조판되었을 경우 계선의 전체 혹은 상하 일부분이 찍히지 않는 경우가 있다.

(11) 계선과 글자 사이

목판본은 계선이 글자와 닿아 있는 경우가 흔하다.

금속활자본과 목활자본은 거의 대부분 떨어져 있으나 닿아 있는 경우도 드물게 있다.

(12) 먹색

목판본은 대체로 송연묵을 사용하였기 때문에 먹색이 상대적으로 진한

편이며, 한 지면이 농담의 차이 없이 고르다.

금속활자본은 유연묵을 사용하였기 때문에 먹색이 상대적으로 진하지 않은 편이다. 또한 조판을 하였기 때문에 한 지면에 농담의 차이가 나타날 수 있다. 특히 문자면이 수평을 유지하지 못했을 경우에는 기울어진 정도에 따라 인출 시 필획에 농담이 달리 나타나거나 심한 경우에는 일부 필획이 찍히지 않기도 한다.

목활자본은 대체로 송연묵을 사용하였기 때문에 목판본처럼 먹색이 상대적으로 진한 편이다. 그리고 조판을 하였기 때문에 한 지면에 농담의 차이가 나타날 수 있는 점이나 문자면이 수평을 유지하지 못했을 경우에 기울어진 정도에 따라 인출 시 필획의 농담이 다르게 나타나거나 심한 경우에는 일부 필획이 찍히지 않기도 한 점은 금속활자본과 마찬가지이다.

(13) 반점

목판본과 목활자본은 글자를 확대해 보아도 반점이 보이지 않고 고르게 찍힌다.

금속활자본은 확대해 보면 반점이 보인다.

(14) 번짐

목판본과 목활자본은 글자를 확대해 보면 먹물이 주위에 번져 있는 현상을 볼 수 있다.

금속활자본은 글자를 확대해 보아도 번짐 현상을 볼 수 없다.

(15) 대표자에 의한 활자 구분

금속활자본은 대체로 동일한 어미자로 만든 활자로 찍었기 때문에 대표자에 의한 활자 구분이 쉬운 편이다. 어미자를 반복 사용하지 못한 활자와 주조방법이 다른 민간의 활자 등으로 찍은 것도 있지만, 그 종류가 많지 않아 구별이 어렵지 않다. 다만, 초주활자를 정교하게 본떠 만든 재주,

삼주 등 후주(後鑄)활자들이 있을 경우 그들 상호간의 구별은 쉽지 않다.

목활자본은 동일한 글자라 하더라도 하나하나 따로 새기기 때문에 대표자에 의한 활자 구분이 대체로 어려운 편이다.

2) 목판본의 인출시기

목판본은 우리나라 인쇄본에서 가장 큰 비중을 차지한다. 목판본은 원고가 일단 사본 형식으로 완성된 다음에 간행된 것이므로 그 모체는 사본이다. 이러한 목판본이 제작되는 과정은 대체로 다음의 두 가지로 구분할 수 있다.

첫째, 사본에서 목판본으로 간행하는 경우이다. 목판본을 만들기 위해 최종적으로 만들어진 사본을 등재본(登梓本) 또는 판하본이라고 한다. 이 등재본을 목판에 붙이고 그 글자대로 새기기 때문에 목판을 새김과 동시에 사라지고 만다. 이렇게 등재본을 만들어 처음으로 목판본을 새긴 것을 초각본(初刻本) 또는 초간본(初刊本)이라고 한다.

둘째, 활자본이나 목판본을 등재본으로 하여 다시 목판본으로 새겨 내는 경우로 흔히 번각본(飜刻本) 또는 복각본(覆刻本)이라고 한다. 번각본은 이미 인쇄된 책을 해체하여 책장을 목판에 엎어 붙인 다음 그대로 새겨낸 것이다. 번각의 경우 등재본이 부정확하면 판면이 조잡하고 내용이 변모될 수 있다. 또 번각본은 그 출판과정에서 종이를 아끼기 위해 내용을 빼버리기도 하고 멋대로 앞뒤를 바꾸거나 또는 내용을 증손(增損)하는 경우가 있어 번각이 되풀이될수록 그 내용은 조잡하고 부정확해진다.

우리나라 번각판본 중 간기가 분명한 현존하는 최고본은『남명천화상송증도가(南明泉和尙頌證道歌)』의 주자본 번각으로 고려 고종 26(1239)년에 간행한 것이다. 또한 고려 우왕 3(1377)년에 청주목 근교의 흥덕사에서 주자로 인쇄된 『백운화상초록불조직지심체요절(白雲和尙抄錄佛祖直指心體要節)』도 이듬해 여주(驪州) 취암사(鷲巖寺)에서 번각 상재되었으며 국립중앙도서관에 소장되어 있다. 우리나라의 전적은 유난히 번각본이 많은데, 그 것은 등재본을 새로 마련하는 것보다 이미 간행된 책을 해책(解冊)하여 판 목 위에 붙여 번각하는 편이 시간과 인력을 크게 절약할 수 있었기 때문 이다.

한편 번각본은 번각의 저본이 된 원본과 비교할 때 다음과 같은 특징을 찾아볼 수 있다.

첫째, 번각본은 원본에 비하여 획이 굵거나 가늘어지고 정교도는 훨씬 떨어져 거칠고 균형이 잡히지 않은 경우가 많다. 예를 들어 조선 세종 때 중국 명 영락시대(永樂時代)에 만들어진 사서오경(四書五經)을 들여와 정밀 하게 번각한 바 있다. 이 판목으로 인출한 서적은 대단히 정교하지만, 중 종부터 선조년간에 여러 곳에서 거듭 번각한 판본들은 획이 거칠고 굵다.

둘째, 원본의 후쇄본일 경우에는 인출면이 초기의 것보다 후기에 찍은 것일수록 크기가 줄어드는 경향이 있다. 또 이때 판목 중 일부분의 분실 이나 파손이 있을 경우 새롭게 새겨서 보충해서 인출한다. 이 보각판(補刻 板)과 원판을 비교하면 그 차이가 쉽게 드러난다. 그 예는 『삼국유사(三國 遺事)』, 『구급간이방(救急簡易方)』 등에서 볼 수 있는데, 고서의 간행시기 를 추정할 때 주의 깊게 살펴야 한다. 특히 언해본의 경우 임진왜란을 전 후하여 언어현상의 변화를 보이므로 방점, ㆆ, ㅇ, △, ㅸ의 소멸과 같은 표기법의 차이 등을 유심히 살펴야 한다. 한편 『구황촬요(救荒撮要)』와 같 이 각 지역에서 간행하면서 지역별 언어현상을 반영하여 완전한 번각이 아닌 개각(改刻)의 경우도 있으므로 또한 주의하여야 한다.

고려시대 목판본은 초기에는 판심이나 행간에 계선이 없었으나 후기에 그것이 나타나고 있으며, 판심의 형태 또한 시대에 따라 변화하여 왔다.

3) 탁인본

탁본은 금석이나 기타 물체에 새겨진 글씨, 그림 등을 종이에 박아낸 것을 말하며 탑본(榻本), 타본(打本)이라고도 한다. 그 종류는 물의 사용 여부에 따라 습탁과 건탁으로 나눌 수 있으나 대체로 습탁(濕拓)을 쓴다. 습탁은 오금탁(烏金拓), 선익탁(蟬翼拓), 격마탁(隔麻拓) 등으로 구분된다. 습탁의 방법은 탁본의 대상물에 물을 뿌려 종이를 밀착시키고 솜방망이 등으로 가볍게 두드린 다음, 다시 묵즙(墨汁)을 솜방망이에 묻혀 그 위를 가볍게 두드려 패인 부분을 제외하고 먹이 묻어나도록 하여 패인 부분의 글씨나 그림이 드러나게 한다.

탁인본(拓印本)은 이러한 탁본을 책자형으로 장정한 것으로 두루말이, 절첩, 선장 등 다양한 형태가 있다.

우리나라의 탁인본은 석비문을 탁본한 것이 가장 많으며, 고려시대 이전의 마멸이 적은 초기 탁인본은 그 사료적 가치가 매우 높다.

2. 서지요소에 의한 감정

고서의 구성을 보면 종이, 먹물 등으로 이루어졌으며, 책을 만들기 위한 기본적인 재료는 목판본의 경우 나무, 활자본의 경우 나무나 금속을 주로 사용하였다. 인적 구성은 책을 집필한 저자, 등재본을 쓰는 서예가와, 이를 목판에 새기는 각수 등이 있다. 책판의 형태를 보면 일정한 글자를 새기기 위해 공책에 줄을 치듯이 수직으로 계선을 만든다. 책판의 중앙에는 물고기 꼬리모양인 '어미'를 넣는다.

이러한 책의 감정은 세 가지 측면으로 나누어 볼 수 있다. 즉 간기(刊記), 서문(序文), 발문(跋文), 권책수, 필체, 피휘 등의 내용을 분석하여 감정하는 방법이 있고, 저자, 서예가, 각수 및 판의 모양은 역사적 배경과 함께 직관법으로 식별하며, 종이, 먹물, 나무는 과학적인 분석방법으로 식별한다. 그 구체적인 감정방법은 다음과 같다.

1) 간기, 서문, 발문

정확한 간행년대를 파악하기 위해서는 간기를 이해할 필요가 있다. 간기의 표현방법은 가정(嘉靖), 숭정(崇禎), 성화(成化), 홍치(弘治), 정덕(正德) 등 중국 연호와, 갑자(甲子), 고갑자(古甲子), 단군기원(檀君紀元)[서기에 2333년 가산], 불기(佛紀)[서기에 1027년 가산], 개국기원(開國紀年)[서기에 1391년 가산], 황제기원(黃帝紀元)[서기에 2696년 가산], 공자기원(孔子紀元)[서기에 551년 가산], 천도교기원(天道敎紀元)[서기에 1857년 가산] 등이 있다. 간기가 기록되어 있더라도 간행년도를 정확하게 밝히기 어려운 경우가 있다. 예를 들면 60갑자를 이용하여 '갑자년'이라고 되어 있을 경우 '갑자년'은 60년에 한 번씩 돌아오는 것이므로, 연도를 잘못 추정하면 60년, 심지어 120년, 180년의 차이가 날 수도 있다. 이런 경우는 저자나 서문, 발문을 쓴 사람의 생존기간을 확인하여 그 기간 안에서 '갑자년'을 찾아야 한다. 이때 각종 인명사전, 과거 합격자 명단인 사마방목(司馬榜目), 왕조실록(朝鮮王朝), 족보(族譜) 등이 필요하다.

간기가 없는 고서는 서문과 발문을 분석해서 그 연대를 밝혀야 한다. 물론 서문과 발문으로 연대를 추정할 경우 착오가 있을 수 있다. 서문을 써 놓고 간행을 미루거나 발문을 쓴 뒤 판각 등의 이유로 간행기간이 지연되는 경우도 있기 때문이다. 그러나 간행년도를 추정하는 데 서문, 발문 끝에 기록된 연대는 중요한 단서가 된다.

만약 서문만 있을 경우는 서문의 연대로 간행년도를 대신하지만, 서문과 발문의 연대가 차이가 있을 경우는 발문에 나타난 연대로 간기를 삼는다. 그러나 번각본에서는 간기와 서문, 발문 등을 원본과 동일하게 새긴 경우가 있으므로 주의해야 한다. 중간본이나 번각본에서 간기, 서발에 나타난 연대를 삭제하거나 변조하여 초간본인 것처럼 위장하는 경우도 있으며, 또 중간본의 서문, 발문, 복각본의 서문·발문을 초간본 서, 발 뒤에 붙여 간행한 경우도 있고, 중간본이나 번각본의 서발이나 간기를 없애고

초간본인 것처럼 위조하는 경우도 있다. 이 경우는 감정에 어려움이 따른
다. 먼저 권마다 끝부분 책장의 탈락 여부와 결손 유무를 조사하고 동일
서명의 책을 조사하여 형태적인 고증을 거쳐 위조 여부를 판단한다.

2) 판식

고서의 판식은 대체로 시대에 따라 유행양식이 있었다. 어미, 변란, 삽
도 등의 변화가 그 예이다. 어미는 판심(版心) 상·하단 부분에 고기꼬리
모양으로 새겨 넣어 제본의 중심을 잡는 부분으로, 시대가 변천하면서 다
양하게 변화해 왔다. 그 변화양상을 파악하면 감정에 도움이 된다. 이 방
법은 정확성은 떨어지나 감정의 한 방편이 된다. 일부 흑어미는 중국에서
는 남송 말부터 명 초까지 유행한 판식이다. 우리나라는 고려시대, 조선
초기에 해당한다. 오래된 고서인 것처럼 위장하기 위해서 흑구가 없는 후
세본에 흑구를 삽입하거나 화문어미를 흑어미로 바꾸는 경우도 있다. 이
경우 삽입된 흑구는 먹의 농도가 여타 다른 부분과 차이가 있으며, 화문
어미에 덧칠했을 경우에도 화문의 흔적이나 먹의 농도가 다른 부분과 다
르게 나타난다.

3) 장서인

고서에는 소장자의 소유 표시나 소장을 기념하기 위하여 장서인(藏書印)
이 찍혀 있는 경우가 많다. 이 장서인의 주인공을 확인하면 간행시기를
파악하는 데 큰 도움이 된다. 어떤 경우는 그 시대의 인장인 것처럼 교묘
하게 위조하여 찍어 놓은 경우도 있다. 이 경우 인주의 색 또는 장서인이
찍힌 위치를 보고 식별 할 수 있다. 인주 색은 책지에 날인한 다음 세월이
흐름에 따라 미묘한 변화가 생긴다는 점에 착안하면 후세에 인장을 위조
하여 찍었는지 여부를 판단할 수 있다. 또 옛날에는 첫 소장자가 장서인

을 찍을 때 보통 책머리 첫 행에 있는 제목 하단이나 권말의 제목 끝부분에 날인하였으므로 장서인의 위치를 자세히 살펴볼 필요도 있다.

4) 내사기

내사본에는 내사기(內賜記)가 기록되어 있으며, 선사지보(宣賜之寶), 규장지보(奎章之寶), 동문지보(同文之寶), 흠문지보(欽文之寶) 등의 내사인(內賜印)이 찍혀 있다. 내사기는 임금의 명에 의해 책을 나누어줄 때 쓰는 기록으로 관판본의 앞표지 면지에 기록한다. 내사기가 기록되었다는 것은 이미 내사 기록보다 먼저 간행되었다는 것임을 알 수 있어 간행년도를 확인하는 데 도움이 된다.

내사인을 찍는 자리는 일정하게 정해져 있다. 개인 장서인은 본문의 첫 페이지 하단에 찍는 것이 보통이지만, 내사인은 왕을 상징하는 인장이므로 반드시 본문 첫 페이지 상단에 찍도록 되어 있다. 만약 상단이 아니고 중간이나 하단, 그리고 장마다 찍혀 있으면 위조된 것으로 보아야 한다.

5) 책지와 먹

우리나라에서는 고대에 삼 껍질을 원료로 만든 마지(麻紙)를 사용한 적도 있지만, 주로 저지(楮紙)를 사용해 왔다. 저지는 닥 껍질을 원료로 삶아 표백한 다음, 황촉규(黃蜀葵) 뿌리에서 추출한 닥풀을 섞어 발로 떠서 만든 종이를 말한다. 닥나무는 함경도를 제외한 우리나라 어디서나 재배가 가능하며, 섬유의 물리적 특성으로 말미암아 단단하고 질긴 종이로 제조할 수 있었다.

그러나 조선 초기에 이르러서는 다양한 식물이 종이 원료로 사용되었는데, 이는 책지의 수요 증대로 저지의 주원료인 닥의 공급이 충분하지 못하게 된 것이 그 주요 원인이었다.

일반적으로 닥 외의 다른 원료를 사용할 때는 닥에 섞어 종이를 만드는
데, 대체로 그 지질이 저지에 비하여 떨어지는 편이다. 닥의 부족을 메우
기 위해 이용된 원료에는 고정(藁精), 모맥절(麰麥節), 포절(蒲節), 유피(柳
皮), 유엽(柳葉), 마골(麻骨), 죽엽(竹葉), 죽피(竹皮), 상피(桑皮), 송엽(松葉),
의이(薏苡), 노(蘆), 갈피(葛皮), 안피(雁皮) 등이 있다. 닥의 부족을 메우기
위해서가 아니라 아름다운 문양을 내기 위해서 다른 원료를 섞어 쓴 경우
도 있다. 성종년간에 처음 만들어진 것으로 보이는 태지(苔紙)는 문양을
위해 이끼를 섞어서 만든 종이이다.

닥 이외의 원료만 사용하여 만든 경우도 있다. 고정으로 만든 종이를
고정지(藁精紙) 또는 순고정지(純藁精紙)라 일컫는다. 지질이 약한 것이 단
점이기는 하나 흡수성이 좋아 서적인쇄에 적당하며 가격이 싸고 구하기
쉬워 조선 초기에 특히 많이 쓰였다. 세조 때의 간경도감판 초인본 『수능
엄경(首楞嚴經)』 10권이 고정지로 인출되어 전래되고 있다. 상지(桑紙)는
색이 유달리 누렇다. 함경도에서 주로 많이 만들어 책을 찍어냈으므로 북
황지(北黃紙)라 일컫기도 한다. 죽엽과 죽피로 만든 죽지(竹紙)는 모변지(毛
邊紙)라 불리기도 하는데, 지질이 매우 약하고 조졸하다. 면으로 만든 종
이는 면지(綿紙)라 하는데, 습기가 차면 부풀어 올라 훼손되기 쉽다.

책지(冊紙)의 지질과 종류는 시대성과 지역성을 띠고 있기 때문에 이들
의 식별은 그 책이 어느 나라에서 언제 만들어졌는지를 추정하는 데 중요
한 근거가 된다. 특히 중간본이나 번각본과 같이 그 책의 내용과 형태의
분석만으로는 간행년대의 추정이 어려운 경우 책지의 식별은 매우 큰 도
움이 된다.

종이의 시대성과 지역성을 밝히기 위해서는 종이에 나타난 발무늬, 사
용된 원료, 종이의 두께, 책지의 크기 등을 종합적으로 고려하여야 한다.

대체로 사회가 안정되고 경제상태가 양호할 때에는 종이를 뜰 때 생기
는 발무늬가 가늘고 사이도 좁고 정연하며 종이의 품질도 좋다. 우리나라
에서는 세종년간에 만들어진 책지에서 이런 특징이 잘 나타난다. 고려 말

이나 세종 이전 조선 초기에 만들어진 책지에서는 가로발 무늬가 10㎜당 4∼5개 정도 나타나는 데 비해, 세종년간에 만들어진 책지에서는 10㎜ 당 대체로 7∼9개 정도 나타나 발의 간격이 현저하게 줄어들었다가 그 후 다시 조금씩 그 간격이 늘어나고 있다. 그리고 세로끈 무늬의 간격도 역시 세종 이전 조선 초기의 평균 22㎜에서 세종년간에는 평균 17㎜로 줄어들었다가 그 후 다시 간격이 늘어난다.

책지로 사용된 종이의 두께 역시 시대에 따라 조금씩 차이가 있다. 특히 종이의 두께는 발이나 종이의 수요와 밀접한 관계가 있다. 조선 초기 책지의 두께는 고려 말이나 조선시대 연산군 이후의 그것보다 얇으며, 종이의 수요가 많았던 세종년간의 책지는 발이 가늘고 사이가 좁고 두께가 가장 얇다.

종이는 시대에 따라 죽지(竹紙), 상지(桑紙), 저지(楮紙), 마지(麻紙) 등 다양하다. 간혹 복사본을 가지고 원본인 것처럼 위장하기 위해 종이의 형태 및 색을 변조시키거나 좀구멍을 내는 경우 등이 있다. 책의 형태를 변조시키기 위해 책장을 넘기는 부분을 도구로 문지르거나, 아니면 풀을 태운 연기로 누렇게 변색시킨다거나 상자에 책과 좀을 넣어 일부러 좀이 구멍을 내도록 하여 책이 오래된 것처럼 위장하기도 하였다.

이런 경우의 감정은 위장한 서적에 표기된 연도와 동일한 책을 다양한 방법으로 조사한다거나 또는 그 시기에 주로 사용되었던 종이의 종류를 파악한 다음 현미경 등을 이용한 지질조사가 필요하다.

인쇄용 먹에는 송연묵(松煙墨)과 유연묵(油煙墨)이 있다. 송연묵은 소나무를 태워서 얻은 그을음인 송연에 아교를 섞어 만든 먹으로 숯먹 또는 물먹이라고도 한다. 유연묵은 각종 동·식물성 기름을 태워서 얻은 그을음인 유연에 아교를 섞어 만든 먹으로 참먹 또는 기름먹이라고도 한다. 동물성 기름은 돼지기름을 주로 사용한 반면, 식물성 기름은 유동(油桐)나무 기름을 비롯하여 비교적 여러 종류의 기름이 사용되었다. 그리고 송연과 유연을 섞어서 만든 유송연묵도 있다.

우리나라의 고서는 주로 먹물로 필사하거나 인쇄하였다. 유연묵은 걸지 않아 한번 붓에 먹물을 찍으면 길게 써 나갈 수 있기 때문에 필사용에 적합하다. 서적인쇄에 사용할 때에는 목판이나 목활자 같은 목질의 인판에서는 송연묵과 유연묵을 모두 사용할 수 있으나 제작비가 저렴한 송연묵을 주로 사용하였고, 각종 금속활자 같은 금속질의 인판에서는 균일한 착묵을 위하여 유연묵을 사용하였다. 인쇄에 사용할 때에는 착묵과 인쇄의 능률을 높이기 위하여 탁주, 녹말풀, 조청 등을 첨가하였다.

송연묵과 유연묵은 인쇄했을 때 먹색에 차이가 나타난다. 일반적으로 송연묵은 진하고 색깔이 까맣지만 광택이 덜 나고, 유연묵은 광택은 나지만 진하거나 까맣지 않았다. 그러나 아교를 많이 섞은 송연묵은 광택이 나서 정인(精印)한 고려 말이나 조선 초의 목판본을 보면 대개 묵청색으로 광택이 나고 묵향도 좋다. 고서를 감정할 때 인본에 남아 있는 묵흔(墨痕)을 통하여 먹색을 살펴보면, 송연묵과 유연묵은 그 느낌이 확연히 다르므로 어느 것을 사용하였는가를 쉽게 식별할 수 있다.

채색묵으로는 일찍이 중국에서 갑골, 옥, 석편(石片) 등에 단사(丹砂)[주사(朱砂)]를 이용하여 만든 주묵(朱墨)을 사용하였음을 출토된 유물을 통해 알 수 있다. 그 후의 다라니 또는 주문(呪文)에 쓰이는 문자와 부호도 흔히 주색(朱色)으로 간사(刊寫)되고 있다. 간인된 경우는 이를 주인본(朱印本) 또는 주인본(硃印本)이라 한다. 중국본 중에는 주인된 것 외에 남색으로 인쇄된 책도 볼 수 있다. 이를 남인본(藍印本) 또는 전인본(靛印本)이라 한다. 여러 색으로 찍어낸 책은 그 색깔 수대로 여러 번 찍었으며, 이를 투인본(套印本)이라 이른다. 중국의 판화본에서 많이 볼 수 있다.

먹물을 이용하여 인쇄할 때에는 좋은 서품(書品)을 위하여 인판의 재료에 적합한 먹의 선택, 적당한 먹물 농도, 고른 착묵 등이 필요하다. 그렇지 못할 경우 먹물이 번지거나 일부 필획에 쏠리거나 또는 찍히지 않은 부분이 나타나기도 하여 서품을 떨어뜨리기도 한다.

6) 기타

판본 감정에서 기타 사항으로 살필 수 있는 것으로 각수의 확인과 권책
수 조사가 있다.

판심(版心)에 나타난 각수를 조사하여 그 간행시기와 진위 여부를 확인
할 수 있다. 목판본은 책판에 새길 때 기간이 많이 걸리므로 여러 명의 각
수가 동원된다. 한 필사자가 등재본을 썼어도 각수가 다르기 때문에 책지
에 나타난 자체가 다르게 나타나는 경우가 있다. 이는 원본의 진위 판별
과는 무관하지만 번각본이 있을 경우는 각수 자체를 비교해 보아야 한다.

간년 추정이 안 된 고서에서 그 책에 동원된 각수의 이름이 간년이 확
인된 다른 책에 나타나는지 여부를 확인하면 간행시기를 추정하는 데 큰
도움이 된다. 복각본의 경우는 원본의 각수 성명을 없애 버리거나 깎아
버리고 복각본 각수의 이름을 새겨 넣는 경우도 있다. 이런 경우는 복각
본의 진위를 구별할 수 있지만, 복각하면서 원각자의 성명을 그대로 새겨
넣은 경우는 세심한 분석이 필요하다.

권책수 조사는 원본의 권수와 책수를 정확히 알고 있어야 식별이 가능
하다. 보통 고서는 표지에 책의 수가 다양한 방법으로 기록되어 있다. 책
차의 표시는 왼쪽 상단의 서명 하단에 기재되어 있다. 분책되었을 경우는
아래에서 첫째와 둘째 침안 사이의 서너 부분에 '共○'이라는 표시가 있
다. 어떤 책이 모두 25책이라면 '共二十五'로 씌어 있다.

그러나 일부에서는 완질본에서 결본이 있을 때 구하기가 힘들다는 이유
로 앞의 형식으로 표기된 책의 수를 조작하여 완질본인 것처럼 꾸며 놓은
경우도 있다. 예를 들면 상·중·하권으로 되어 있는 원본 중 일부가 없
을 경우 상·하권으로 조작하여 1질로 하는 경우가 있다. 조작되었다는
의혹이 있다면 먼저 목차를 보고 본문 누락 여부를 확인해야 하는데, 목
차까지 조작되었을 경우는 조작의 흔적을 살피고 내용의 연결성도 분석해
보아야 한다. 또 고서목록 등에서 확인하여 동일한 판본을 찾아 조사해

보아야 한다. 그 밖에 원본의 한 책이 여러 책으로 분책되어 유통되는 경
우도 있다. 유일본이 분책된 경우는 확인하기가 어렵다. 다만 분책된 책표
지의 문양이나 색상을 권1과 비교하여 그 차이점을 식별해야 한다. 만약
각 권의 표지 전체를 교체했을 경우는 표지의 문양, 색상, 제본한 실 등을
유심히 살펴보아야 한다.

<참고문헌>

高慶信·朴四郎. 「韓紙 製造技術의 發達」, 《(中央大)文理大學報》 第40輯
    (1981), 104-117.

구자운. 「전통한지의 원료와 제작과정 및 특징」, 국립민속박물관 엮음, 『한국
    의 종이문화』 서울: 국립민속박물관, 1995, 133-147.

金斗鍾. 『韓國古印刷技術史』, 서울: 탐구당, 1974.

金元龍. 『韓國古活字槪要』, 서울: 乙酉文化社, 1954.

金天應. 「韓紙製紙에 關한 考察」, 《延世語文學》 6輯(1975), 179-191.

南權熙·林基榮. 「韓國의 木板印刷 研究」, 《古印刷文化》 第8輯(2001), 1-
    33.

南權熙. 「高麗時代 記錄文化 研究」, 清州古印刷博物館, 2002.

박병선. 「한국의 인쇄: 기원에서부터 1910년」, 清州古印刷博物館, 2002.

白麟. 「韓國圖書館史研究」, 서울: 韓國圖書館協會, 1969.

백운관·부길만. 『한국출판문화 변천사』, 서울: 도서출판 타래, 1992.

孫寶基. 『새판 한국의 고활자』, 서울: 寶晋齋, 1982.

柳鐸一. 「15世紀 韓中造紙技術에 對하여」, 《[季刊]書誌學報》 第2號(1990),
    23-41.

柳鐸一. 『嶺南地方 出版文化論考』, 釜山: 世宗出版社, 2001.

尹炳泰 編. 『韓國書誌年表』, 서울: 韓國圖書館協會, 1972.

尹炳泰. 『朝鮮後期의 活字와 冊』, 서울: 汎友社, 1992.

尹炳泰. 『韓國書誌學槪論(稿)』, 第二改正稿, 韓國書誌情報學會, 1985.

尹炳泰. 『韓國書誌學論集』, 大田: 民昌文化社, 1999.

李光麟. 「李朝初期의 製紙業」, 《歷史學報》 10輯(1958), 1-38.

點貝房之進. 「支那及朝鮮之古活字」, 《書物同好會會報》 10號, 부록(1941)

鄭善英. 「朝鮮初期 冊紙에 관한 硏究」, 《書誌學硏究》 創刊號(1986), 177-212.

정선영. 「종이의 역사」, 국립민속박물관 엮음. 『한국의 종이문화』, 서울: 국립민속박물관, 1995, 128-132.

정선영. 「한지의 과학적 분석방법」, 국립민속박물관 엮음. 『한국의 종이문화』, 서울: 국립민속박물관, 1995, 168-172.

曺炯鎭. 「古書印出用 墨汁의 實驗的 硏究」, 《書誌學硏究》 第19輯(2000. 6), 345-370.

曺炯鎭. 「古活字 印刷技術의 評價에 관한 硏究」, 《書誌學硏究》 第25輯(2003. 6), 369-406.

「直指와 金屬活字의 발자취」, 개관 10주년 기념, 청주: 淸州古印刷博物館, 2002.

千惠鳳. 『韓國古印刷史』, 서울: 韓國圖書館學硏究會, 1976.

千惠鳳. 『韓國書誌學』, 改訂版, 서울: 民音社, 1997.

千惠鳳. 『韓國典籍印刷史』, 서울: 汎友社, 1990.

제7장 교수학의 전개

1. 교수학의 의의

오래된 문헌일수록 전사(傳寫)의 횟수는 더 많아지고, 착오 역시 더 많아진다. 교수학은 이처럼 문헌을 전사함에 있어 착오를 면키 어렵다는 것 때문에 발생했다. 교수학의 역할은 이러한 전사의 착오를 바로잡아 문헌의 본래 모습을 회복시키거나 원본과의 차이를 최소화시키는 데 있다.

교수학의 작업에는 세 가지 중요한 단계가 있는데, 첫 번째는 착오를 발견하는 단계, 두 번째는 그 착오를 고치는 단계, 세 번째는 그 고친 것이 잘못되지 않았음을 증명하는 단계이다.

첫째, 착오를 발견하는 단계에는 주관적인 경우와 객관적인 경우가 있다. 우리들이 문헌을 읽을 때 해석할 수 없는 곳, 또는 의심스러운 곳에 부딪치게 되며, 이 때문에 문자상의 착오가 있음을 인지하게 되는데, 이것이 주관적인 착오의 발견이다. 나아가 여러 전본(傳本)의 이동(異同)을 비교하여 어떤 전본에 착오가 있음을 발견하게 되는데, 이것이 객관적인 방법이다.

주관적 의문이 생기면 종종 전본을 조사・비교하게 된다. 그러나 독자는 작자와는 이미 다른 시대를 살고 있는 후세인(後世人)이기 때문에 작자의 원의(原義)를 이해하지 못해 해석할 수 없는 경우도 있어 모두가 전본의 착오에서 비롯된 것은 아닐 수 있다. 하물며 착오된 곳이 모두가 의문점이 있는 것도 아니니, 반드시 의문을 품은 이후에 착오를 발견하고, 그런 뒤에 선본(善本)을 찾게 되어 오류를 수정할 기회는 극히 적다. 하물며 전사된 전본 중에는 전문가의 정리를 거친 것도 제법 많아 만약 중요한 경적(經籍)이 아니라면 전인들이 증보·산삭·개정한 것 중 신빙성이 있는 경우도 많다.

교감의 필요성은 착오를 발견하는 데 있으며, 착오의 발견은 반드시 다른 전본과의 비교에 의거해야 한다. 옛사람들은 이를 '교수(校讎)'라고 불렀는데, 『별록』에서는 "한 사람이 위, 아래에 책을 놓고 혼자서 대교(對校)하여 오류를 찾아내는 것이 '교(校)'이고, 한 사람이 책을 보고 다른 한 사람은 책을 읽으면서 마치 원수가 서로 대하듯 하며 함께 오류를 찾아내는 것이 '수(讎)'이다"고 하였다.

두 번째 단계인 착오를 고치는 것은 가장 어려운 작업이다. 주관적으로 고치면 아무리 정교하게 하더라도 사람들의 마음을 완전히 승복시킬 수 없다. 교수학이 허용하는 개정(改訂)은 반드시 몇 가지 다른 전본 중에서 하나의 가장 믿을 만한, 또는 가장 합리적인 판독법(判讀法)을 선정하는 것이며, 이것은 종래의 주장을 심사하는 작업이다. 여기에서 말한 '가장 믿을 만한' 판독법은 최고저본(最古底本)의 판독법을 의미한다.

위에서 말한 '가장 합리적인' 판독법의 문제는 간단치가 않다. 원저본(原底本)은 이미 얻을 수 없거나, 혹은 입수한 원저본도 모종의 무의식적인 오류가 있거나 혹은 입수한 전본이 모두 전사의 오류가 있거나, 혹은 끝내 교감에 이용할 수 있는 별본(別本)이 없는 경우에는 오류를 바로잡을 완벽한 방법이 없다.

요컨대 가장 좋은 방법은 여러 판본의 이동(異同)을 대비(對比)하여 그 전사의 선후를 고찰·추정하고, 가장 오래되고도 가장 이치에 가까운 판독법을 취하면서, 각종 다른 판독법을 제시하고 아울러 오류를 범하게 된 연유를 추측하는 것이다. 그 다음은 상호 교감할 이본이 없거나, 혹은 별본은 있지만 그 전수(傳授)의 순서를 추정할 수 없을 때, 부득이 한 교감법을 가장 이치에 가까운 판독법으로 가정하고 원본에는 이렇게 되어 있고 또 다른 판에는 이렇게 되어 있는데, 지금 이렇게 추정한 것은 어떠한 이유에 근거한 것이라고 제시하는 것이다. 이와 같은 교감과 개정은 비록 원문을 꼭 복원할 수는 없어도 전본의 진상(眞相)을 보존하여 후인의 논정(論定)을 기다리는 것이므로 역시 큰 잘못은 없다고 하겠다.

세 번째 단계는 한 문헌의 문자를 바로잡는 것은 아무리 합리적이라고 해도 가능한 범위 내에서 반드시 타당성을 제시하는 것이다. 증명을 거치지 않은 개독(改讀)은 모두 단순한 가정이며 억측일 뿐이다. 증명방법으로 가장 믿을 만한 것은 최초의 저본에 근거하는 것이며, 그 다음이 최고(最古)의 전본, 그 다음으로 본문을 인용한 최고(最古)의 문헌에 근거하는 것이다.

이 세 가지가 모두 불가능한 경우 그 책 자체에서 발견할 수 있는 의례(義例)가 있어 전후를 서로 증명하는 것 역시 일종의 증명법이라 할 수 있다. 이 밖에 비록 교묘하고 기분 좋은 개독이 있다고 해도 그것은 단지 교감자 자신의 개독일 뿐이므로, 일설(一說)은 되어도 정론(定論)이 되는 데는 부족하다.

교수학에서 선본에 의거하지 않으면 안 되는 이유는 반드시 선본과 서로 대교하여야 비로소 오류를 알 수 있고, 선본에 의거하여야 비로소 오류를 고칠 수 있고, 선본에 의거하여야 비로소 고친 것의 옳고 그름을 증명할 수 있기 때문이다. 고본에 의거하지 않고 어떤 문자와 어떤 문자는 "형태가 비슷하여 잘못된 것이며," 어떤 문자는 "위아래의 문장에 걸려서 잘못된 것"임을 근근히 추정하는 것은 모두 과학적인 교감이 아니다.

이상의 3단계 교수작업은 교수학자들이 공동으로 준수해야 할 방법이며 그것을 실행함에 정치(精緻)함과 소략함, 익숙함과 서투름의 차이는 있을지라도 교수학의 방법은 결국 이 작업의 범위를 벗어날 수는 없다.

2. 한국의 교수학

한국에서 교수학이 역사적으로 어느 시대에 발생하여 어떠한 양상으로 전개되어 왔는가에 대한 종합적이고 체계적인 연구가 나오지 않은 현 시점에서 한국 교수학의 흐름을 체계적으로 기술하는 데는 많은 애로가 있다. 따라서 우리의 역대 문헌과 교감 참여자가 명시된 전적을 바탕으로 삼국과 통일신라시대, 고려시대, 조선시대, 일제강점기, 현대로 나누어 교감과 관련되는 기구의 변천과 실적에 대하여 살펴본다.

1) 삼국과 통일신라

문자생활에서 이루어지는 행위의 하나인 교감(校勘)에 대하여 말하려면, 우선 한반도에서 문자생활의 기원에 대하여 언급하는 것이 순서이겠지만, 어느 나라나 다 그러하듯이 한반도에서도 문자생활이 언제부터 시작되었지는 분명하지 않다.

『함허자(函虛子)』에는 "기자(箕子)가 중국인 5천 명을 이끌고 조선으로 갈 때에 시(詩), 서(書), 예(禮), 악(樂)과 의무(醫巫), 음양(陰陽), 복서(卜筮)에 밝은 이들이 모두 따라서 갔다"고 기록되어 있다. 그렇다면 그들은 각기 해당 분야의 서적을 가지고 왔을 것이다. 기자조선(箕子朝鮮)은 기원전 1100~195년까지 9백여 년간 지속된 나라로 알려져 있으니, 이에 의하면 한반도에 서적이 존재한 것은 3천여 년 전의 일이 된다. 그러나 종래에 『사기(史記)』의 기록을 토대로 연구된 기자 동래설을 학계에서 부정하고 있고, 이를 설명할 문헌도 없어 확인할 방법은 없다.

삼국시대에는 고구려가 개국 초기부터 한자를 사용하더니, 소수림왕 2(372)년에는 태학(太學)을 세웠고, 각처에 경당(扃堂)을 건립하여 미혼 자제들에게 독서와 활쏘기를 익히게 하였다. 이는 필연적으로 서적이 급속히 보급되는 전기가 되었을 것이다. 그리고 같은 해 불경과 함께 불교가 전래되었으니 독서의 범위는 더욱 넓어지게 되었을 것이다. 이 시기의 문자생활을 알려주는 유일한 자료가 장수왕 2(414)년에 세운 후 지금까지 남아 있는 광개토대왕릉비(廣開土大王陵碑)이다.

이처럼 한자를 이용한 문자생활이 활발해지면서 태학박사 이문진(李文眞)이 영양왕의 지시에 따라 11(600)년에는 전부터 전해오던『유기(留記)』100권을 정리하여『신집(新集)』5권을 편찬하였다. 이 책은 저작연대와 저자가 알려진 한반도 최초의 사서이다. 기존의 역사서를 정리하여 새로운 책을 편찬하는 과정에서 필연적으로 수차에 걸쳐 산삭(刪削)과 전사(轉寫)의 과정을 거쳤을 것임은 쉽게 짐작할 수 있는 일이다. 이러한 산삭과 전사의 과정에서는 필연적으로 오자와 탈자의 문제가 발생하게 마련이니, 이러한 문제를 줄이기 위한 교감작업이 반드시 수반되었을 것이다.

백제의 문자생활에 대한 자세한 기록은 없으나 고이왕 51(284)년에는 일본에 서적을 보내주고, 근초고왕 때에는 박사 왕인(王仁)을 일본에 보내『논어』와『천자문』을 전해주었으며, 박사 고흥(高興)으로 하여금 백제의 사서인『서기(書記)』를 편찬하게 한 것에서 그 수준을 짐작할 수 있다. 백제에 불교가 전래된 것은 침류왕 1(384)년의 일이다.

신라의 문자 사용은 삼국 가운데 가장 늦었고, 역사서의 편찬도 진흥왕 6(545)년에 이사부(伊斯夫)의 건의로『국사(國史)』가 편찬되었으니 가장 늦었다. 신라가 고등교육기관인 국학(國學)을 설립한 것은 삼국을 통일한 후인 신문왕 2(682)년의 일이다. 그 후 문성왕 4(842)년에는 국학에 독서삼품과(讀書三品科)를 부설하였다. 이 제도는 경서의 시험을 통한 관리의 선발을 위한 것이니, 시험 교재의 필사가 필수적이라는 점에서 서적의 교감에 대한 현실적 수요는 더욱 증대하였을 것이다.

그러나 8세기 중엽에 석가탑에 납탑공양(納塔供養)되었던『무구정광경』의 출현으로 당시 문자생활의 일면을 엿볼 수 있을 뿐이다. 그러나 국학에는 5두품 이상의 자제에게만 입학이 허가되었으므로, 6두품 이하의 지식계층들은 자신들의 신분상승을 위해서 해외유학을 택하게 되었다.

헌강왕 11(885)년에는 당나라에 유학갔던 최치원이 귀국하여 그 이듬해
인 정강왕 1(886)년에 당나라에 있을 때의 작품을 간추려 『계원필경집(桂
苑筆耕集)』으로 엮어 정강왕에게 바쳤다. 진성여왕 2(888)년에는 각간 위
홍(魏弘)이 『삼대목(三代目)』을 편찬하였다. 이러한 분위기로 보아 독서와
시험을 위한 서적의 필사나 간행과정에서 필연적으로 교감의 수요는 더욱
증가했을 것으로 판단되지만, 이를 밝혀 줄 만한 문헌은 보이지 않는다.

2) 고려

(1) 교수 담당기구

고려시대에는 도서의 출판과 간행이 매우 활발하게 이루어졌다. 고려는
건국 초기부터 국가에서 소요되는 전적의 각판을 비롯한 출판정책을 담당
하는 기구로 내서성(內書省)을 설치하였다. 이 내서성은 궁예가 건국한 태
봉(泰封)의 학술기관인 금서성(禁書省)을 이어받은 것이다. 성종 14(995)년
에 내서성을 비서성(秘書省)으로 개편하고 감(監)을 두었다. 이러한 비서성
의 조직은 송대(宋代)의 비서성 조직을 본뜬 것이다. 문종 5(1051)년에 관
제를 개편하면서 교감(校勘)이 신설되었다. 비서성은 이후 충렬왕 24(1298)
년에는 비서감(秘書監)으로, 10년 후 동왕 34(1308)년에는 예문춘추관(藝文
春秋館)의 하부관서인 전교서(典校署)로 개편되었다. 그 후 공민왕 5(1356)
년에는 다시 비서감으로 개편되었고, 계속해서 6년 뒤인 동왕 11(1362)년
에는 전교시(典校寺)로, 동 18(1369)년에는 비서감, 동 21(1372)년에는 전
교시로 개편되었다.

이외에 불경 간행을 위한 기구로는 고종 때 재조대장경(再雕大藏經) 조
조를 목적으로 대장도감과 지방에 분사(分司)를 두었고, 대각국사 의천이
속장경을 간행할 때에는 흥왕사에 교장도감을 두었다.

(2) 서적의 교수

의종 5(1151)년에는 보문각 학사와 한림학사에게 명하여 날마다 정의당(精義堂)에 모여 『책부원귀(冊府元龜)』를 교감하게 하였다. 명종 22(1192)년에는 정국검(鄭國儉)과 최선(崔詵) 등에게 『자치통감(資治通鑑)』을 교정하게 하고, 이를 여러 고을에 보내 인출하여 올리게 하였다. 송나라 상인이 와서 『태평어람(太平御覽)』을 바치자 백금 60근을 내려주고, 아울러 최선에게 명하여 와류(訛謬)를 수교(讐校)한 다음 간행하게 하였다.

한편 전적의 교감은 불경 간행과정에서도 이루어졌다. 현종 2(1011)년부터 시작한 초조대장경 판각과정에서도 교감과정이 있었을 것으로 보인다. 우리가 현재 알 수 있는 것으로는 대각국사 의천이 홍왕사에서 간행한 속장경의 중수본인 『금강반야경소개현초(金剛般若經疏開玄鈔)』이다. 이는 송광사에 소장되어 있는 이 책 권6의 권미(卷尾)에 수록된 간행기록을 통해 알 수 있다.

따라서 이 책을 처음 간행한 것은 숙종 3(1098)년에 홍왕사에서 조조한 것이며, 등재본을 쓴 사람은 사재감(司宰監)의 주부동정(主簿同正)인 이표(李彪)이고, 교감을 담당한 것은 홍왕사의 통오대사(通奧大師) 상원(尙源)과 불일사(佛日寺)의 자응대사(慈應大師) 융관(融觀)과 혜소대사(慧炤大師) 자현(滋顯)이라는 것을 알 수 있다. 조선조의 중수본이므로 끝에 조선 세조 7(1461)년에 간경도감에서 중간한 것이라는 사실이 수록되어 있다. 이로써 송광사에 보존되어 있는 고려 속장이 모두 간경도감의 번각본임을 알 수 있다.

오늘날 우리가 고려시대 교수학의 수준을 파악할 수 있는 가장 분명한 자료는 고종 18(1231)년 몽골의 침입으로 초조대장경이 소실되고 나서 동왕 23(1236)년부터 38(1251)년까지 16년에 걸쳐 재조대장경을 판각할 때의 교감 기록인 『고려국신조대장교정별록(高麗國新雕大藏校正別錄)』이다. 모두 30권으로 구성된 이 교정별록은 권마다 권수제 다음에 "사문수기등봉칙교감(沙門守其等奉勅校勘)"이라고 기록되어 있어, 이 작업이 대장경의

판각을 지휘한, 개태사(開泰寺) 승통(僧統)을 지낸 수기대사(守其大師)를 필
두로 한 교감집단에서 왕명에 따라 수행한 것임을 알 수 있다.

수기(守其)는 주로 송본장경(宋本藏經)과 거란장경((契丹藏經), 그리고 초
조대장경을 대교하여 편권의 완질 여부, 중첩(重疊), 이동(異同), 연문(衍文),
착사(錯寫) 등을 판정하고 이를 토대로 재조장경 등재 여부를 가린 다음
그 판단의 근거를 상세하게 남겼는데, 이것이 『교정별록』이다.

고려대장경이 원문의 정확도에서 세계적으로 평가받게 된 것은 판각에
앞서 행한 수기를 비롯한 고려 학승(學僧)들의 대조교감이 엄밀하고 완벽
하게 이루어졌음을 말해 주는 것이다.

3) 조선

(1) 교수 담당기구

조선은 개국과 동시에 문적(文籍), 도서와 제초(祭醮)의 축소(祝疏) 등을
관장하는 교서감(校書監)과 서적인쇄를 담당하는 서적원(書籍院)을 설치하
였다. 교서감에는 정3품 판사(判事)를 두었고, 서적원에는 종7품관인 영
(令)을 두었다. 배치된 관원으로 볼 때 교서감에서는 서적의 편찬 및 교감
을 담당한 데 비해 서적원은 편찬된 서적의 인쇄업무만 담당한 것을 알
수 있다.

교서감은 태종 1(1401)년에 교서관으로 개칭되면서 소감(少監) 이상의
관원을 감축하는 등 크게 개편되었다. 서적원의 기능은 태종 3(1403)년에
주자소(鑄字所)가 설립되면서 주자소로 이관되었고, 다시 세조 6(1460)년에
주자소가 교서관으로 통합되면서 교서관은 명실상부하게 전적의 편찬과
인쇄를 담당하는 기관으로 자리잡았다.

이어서 세조 12(1466)년 1월에 전교서(典校署)로 개편되었다. 성종
15(1484)년에 교서관으로 개칭되면서 기본법전인 『경국대전(經國大典)』에
완성된 직제로 정착되었다. 이때 개편된 교서관에는 타관이 겸직하는 판

교(判校)를 두었다.

그러나 정조 1(1777)년에 서명응(徐命膺)의 건의에 의하여 규장각(奎章閣)에 편입되면서 규장각을 내각(內閣)이라 하고, 속사(屬司)가 된 교서관을 외각(外閣)이라 하였다. 외각의 수장격인 제조(提調)에는 내각 제학이, 부제조는 내각 직제학이, 교리는 내각의 직각(直閣)이 겸임해 내각의 주도 아래 운영되었다.

조선시대 전적의 편찬과 인쇄를 담당하는 기관으로는 교서관 외에 중요한 도서의 편찬과 간행이 있을 때마다 이를 담당할 특별기구가 설치되었는데, 대표적인 것이 불경 간행을 담당한 간경도감, 실록의 편찬을 담당한 실록청(實錄廳)과 경서 등 일반서적의 교감과 간행을 담당한 교정청(校正廳)이다.

(2) 서적의 교수

교감 결과의 처리는 교감의 목적과 방법, 그리고 대상독자 및 출판방식에 따라 다르다. 즉 정본(定本), 정본부교감기(定本附校勘記), 저본부교감기(底本附校勘記), 단행본으로 된 교감기, 주석(注釋)과 혼합하여 기술한 교감기, 필기(筆記) 중에 수록된 교감기, 단편문장(單篇文章)으로 발표된 교감기의 7종으로 분류되었다.

조선시대에 이루어진 교감 성과의 대부분은 교감을 거쳐 이동(異同)을 분별하고 시비(是非)를 판단한 뒤 교감자가 알아낸 정확한 문자로 기록하는 정본(定本) 방식의 것이 대부분이다. 그러므로 교감자나 교감에 이용된 자료를 밝히고 있는 경우는 별로 없다. 다만 관판본이나 간경도감본 등에는 권말에 출판과 관련된 인물의 임무와 직함 및 성명을 밝힌 경우가 있다. 여기에는 많은 수는 아니지만 교감자에 대해서도 언급하고 있어 현존본의 검토를 통하여 당시의 교감을 개략적으로나마 살펴볼 수 있다. 현존하는 조선 전기에 간행된 서적에서 교감자가 표시된 서적을 일부 들어 보면 다음과 같다.

세종 29(1447)년에 금산군(錦山郡)에서 갑인자본을 번각한 『완릉매선생시선(宛陵梅先生詩選)』의 권말에는 "교정 유학 한석강(校正 幼學 韓碩剛)"이라 기록되어 있어 이 책의 교감자가 한석강임을 알 수 있다.

단종 2(1454)년 밀양부(密陽府)에서 판각한 『신간유편역거삼장문선대책(新刊類編歷擧三場文選對策)』의 권말에는 "교정도염부승동정 박정지(校正都染副丞同正 朴楨之)"라 표기되어 있고, 같은 해 금산에서 판각한 『음주전문춘추괄례시말좌전구두직해(音註全文春秋括例始末左傳口讀直解)』의 권말에는 "교정 계공랑금산유학교도 신 하기강 성균진사 신 한석강(校正 啓功郎錦山儒學敎導 臣 河紀綱 成均進士 臣 韓碩剛)"이라고 밝히고 있어 각기 교정자가 박정지, 하기강, 한석강임을 알 수 있다.

그리고 세조 11(1465)년에 안동부(安東府)에서 판각한 『삼봉선생집(三峰先生集)』의 권말에는 "감교조산대부상주유학교수관조서정 교랑진주유학교수관조욱(勘校朝散大夫尙州儒學敎授官趙瑞廷 敎郎晉州儒學敎授官趙昱)"이라고 적혀 있다. 성종 1(1470)년에 청주목(淸州牧)에서 판각한 『우주두율(虞註杜律)』의 권말에는 "감교중직대부전장단군수채신석 교정성균유학이경방(監校中直大夫前長湍郡守蔡申錫 校正成均儒學李經邦)"이라고 밝혀 교감의 실무자와 책임자를 구분하여 적고 있다.

이외에도 교감자를 밝히고 있는 책으로는 중종 7(1512)년에 경주부에서 판각한 『삼국유사』와 동 27(1532)년에 평양부에서 판각한 『한문정종(韓文正宗)』, 동 39(1544)년에 무장(茂長)에서 갑인자본을 번각한 『수계선생평점 간재시집(須溪先生評點簡齋詩集)』이 있다.

명종조에 판각된 것으로 명종 4(1549)년에 판각한 『고문궤범(古文軌範)』과 동 10(1555)년에 평양부에서 판각한 『송감절요(宋鑑節要)』 등에는 모두 교감을 담당한 사람이 명기되어 있다.

조선조는 숭유억불 정책을 국시로 하였기 때문에 불경의 간행은 고려조에 비하여 양이나 질에서 비교할 바가 아니다. 그러나 국왕이 설치한 간경도감에서 간행한 불서는 판각술이나 교감 면에서 특별한 위치를 점하고 있다. 그 예로『진실주집(眞實珠集)』을 보면 권3의 권미제 다음에 교감자를 밝히고 있다. 이 책은 세조 8(1462)년에 간경도감에서 판각한 것이며 당대의 저명한 학자인 한계희, 노사신, 윤필상 3명이 교감을 담당하고, 등재본의 필서는 황오신이 담당하였다는 것을 보여준다. 이러한 기술양식은 고려조에 속장에서 교감자와 등재본의 필사자 및 판각 연도 및 간행 담당 기구를 기술한 방식과 같은 것으로 고려조 불경교감의 전통이 이어지고 있음을 알 수 있다.

이외에 교감자를 밝히고 있는 불교관계 서적으로 명종 8(1553)년에 유점사(楡岾寺)에서 판각한『선원제전집도서(禪源諸詮集都序)』의 권말에 "교정 선종대선본사주지 혜원(校正 禪宗大選本寺住持 慧遠)"이라고 표기한 것과 선조 6(1573)년에 판각한『허응당집(虛應堂集)』의 권말에 "직지사주지 중덕 유정 교(直指寺住持中德 惟政 校)"라고 밝힌 것이 있다.

4) 일제강점기

일제강점기의 교감은 두 가지 흐름으로 나누어 살펴볼 수 있다. 하나는 식민통치의 목적에서 일본인이 주축이 되어 조선의 역사와 문화, 지리, 풍습 등에 관한 자료를 조사하고 정리하는 편찬사업이고, 다른 하나는 우리의 역사와 문화에 대한 자각에서 민족의 선각자들에 의하여 추진된 사업이다.

일본인들이 조선사편수회나 조선총독부 중추원 등을 통하여 추진한 우리 전적 정리사업에서 교감과 관련지어 볼 수 있는 것은『조선실록』,『경국대전』과『대명률직해』등 법전의 정리이다. 그 중에서 가장 방대한 것은 조선시대 연구에 기초가 되는『조선실록』의 태백산사고본(太白山史庫本)과 정족산사고본(鼎足山史庫本) 실록의 대교를 행한 것이다.

이 실록의 교감표는 판심에 '조선총독부 중추원'(朝鮮總督府中樞院)이라 표기된 용지에 등사된 것으로 표제에는 '실록 대조표'라 묵서되어 있다.

본시『태조실록』부터『명종실록』까지를 대상으로 한 대조표가 이루어졌
을 것으로 보이나, 예종, 성종, 연산군, 인종, 명종의 실록에 대한 대조표
는 확인되지 않고 있다. 이 대조표는 교감의 가장 기초작업인 대교만 한
것이지만 두 실록간의 오자와 탈자가 매우 많이 기록되어 있어 실록의 이
용에 도움이 된다. 이러한 작업이 비록 일본인들의 계획에 의하여 시작된
것이기는 하지만, 이를 담당한 이들의 대부분은 조선인 학자들이었던 것
으로 파악된다.

　민족 선각자들이 추진한 우리 전적에 대한 교감으로 우선『삼국유사』
를 들 수 있다. 육당 최남선은 1927년 계명구락부에서『삼국유사』를 간
행한 후 계속하여 수정을 거쳐『신정삼국유사(新訂三國遺事)』(1954)와『증
보삼국유사』(1954)를 간행하였는데, 이 책은 고려 말 조선 초에 간행된 판
본을 교감에 활용하여 많은 오자와 탈자를 수정하는 성과를 거두었다.

　다음으로는 조선 후기 실학자들의 미간행 저서들을 정리하여 간행한 책
들이다. 이때 출간된 책으로는 신경준의『여암전서(旅菴全書)』와 홍대용의
『담헌서(湛軒書)』가 1929년에 신조선사(新朝鮮社)에서 간행되었다.『여암
전서』는 위당(爲堂) 정인보(鄭寅普)와 김춘동(金春東)이 교정하였고,『담헌
서』는 홍명희(洪命熹)가 교정하였다. 이어서 1934년에는 홍명희의 교정으
로 김정희(金正喜)의『완당선생전집(阮堂先生全集)』이 출간되었다. 같은 해
정인보와 안재홍(安在鴻)의 교정으로 다산(茶山) 정약용(丁若鏞)의『여유당
전서(與猶堂全書)』의 출간이 시작되어 1938년에 완간되었는데, 이러한 실
학자들의 저서는 당시 학계에 큰 영향을 주었다.

　그러나『완당선생전집』의 경우는 유고를 정리하는 과정에 타인의 작품
이 다수 들어간 것으로 지적되는 등 편찬과 교정에 적지 않은 문제가 지
적되기도 했다. 이 시기에 이루어진 교감의 성과도 교감자의 주관에 따라
정문(正文)에 반영하고 각 판본의 이동(異同)에 대한 교감기나 교감의 근거
및 교감자료를 밝히지 않은 등 학문적으로 한계가 있긴 하지만, 한국의
교수학을 학문으로 발전시키는 데 일정부분 기여한 것으로 평가된다.

5) 현대

　광복 이후 현대에 이루어진 교감은 1970년대 이후 경제발전과 함께 국
학에 대한 관심이 고조되면서 민족문화추진회를 중심으로 우리 고전적의
국역과 색인을 비롯한 정리작업이 활발하게 진행되면서 시작되었다. 교감
실적으로는 그간의 연구성과와 이본의 대교를 거친 이동환의 『교감삼국
유사(校勘三國遺事)』와 김정배의 『교감삼국사기(校勘三國史記)』가 있고, 천
혜봉의 『새로 발견된 고판본 삼국사기의 교감』(1982), 조병순의 『증수보
주삼국사기(增修補註三國史記)』, 유부현의 『삼국유사의 교수학적 연구』
(1993), 하정룡의 『삼국유사교감연구』(1997) 등 『삼국사기』와 『삼국유사』
에 집중돼 있다. 배현숙은 『조선실록의 서지적 연구』에서 태조, 태종, 세
종실록의 정족사고본과 태백산사고본을 조사하여 대교하였다.
　이상에서 살펴본 바와 같이 한국의 교수학은 고려시대에 재조대장경의
조조과정에서 이룩된 교감작업이 가장 휘황찬란한 업적이었다. 이러한 성
과를 거둘 수 있었던 것은 이를 총지휘한 수기(守其)를 비롯한 참여 인원
들이 혼신의 노력을 기울인 결과라고 생각된다. 특히 교감의 성과를 『교
정별록』이라는 기록으로 남긴 것은 한국의 교수학 발전에 큰 이정표를 세
운 업적으로 평가된다.
　조선시대에도 간행하는 서적마다 교감과정이 있었지만 신앙적 차원에
서 이루어진 고려시대와는 많은 차이가 있었던 것으로 판단된다. 출판과
정에서 거치는 하나의 단계로서 교감은 끝없이 이루어졌지만 이론적인 면
에서는 뚜렷하게 진전을 보인 것이 없는 것으로 평가된다.
　한국의 교수학은 최근 고전적의 정보화사업이 국가적 차원에서 추진되
면서 새로운 발전의 계기를 맞고 있다. 한국학 연구의 기초 다지기 역할
을 다하기 위하여 시대에 맞는 새로운 방법을 개발하고 수행해야 할 시점
이다.

3. 중국의 교수학

중국 교수학의 기원은 매우 오래되었지만 매우 느린 속도로 발달하였다. 『여씨춘추(呂氏春秋)』에 기록된 "삼시섭하(三豕涉河)"의 고사는 이미 교수학의 기본요소를 갖춘 것이었다. 유향, 유흠 부자가 교서(校書)할 때 국가 소장의 각종 이본(異本)을 토대로 서로 교감할 수 있었던 것은 교수학의 기풍을 연 것이라고 할 수 있다. 한대(漢代) 유학자들이 고서를 훈고·주석하면서 다른 판독법에 주(注)를 달아 해명한 것은 교수학의 일대 진보라 하겠고, 경전의 주석문이 이본을 광범위하게 모아서 각 학자들의 이독(異讀)을 두루 제시한 것도 고교감학(古校勘學)의 집대성이었다고 하겠다. 만당(晚唐) 이후 판각(板刻)하여 인쇄된 서적이 많아지자 고서는 정본(定本)이 성립되었으며, 일반인들이 이 인쇄본을 과신하게 되면서 교감학은 거의 소멸하였다.

12세기 말 주자는 『정씨유서(程氏遺書)』 판각본 시비(是非)를 상세하게 쟁론(爭論)하였다. 13세기 초 주필대(周必大)는 『문원영화(文苑英華)』 1천 권을 교감하여 판각하였는데, 그는 "인본(印本)으로써 구서(舊書)를 바꾸어 시비가 상란(相亂)된" 과실을 통론(痛論)하였다. 팽숙하(彭叔夏)는 『문원영화변증(文苑英華辨證)』 10권을 저술하면서 교수(校讎)방법을 상세히 열거하였는데, 청대(淸代) 교수학자인 고광기(顧廣圻)는 그것을 '교수의 전형'이라고 칭송하였다. 그러므로 12~13세기는 교수학의 부흥시대라고 할 수 있다. 그러나 13세기 이후 교수학은 다시 쇠퇴하였다. 17세기에 들어서서 방이지(方以智), 고염무(顧炎武) 등의 학자가 나오면서 비로소 고서를 고정(考訂)하는 새로운 기풍이 생겼으며, 3백 년 동안 교수학은 고증학의 중요한 수단이 되었다.

1) 고대

(1) 주진

주·진(周·秦)시대는 상고시대지만, 우리는 고적(古籍) 속에서 당시 행해졌던 교감의 실례를 찾아볼 수 있다. 『국어(國語)』 노어하(魯語下)에는 "옛날 정고보(正考父)가 상송(商頌) 12편을 주(周)나라 태사(太史)에게 얻어 교감할 때에 '나(那)'편을 제1편으로 하였다"고 기술되어 있다. '옛날'은 송나라 대공(戴公) 때(기원전 799~766)이고, '정고보'는 공자의 7대 조부이다. 송나라는 상나라 주왕(紂王)의 서형(庶兄)인 미자계(微子啓)의 봉지(封地)이기 때문에 상송(商頌)이 보존되어 있었다. 미자계에서 대공까지는 7대가 지났고, 보존되고 있던 상송 12편은 오류가 많았다. 그러므로 정고보가 주나라 태사의 소장본을 이용해서 교감을 하고, 아울러 그 편차를 정정(訂定)하면서 '나'편을 제1편으로 정정한 것이다. 이것이 현재 문헌기록상 나타난 것 중 가장 이른 교감의 실례이다.

(2) 한

전국시대는 사상과 학술이 흥성했다. 그러나 진이 천하를 통일하면서 진시황은 자기의 통치를 공고히 하기 위해 승상인 이사(李斯)의 건의를 받아들여 이른바 분서갱유(焚書坑儒)를 단행하였다. 한의 혜제(惠帝) 때에는 천하의 책을 수집하면서 민간으로부터 수많은 서적을 수집하였다. 이때 수집된 서적은 오류와 결손된 것이 많아 일차적인 정리가 불가피하게 되어 대규모적인 교감이 이루어지게 되었다.

한나라 성제(成帝)는 하평(河平) 2(기원전 26)년 8월에 조서를 내려 광록대부(光祿大夫) 유향은 경전(經傳)·제자(諸子)·시부(詩賦), 보병교위(步兵校尉) 임굉(任宏)은 병서(兵書), 태사령(太史令) 윤함(尹咸)은 수술(數術), 시의(侍醫) 이주국(李柱國)은 방기(方技)에 해당되는 서적을 교감하게 하였다. 유향이 죽은 뒤 즉위한 애제(哀帝)는 유흠에게 조서를 내려 유향의 교감작업을 완성케 하였다.

또 광무제(光武帝)가 한을 중흥하게 되자 서적이 이전보다 3배나 많게 되었다. 그래서 명제(明帝)와 장제(章帝)는 선후로 반고(班固)와 부의(傅毅)에게 조서를 내려 군서(群書)를 교감하게 하였다.『한서』'예문지'는 바로 반고와 그 동료들의 교감성과를 더해서 편찬한 저술이고 정사(正史)에 수록된 '지(志)'의 효시였다.

(3) 위진·남북조 및 수

이 시기의 교감활동은 기록에 의하면 20여 차례에 걸쳐 진행되었다. 그에 따라 많은 목록이 편찬되어 목록학이 크게 발달하였다. 그러나 이러한 목록은 전래되는 것이 없어 목록을 편찬하기에 앞서 어떤 교감활동이 있었는지는 고찰할 수 없는 상황이다.

그나마 이 시기 관가에서 행한 의미있는 것으로는 급총서(汲塚書)의 교감을 들 수 있다. 급총서는 진(晋) 무제(武帝) 함녕 5(279)년 10월에 급군(汲郡) 사람 부준(不准)이 위(魏) 양왕(襄王: 기원전 319~296년 재위)의 무덤을 파서 얻은 소전(小篆)으로 쓰여진 죽간인데,『죽서기년(竹書紀年)』·『목천자전(穆天子傳)』등 16종의 책이다. 그러나 이들 책은 모두 고문(古文)으로 필사된 것이었고 또 발굴 당시 훼손이 심했기 때문에, 무제가 이 책을 비서감(秘書監)에게 주어 교감을 하고 금문(今文)으로 필사하게 하였다. 그리하여 281년부터 300년까지 총 3차례에 걸쳐 20년 동안 순욱(荀勖), 속석(束晳) 등 17인이 이 일에 종사하였다. 그러나 원본은 북송 때 없어졌고, 지금은 습유본(拾遺本) 몇 종만 남아 있어 그 전모를 알 수는 없다. 한편 사가에서 행한 교감으로는 서진(西晉)의 두예(杜預), 유송(劉宋)의 배인(裴駰), 북제(北齊)의 안지추(顔之推)의 활동이 대표적이다.

(4) 당·오대

당대에는 네 차례의 교감활동이 있었다. 제1차는 태종이 정관(貞觀)

2(628)년에 위징(魏徵) 등으로 하여금 사부서(四部書)를 교감하게 하였는데, 고종의 상원(上元)년간(674~675)에 이르러 일단락되었다. 제2차는 현종의 개원(開元)년간(713~741)에 이루어졌는데, 그 교감의 결과물로『군서사목(群書四目)』이 편찬되었다. 제3차는 덕종의 정원(貞元)년간(785~804)에 이루어졌다. 즉 진경(陳京)이 안사지란(安史之亂) 이후 산실된 서적을 모아 교감하여 『정원어부산서신록(貞元御府散書新錄)』을 편찬한 것이다. 제4차는 문종의 개성(開成)년간(836-840)에 이루어졌는데, 정담(鄭覃)이 비각(秘閣)에서 수집해 놓은 56,476권에 이르는 사부(四部)의 서적을 교감한 것이다.

오대(五代)의 교감활동 또한 기록에 보이는데, 후당부터 후주시대에는 『구경(九經)』을 교감하였고, 후한에서는 『주례(周禮)』, 『의례(儀禮)』, 『공양전(公羊傳)』, 『곡량전(穀梁傳)』 4경(經)을 교감하였으며, 후주(後周)에서는 『경전석문(經典釋文)』 등을 교감하였다.

2) 중세

(1) 송

송에는 대규모 교감활동이 5차례 있었다. 이것은 태종의 태평흥국(太平興國, 976~983) 초부터 인종의 경력(慶曆, 1041~1048) 초까지 이루어진 것인데, 숭문원 등에 소장되어 있던 책을 교감하여 함평(咸平) 3(1000)년에 『함평관서목(咸平館書目)』을 편찬하였다. 함평 8(1005)년에 숭문원의 화재로 장서가 소실되자 인종(仁宗) 천성(天聖) 9(1031)년에 숭문원을 중건하였다. 경우(景祐, 1034~1037) 초에 송기(宋祁) 등이 서적을 다시 모아 교감하였고, 이를 토대로 경력 원(1041)년에 왕요신(王堯臣) 등이 『숭문총목(崇文總目)』을 편찬하였다. 이후 4차례의 교감활동은 대부분 이를 보충하여 교감한 것이다.

또 많은 장서가들의 교감활동도 있었다. 이들은 자기의 장서를 정밀하게 교감하고 그 결과를 목적으로 편찬하였는데, 대표적인 서목으로 조공무(晁公武)의 『군재독서지(郡齋讀書志)』를 들 수 있다.

(2) 원·명

원·명시대에는 교감활동이 매우 위축되었다. 비록 명대에 양사기(楊士奇) 등이 편찬한 국가 도서목록인 『문연각서목(文淵閣書目)』과 전부(錢溥)가 편찬한 『내각서목(內閣書目)』 등이 있지만, 이들은 모두 교감을 거치지 않고 편성된 목록이다. 또한 성조(成祖)는 해진(解縉) 등에게 『영락대전(永樂大典)』을 편찬케 하였지만, 이 역시 세세한 교감은 진행하지 못한 것이었다. 사가의 교감활동도 원 오사도(吳師道)의 『전국책보주(戰國策補注)』와 명 호응린(胡應麟)의 『소실산방필총(少室山房筆叢)』, 매작(梅鷟)의 『상서고이(尚書考異)』 등의 교감서가 편찬되기는 하였지만 역시 송대에는 미치지 못하였다.

3) 근세

(1) 청

청대에 이르러 『사고전서(四庫全書)』가 편찬되면서 교감활동은 전성기를 맞이하게 된다. 『사고전서』의 편찬은 건륭(乾隆)황제가 천하의 도서를 모아 『영락대전(永樂大典)』을 교감하여 필사하게 하면서 시작되었다. 건륭 38(1773)년에 사고관(四庫館)을 열어 건륭 47(1782)년까지 10년에 걸쳐 완성하였다. 이것은 손사의(孫士毅), 육석(陸錫), 기윤(紀昀) 등이 총책임자가 되고, 대진(戴震), 왕념손(王念孫) 등 저명한 학자들이 동원되어 3,503종 19,330권을 정밀하게 교감한 것이다.

이 시대에는 사가의 교감활동 또한 전성기를 구가하였는데, 고염무(顧炎武)의 『구경오자(九經誤字)』, 『오경동이(五經同異)』, 『석경고(石經考)』가 편찬되었고 이후 많은 명가들이 배출되었다.

(2) 민국 이후

민국시대의 교감활동 또한 활발하였다. 예를 들면 노신(魯迅)은 『혜강집(嵇康集)』, 사승(謝承)은 『후한서(後漢書)』, 주조모(周祖謨)는 『광운(廣韻)』, 정복보(丁福保)는 『설문(說文)』을 교감하였다. 민국 시기 교감의 최대 특징은 구소설(舊小說)의 교감이다. 청 이전에는 구소설은 교감하지 않았지만, 근대 서학(西學)의 영향으로 교수학계에서는 소설에 대한 교감이 중시되기 시작했다. 대표적으로 왕원방(汪原放)은 『홍루몽(紅樓夢)』, 『수호지(水滸志)』, 『삼국연의(三國演義)』, 『유림외사(儒林外史)』, 『서유기(西遊記)』 등을 교감하였다.

돈황장경실(敦煌藏經室)의 발견으로 돈황학(敦煌學)이 흥기하게 됨에 따라 민국시대에는 돈황 문헌의 수집과 교감이 활발히 전개되었다. 예를 들면 나진옥(羅振玉)은 『돈황영습(敦煌零拾)』, 유반농(劉半農)은 『돈황철쇄(敦煌掇瑣)』를 집교(輯校)하였다.

4. 서양의 교수학

교수학은 원래의 원문 또는 표준적인 원문을 복원하는 것과 관련된 제반 사항에 대해 연구하는 것을 주목적으로 하는 학문이다. 서양의 원문서지학, 분석서지학, 비평서지학, 원문비평 등이 이에 상당한다.

원문서지학은 표준화된 원문의 복원과 관계된 제반 사항에 대해 연구하는 것으로, 원문을 중심으로 본문의 오자나 탈자 같은 문자간의 차이, 본문 내 편장(篇章)의 차이, 본문의 내용적 측면에 대한 고증을 통해 본래의 원문 또는 표준적인 원문을 밝혀 내기 위한 것이다. 이같이 원문의 고증에는 필연적으로 그에 대한 비평이 수반되므로 비평서지학이라고도 한다. 이 원문서지학은 학자에 따라 분석서지학 내의 하위단위로 설정하는 경우도 있지만, 이 분석서지학 역시 원문에 미치는 제반 사항에 대해 연구하는 것이므로 큰 범주 내에서 원문서지학과 동일한 선상에서 보아도 무방할 것이다.

1) 고대

시리아 북부 엘바(Elba)에서 발견된 2개의 바빌로니아와 아시리아시대의 문서보관소에는 1만 5천 개의 점토판이 소장되어 있었는데, 대개 상업·법률·행정에 관한 기록이었다. 문서보관소 가운데 한 곳에는 사전과 음절 문자표가 있었는데, 주목할 만한 사실은 문헌 본문의 확정판을 편찬하는 필사자들이 이들 자료를 이용하였다는 것이다. 이러한 내용으로 보아 당시 필사자들은 이들 자료를 활용하여 문헌 본문의 확정판을 만드는 과정에서 본문에 대한 교감작업을 수행한 것으로 보인다. 또 당시 엘바의 궁전 도서관은 어떤 면에서 필사자들을 전문적으로 훈련시키는 학교의 역할을 했는데, 여기에서는 지식을 전파할 뿐 아니라 지식을 창조하고 보존하는 역할도 하였다. 이곳에서 엘바의 학자들이 수메르인들의 지식을 연구하고 이를 보완·확장하였는데, 이 과정에서 여러 문헌의 표준적인 원문을 확립하기 위한 노력이 있었을 것으로 짐작된다.

아슈르바니팔(Ashurbanipal)도서관으로 유명한 아시리아의 마지막 왕 아슈르바니팔왕(기원전 668~627)은 전국 곳곳의 학교와 도서관으로 파견한 사자생(寫字生)이 수집해 온 문헌을 대조하고 수정하며 편집하는 일까지 하였다. 그의 도서관은 광범하고 방대한 양의 서적을 수집하였는데, 문헌 수집 외에 자체 제작시설까지 갖추어 매우 우수한 점토판을 제작하였다. 주목할 만한 사실은 이곳의 점토판이 규격화된 문자로 새겨졌고 정확성을 기하기 위하여 엄밀한 표준이 적용되었다는 점이다. 수백 년 동안 메소포타미아의 사자생들은 그들이 소장한 문헌의 어법과 순서를 표준화하는 작업을 하였으며, 아슈르바니팔도서관의 사자생들 역시 이러한 작업을 계속하여, 본문의 완결판을 만들기 위해 수많은 문헌의 필사본을 수집하였다.

그들의 이러한 노력은 현대의 아시리아학자들이 현존한 단편들을 통해 서로 연관성이 있는 본문을 확립하는 데 많은 도움이 된다.

그리스·로마시대에 그리스 시인들은 트로이전쟁을 중심으로 영웅에 대한 서사시를 지었고, 그 사건 후 몇 세기가 지난 뒤 위대한 한 시인은 이러한 시를 통해 오늘날까지 세계문학의 걸작으로 인정받고 있는 서사시를 완성하였다. 『일리아드(Iliad)』는 수세대 동안 그리스 시인들에게 지식과 지혜의 원천으로 인식되었다. 그리스 학자들은 수세기에 걸쳐 호머 (Homer)의 원문에 대해 확정적인 내용을 결정하고 이를 보존하려고 노력하였다. 호머의 시는 구두로 전승되었고 직업적인 음유시인에 의해 청중들에게 낭송되었다. 그러나 그 시가 원래 구전으로 작사된 것인지, 혹은 그 시의 원작가가 글로 표현했던 것인가, 그 시를 암송한 사람들이 단순히 기억을 통해서만 암송한 것인가, 혹은 그 시를 암송할 수 있는 기록된 원문이 있었는가 등의 문제에 대해 오늘날 학자들의 의견은 일치하지 않으며, 당시 학자간에도 논쟁이 되었다.

기원전 6세기경 폭군 페시스트라토스(Peisistratus)가 아테네를 통치하였을 때 그의 관심사 가운데 하나는 호머의 복잡한 원문을 체계적으로 정리하는 것이었다. 일설에 의하면 그는 『일리아드』와 『오디세이(Odyssey)』의 잃어버린 행(line)을 찾는 사람에게 포상하겠다는 제안도 하였다. 당시 포상금을 노린 수많은 날조자들이 이 기회를 포착하였고, 그 이후 세대의 편집자들에게 많은 과제를 남겨 주었다. 페시스트라토스는 호머의 작품에만 관심을 가진 것이 아니라, 그 밖에 다른 작품에 대해서도 이런 시도를 하였을 것이다. 이런 추측은 페시스트라토스가 비록 폭군이었지만, 아테네에서 기초과목과 관련된 공공도서관을 설립한 최초의 인물로 지목되기 때문이다.

원문을 확립하는 과정에서 원문을 바로잡지 못하고 오히려 오류를 추가시켜 후대에 잘못된 내용이 전달되는 사례도 있다. 기원전 4세기경 플라톤(Platon), 아리스토텔레스(Aristoteles) 등 많은 학자들이 사설도서관을 세었는데, 아리스토텔레스가 죽은 후 그의 책들은 철학자이자 고서 수집가인 아펠리콘(Appellicon)이 인수하게 되었다. 아펠리콘은 책의 손상된 부분을 복원시키려고 시도하는 과정에서 그 원문에 대한 새로운 사본을 만들게 되었고, 연결되지 않는 부분을 수정하였다. 그 결과 오류 투성이의 책이 출판되기도 하였다. 스트라보(Strabo)는 이로 인해 수많은 무가치한 철학책이 등장하는 계기가 되었다고 지적하기도 하였다. 로마 장군 술라(Sulla)는 전리품으로 이들 책을 로마로 가져가 로마에도 아리스토텔레스의 가짜 사본이 유포되었다.

한편 이집트는 디아도코이(Diadochoi) 시대에 알렉산드리아도서관을 설립하고 고대 그리스 시집을 수집하였다. 당시 학자들은 이들 문헌을 편집하고 정리하였는데, 이들이 편집한 호머 시의 표준본은 일반인들이 필사할 수 있었고, 사본을 제작하는 전문 사자생들은 견본으로 사용할 수 있었다. 알렉산드리아 시대는 창조적인 작품활동이 왕성한 때였을 뿐 아니라, 이전의 작품에 대한 주석서와 과학적인 문헌이 집필된 시대이기도 하다. 본토 학자들은 알렉산더가 정복한 국가에 대한 연구서를 출간하였고, 히브리 성경, 이집트 연대기와 페르시아의 학자인 조로아스터의 가르침을 번역하기도 하였다. 당시 학자들은 많은 산문과 시를 썼고, 특별히 이전의 문학작품 및 세계 각국의 저작을 번역하고 주해하였으며, 고대의 원전에 대한 비평 및 서지적 진위문제까지 연구하였다.

알렉산드리아의 많은 학자들은 성서를 번역하였는데, 당시 필로(Phillo), 클레멘트(Clement), 오리겐(Origen) 등이 주도하여 히브리어 성경을 헬라어로 번역하여 『70인역 성경』을 만들기도 하였다. 이 『70인역 성경』은 오늘날까지 그리스정교회가 사용하고 있는 히브리 성경 번역본이다. 또한 4세기경 콘스탄틴 대제 시절에 유세비우스(Eusebius)와 팜필루스(Pamphilus) 등이 『70인역 성경』과 그의 자료들을 가지고 재차 작업을 하여 『시내 사본』과 『바티칸 사본』을 만들기도 하였다.

알렉산드리아도서관 최초의 사서 제네도토스(Zenodotus)는 『일리아드』

와 『오디세이』의 권위 있는 원문을 확립하는 일을 시작하였다. 그 계획은 그의 후임자 아리스토파네스(Aristophanes)와 아리스타코스(Aristarchos)에 의해 한 세기 반에 걸쳐 지속되었다. 그들은 새롭게 입수한 호머 작품의 사본을 그 도서관에 이미 소장되어 있는 원문들과 비교하여 원문을 확립하는 업무를 수행하였다.

이 밖에 테오도릭(493~526)의 치세에 로마인과 동고트족은 책을 읽고 수집하기에 열중하였다. 특히 원로원 출신의 부유한 장서가들은 애서가인 동시에 학자였다. 그들은 많은 헬라어와 로마 고전을 보존하고 원문의 수정을 담당하기도 하였다(Lerner, Fred., 2001).

2) 중세

6세기 중엽 카시오도러스(Cassiodorus)는 비바리움(Vivarium)수도원을 설립하여, 거기에 교회사, 성경 원문과 주석서 등을 소장하고 성경의 권위적인 본문을 복원하는 것을 가장 중요한 활동으로 삼았다. 카시오도로스는 수도원 생활의 핵심이 하느님의 말씀에 대한 연구라고 생각하여, 가장 권위 있는 성경의 원문을 확정하고 보존하는 일의 중요성을 강조하였다. 또한 그는 비정통적인 작가의 저술일지라도 폐기하지 않고 경고표시를 하여 보존하였다. 한편 7세기경에 마소라 학자들(Masoretes)은 히브리어 마소라 원문을 만들었는데, 이 마소라 원문은 15세기 말에 인쇄되어 출간되었다. 이 원문은 마틴 루터가 독일어 번역본을 내는 저본이 되기도 하였다.

이 밖에 고대 로마와 더불어 사립도서관이 상당히 발달했던 중세 이슬람제국에서도 원문에 대한 교감작업이 활발하게 이루어진 것으로 보인다. 대개 이슬람제국의 책 수집가는 왕족이거나 고위관리였다. 당시 책의 실제적 가치는 책의 희소성 또는 주제가 아니라 기록된 서체의 아름다움에 의해 결정되었다. 아랍의 장서가들은 양서의 수집에 그치지 않고 뛰어난 필사자를 고용하여 문헌을 제작하였다. 당시의 애서가들은 완전하고 정확

한 원문을 지닌 문헌을 만들기 위해 유명한 학자를 두고 이들 내용을 교
정하고 수정하기도 하였다. 원문의 정확성을 위해 그들은 특별히 저자들
의 친필 저작을 중시하기도 하였다(Lerner, Fred., 2001).

3) 근대 이후

15세기 서양의 구텐베르크가 활판인쇄술을 발명한 이후 문헌 대량생산
체제의 기틀이 잡히게 되었다. 학자들 사이에 기존에 사본으로 제작된 많
은 저작이 인쇄과정을 거쳐 인쇄본으로 유통되면서 원문의 정확성에 대한
관심이 고조되고 여러 연구성과들이 나오게 되었다. 여기에서는 근세 영
국이 낳은 세계 최고의 극작가 셰익스피어와 영국이 낳은 대시인 엘리엇
의 원문에 대한 원문 교감연구 사례를 중심으로 그 밖에 몇몇 작가의 교
수학적인 연구성과에 대해 간략히 살펴보고자 한다.

(1) 셰익스피어

먼저 단적으로 사본이 존재하지 않는 셰익스피어(William Shakespeare,
1564~1616)의 작품 가운데 『햄릿(Hamlet)』의 예를 들어 보면 다음과 같다.
『햄릿』은 현재 3개의 오래된 판본이 있다. 첫 번째 판본은 1603년 사절
판(四折判)으로 된 것인데, 워낙 상태가 좋지 않아 거의 가치가 없다. 두
번째는 1604~1605년의 사절판 판본인데, 이는 1603년의 저질 원문을
대체하기 위해서 나온 양질의 판본이다. 세 번째는 1623년의 셰익스피어
첫 전집에 수록된 것으로 양질의 판본이라 할 수 있다. 이들 3종의 판본
을 비교해 보면, 1603년 판본에는 다른 2종에 수록되지 않는 장면은 있
으나 전체 내용 면으로 볼 때 다른 2종의 절반 정도밖에 되지 않는다.
1604~1605년 판본과 1623년 판본을 비교해 보면, 전자는 후자에 수록
되지 않은 200~220여 행이 포함된 반면 후자의 경우는 전자에 없는 85
행이 포함되어 있다.

이처럼 판본마다 내용의 차이가 심하게 나타난 원인은 바로, 첫째, 인쇄 원고를 만드는 과정에서 필경사가 실수하는 경우이고, 둘째, 인쇄 원고가 인쇄소에서 활자화되는 과정에서 발생하는 오류에 기인한 것이다. 당시 셰익스피어의 시대에는 극작품의 경우 저자가 직접 원고를 교정보는 일이 드물었고 인쇄소도 원고를 참조하지 않고 교정을 보는 것이 관행이어서 이러한 결과가 나왔다. 이러한 사례는 셰익스피어 작품의 원문 교감작업의 동기가 되었다.

18세기 들어 셰익스피어의 원문 확립에 힘쓴 대표적인 학자로는 로우(Nicholas Rowe), 포프(Alexander Pope), 데오발드(Lewis Theobald), 햄머(Thomas Hanmer), 와버튼(Willian Warburton) 등을 들 수 있다.

18세기 셰익스피어의 첫 번째 편집자인 로우는 셰익스피어의 전기를 저술하고, 『맥베스(*Macbeth*)』 등 셰익스피어 작품의 원문 교감작업을 하였다. 이 『맥베스』의 경우 단 한 책밖에 없는 관계(1623년판)로 판본을 비교할 대상이 없어, 원문에 나타난 오자를 추측·정정하여 원문 복원작업을 하였다. 셰익스피어의 두 번째 편집자인 포프 역시 셰익스피어 작품에 대한 교감작업을 하였으나, 오히려 셰익스피어 작품의 원문을 손상시켰다.

이에 대해 데오발드는 1726년 "Shakespeare Restored: or a Speciman of the Many Errors, as well Committed by Pope"란 논문에서 포프가 『햄릿』을 비롯한 셰익스피어의 여러 작품을 편집하는 과정에서 야기한 오류를 지적하여, 상당기간 두 사람간에 학술적 논쟁이 벌어지기도 했다. 결국 데오발드는 1726년 *Shakespeare Restored*를 출간하고, 1733년에는 고전적 학문의 표준을 적용하고 초기 사절판과 이절판을 대교하며 여기에 엘리자베스 시대의 문학과 역사적 지식을 동원하여 7 *Volume-Shakespeare Edition*을 내는 위업을 이루었다. 이 밖에도 와버튼, 카펠(Capell) 등 많은 학자가 셰익스피어 작품의 원문복원에 노력을 기울였다.

19세기 들어서는 셰익스피어학회 창립과 더불어 협동적이며 조직화된 연구가 수행되었다. 여러 종류의 영인본이 나왔는데, 이들 영인본의 출현은 셰익스피어 원문연구에 더욱 박차를 가하게 했다. 당시 영국 캠브리지의 클라크(Clark), 글로버(Glover), 라이트(Wright), 독일 바이마르(Weimar)의 여러 학자들, 그리고 미국의 퍼니스(Furness), 퍼니벌(Furnivell), 허스든(Husdon), 롤프(Rolfe) 등 많은 학자들이 셰익스피어 원문연구에 참여하여 성과를 올렸다.

20세기 들어서면 셰익스피어 원문연구는 이전보다 더 크게 진전하였다. 1892년 영국 런던에서 결성된 서지학회를 중심으로 셰익스피어 원문을 조직적으로 연구하였다. 특히 당시 서양 교수학 분야의 3대 거장이라 할 수 있는 폴라드(Alfred William Pollard 1859~1944), 메커로(Ronald Brunless Mckerrow 1872~1940), 그레그(Walter Willson Greg 1875~1959) 등 대학자가 등장하고, 이와 더불어 톰프슨(Edward Maunde Thompson 1840~1929), 챔버(Edmund Kerchever Chambers 1866~1954), 윌슨(John Dover Wilson 1880~1969) 등 많은 학자들이 배출되어 셰익스피어를 중심으로 16, 17세기 영국 희곡에 대한 원문교감에 업적을 남기기도 하였다. 이들은 문헌저작의 기술적인 문제와 인쇄 전 본문 전달과정(pre-printing transmission)에서 발생할 수 있는 문제, 인쇄·출판과정에서 저자가 직접 집필한 원고가 인쇄소에 넘어가 인쇄본을 만드는 과정에서 발생할 수 있는 원문상의 오류를 주요 연구대상으로 삼았다.

한편 보커(Bowker), 힌먼(Hinman), 워커(Walker)를 중심으로 셰익스피어 원문교감에 대한 연구가 진행되었는데, 그들은 폴라드나 메케로 등이 수행한 연구방법에서 좀더 나아가 인쇄단계(printing-stage transmission)에서 발생하는 오류를 주 대상으로 연구성과를 올렸다. 즉 인쇄소 내에서의 조판, 인쇄, 제본과정에서 발생하는 여러 관행적 요소 및 식자공, 교정자, 활판 정정자, 인쇄공 같은 여러 요소에 의해 발생할 수 있는 원문전달의 문제를 주요 연구대상으로 삼았다. 이 밖에 최근까지 셰익스피어의 원문복원을 위한 여러 학자들의 교수학적 성과는 상당히 많이 나오고 있지만, 그 원문이 완벽하게 복원되기까지는 앞으로도 많은 시간이 걸릴 것이다

(이경식, 1995, 1999, 2000).

(2) 엘리엇

윌리엄 마셜(William H. Marshall)은 엘리엇(Thomas Stearns Elliot, 1888~1965)의 시『지런션(*Gerontion*)』의 텍스트에서 발견되는 이문(異文)을 추적하고 판본간의 차이를 구명하였으며, 로버트 베어(Robert L. Bare)는 엘리엇의 시와 희곡 원문에서 발견되는 문제점을 논한 바 있다. 무디(Moody)는 엘리엇의『시전집』4종을 가지고 시 원문을 점검하여 두 가지 목록을 제시하였다. 그 하나는 엘리엇이 생애 말기에 수정했다고 추측되는 부분에 대한 목록으로 9개 작품에 걸쳐 15군데를 지적하고 있으며, 다른 하나는 4종의『전집』에서 수정할 필요가 있거나 의문을 제기할 만한 부분을 열거한 정오표로 21개 작품에 걸쳐 70군데 이상을 언급하였다. 또한 베어는 무디보다 더 상세하게 각 판본간의 차이를 언급하고 있다.

이 엘리엇의 시 본문에서 발견되는 이문들은 단어, 운문 및 단락, 구두점 등 세 가지로 구분할 수 있다. 첫째, 단어 차원의 오류이다. 이는 대개 불필요한 단어가 추가되거나 필요한 단어가 빠지거나 단어 자체의 오식에서 발생한 것이다. 예를 들면『지런션』의 경우 40행이 "or is still believed"로 인쇄되었는데, 여기에서 'is'가 'if'의 오식이라는 것이다. 둘째, 운문 및 단락의 문제이다. 이런 문제는 시 본문의 인쇄나 전달과정에서 문단의 첫줄 들여쓰기를 하지 않는 상태에서 그 마지막 행이 면바꿈(page-break)과 일치할 수 있기 때문에 발생한다는 것이다. 마지막으로 구두점의 문제이다. 시 원문 내에 추가로 부가되거나 오류로 생긴 구두점, 물음표 역시 시의 의미나 운율에 크고 작은 영향을 미친다는 것이다. 이런 문제는 엘리엇의 대표작『황무지』를 비롯한 그의 여러 작품에서 나타나고 있다(봉준수, 2001).

(3) 기타

본스타인(George Bornstein)은 19세기 말부터 20세기 초까지 미국에서 활약한 소설가 헨리 제임스(Henry James)의 소설 『대사들(*The Ambassador*)』 가운데 1957년 이전 미국에서 나온 모든 판본에서 28장과 29장이 바뀌었다고 주장했으며, 카펠(Andrew J. Kappel)은 미국의 시인 메리언 무어(Marianne Moore)의 대표작 『시(*Poetry*)』가 그 길이에 현격한 차이가 있다고 주장하였다.

프랑스의 문학비평가 듀리 부인(Mme Durry)은 1950년에 출간한 그의 저서 『플로베르와 미간작품 초안(*Flaubert et ses projets inedits*)』에서 프랑스의 대문호 플로베르(Flaubert)의 미출간 편지와 미간 유작들을 비판·고증하였다. 프랑스의 비평가 로스(Georges Roth)는 1953년에서 1963년에 걸쳐서 『디드로 서간전집(*Correspondance complete de Diderot*)』을 출간했는데, 거기에서 18세기 계몽시대에 백과전서파의 거장인 디드로의 편지를 정리하고 고증하였다. 프랑스 자연주의문학의 대가 에밀 졸라(Zola)의 유작은 프랑스의 귀중본연합회(Cercle du Livre Precieus)에서 『졸라전집(*Oeuvres completes*)』으로 계속 간행하고 있다.

<참고문헌>

姜順愛. 「高麗大藏經校正別錄의 學術的 意義」, 《書誌學硏究》 제20집, (2000. 12), 253-298.

管錫華. 『校勘學』, 安徽省敎育出版社, 1991.

金貞培. 『校勘三國史記』, 서울: 민족문화추진회, 1973.

裵賢淑. 「鮮初 三朝實錄 校勘記」, 《圖書館》 v.41, no.6(1986. 11/12), 65-99.

봉준수. 「엘리엇의 불안정한 텍스트: 본문비평과 문학비평」, 《T. S. 엘리엇연구》 제10호(2001. 6), 97-136.

에른스트 뷔르트뵈인 저. 방석종 옮김. 『성서본문 비평입문』, 서울: 대한기독교

서회, 1987.

吳龍燮.「校正別錄의 完成과 入藏에 대한 考察」,《書誌學硏究》第18輯 (1999), 193-220.

柳富鉉.「三國遺事의 校勘學的 硏究」, 서울: 중앙대학교 대학원, 1993.

柳富鉉.「童蒙先習 異本의 文字異同 硏究」,《書誌學硏究》第17輯(1998), 77-102.

柳富鉉.「無垢淨光大陀羅尼經의 文字異同 硏究」,《한국도서관・정보학회 지》제34권 3호(2003), 259-275.

이경식.「본문비평과 셰익스피어의 본문」,《연세대학교인문과학》81집(1999), 27-65.

이경식.『분석서지학의 이론과 실제』, 서울: 서울대학교 출판부, 1995.

이경식.『셰익스피어 본문비평』, 서울: 범한서적, 1978.

이경식.『셰익스피어비평사』, 서울: 서울대학교 출판부, 2002.

李東歡.『校勘三國遺事』, 서울: 민족문화추진회, 1973.

李弘稙.「慶州佛國寺釋迦塔 發見의 無垢淨光大陀羅尼經」,《白山學報》4, 서 울: 백산학회, 1968.

鄭求福 외.『三國史記의 原典檢討』, 성남: 韓國精神文化硏究院, 1995.

鄭奎福.『韓國 古典文學의 原典批評』, 서울: 새문사, 1990.

鄭奎福.『韓國 古典文學의 原典批評的 硏究』, 서울: 고려대학교 민족문화연구 소, 1992.

趙炳舜.『增修補注三國史記』, 서울: 誠庵古書博物館, 1984.

죠르트 풀레 엮음. 김붕구 옮김.『현대비평의 이론』, 서울: 홍익사, 1985.

陳垣,『校勘學釋例』, 臺灣學生書局, 1975.

千惠鳳.「새로 발견된 古板本 三國史記에 대하여」,《大東文化硏究》15(성균 관대 대동문화연구회, 1982).

千惠鳳.「새로 발견된 古版本 三國史記에 대하여」,《大東文化硏究》14(성균 관대 대동문화연구회, 1982)

千惠鳳.『韓國書誌學』, 개정판, 서울: 민음사, 1997.

千惠鳳.『日本蓬左文庫韓國典籍』. 서울: 지식산업사, 2003.

崔南善.『新訂三國遺事』, 京城: 삼중당, 1946.

하정룡・이근식.『삼국유사 교감연구』, 서울: 신서원, 1997.

胡適.「校勘學方法論」,『中國圖書・文獻學論集』, 明文書局, 1983.

胡適 著. 李成珪 譯. 「校勘學方法論」, 『민족문화』, 民族文化推進會, 1977.

Crane, Ronald Salmon. *Critical and Historical Principles of Literary History*, Chicago and London: University of Chicago Press, 1971.

Hawthorn, Jeremy. *A Concise Glossary of Contemporary Literary Theory*, London: Edward Arnold, 1992.

Lerner, Fred. *The Story of Libraries: from the Invention of Writing to the Computer Age*, New York: Continuum, 2001.

Thorpe, James. *Principle of Textual Criticism*, San-marino: Huntington Library, 1972.

제8장 문헌목록의 발전

1. 한국

고려시대는 우리나라에서 최초로 목록이 작성된 것으로 확인된 가장 오래된 시대이며, 조선시대에는 많은 서목이 편찬되었다. 현대에 와서 각종 목록규칙이 제정되어 그것을 적용한 카드목록이 작성되고 책자목록이 만들어졌다. 책자목록은 신서, 고서로 크게 구분된다. 대체로 전자가 목록규칙에 준거하여 작성된 반면, 후자는 자의적인 방법으로 편찬되었다.

과거의 서목은 그 편찬시기나 목적, 수록범위, 대상 등에 따라 서로 다른 기술체계나 배열체계로 편성되었으나, 대부분 서명을 표목으로 한 책자형 단식목록이라는 공통성이 있다. 서목의 검색기능은 대단히 제한적이었지만, 식별기능이나 재고확인(inventory) 기능이 아주 강한 편이었다. 우리나라의 문헌목록 발전과정을 시대별로 살펴보면 다음과 같다.

1) 고려

고려시대에 작성된 문헌목록으로는 『신편제종교장총록(新編諸宗敎藏總錄)』을 비롯하여 초조대장경 목록인 『대장목록(大藏目錄)』과 재조대장경

목록인 『대장경목록(大藏經目錄)』 등이 알려지고 있는데, 이들은 모두 판각목록에 해당한다.

『신편제종교장총록』은 의천(義天)이 고려, 송, 요, 일본 등 제국에서 수집한 경률론 삼장(三藏)에 대한 고래 학문승들의 장소(章疏)를 총집록하여 선종 7(1090)년에 편찬한 속장판각 목록이다. 오로지 의천에 의해서 편찬된 목록인 점에서 일명 『의천록』이라고도 일컬어지며, 교장(敎藏) 1,010부 4,857권이 상·중·하 3권에 수록되어 있다. 그 내제(內題)는 해동유본견행록(海東有本見行錄)으로 표시되어 있는데, 한역 정장에 대한 제가장소(諸家章疏)의 전래 여부를 알고자 할 때 누구나 한번은 참고하게 되는 주요한 자료이다. 기술은 경전명을 통일서명으로 하여 그 아래에 장소명(章疏名)을 권수와 함께 기재하고, 이어서 찬술자를 기록하였다. 배열은 경·율·논 3부로 구분하여 각권에 수록하고 있다.

『대장목록』은 초조대장경의 판각목록을 말한다. 고려 현종 2(1011)년에 시작하여 선종 4(1087)년 사이에 완성한 것으로 지금까지 발견되지 않고 있으나, 재조대장경 목록인 『대장경목록』 경함(更函)에 들어 있는 대장목록에 의해 내용과 체제를 거의 알 수 있다. 기술은 함차, 인지수, 경전명, 권차, 역찬자의 역조, 승명, 역찬표시(譯撰表示)를 차례로 간략하게 기재하고 있다. 배열은 천함(天函)부터 영함(英函)까지는 개보칙판에 의거하여 보살삼장경(菩薩三藏經, 大乘三藏錄), 성문삼장경(聲聞三藏經, 小乘三藏錄), 성현전기록(聖賢傳記錄)으로 구분하여 전개하고 있으나, 송조대장경과 그 밖의 것에 의한 두함(杜函)부터 초함(楚函)까지는 분류하지 않고 경전이 판각되는 대로 누가식으로 편입시켰다.

『대장경목록』은 재조대장경의 판각목록을 말한다. 재조대장경은 주지하는 바와 같이 고려 고종 24(1237)년부터 동왕 38(1251)년 사이에 조조한 것이다. 그 목록은 경판의 점검 함가목록(函架目錄)의 성격을 아울러 지니고 있음이 특징이다. 이것은 수기법사가 철저하게 교정하고 검토하여 초조대장경에 누락되어 있는 것과 이역착사(異譯錯寫) 등이 심한 것은 대체하였으며, 초조대장경이 완성된 이후 입수된 송조대장경에서 중복되지 않는 내용을 포함시키고, 또 그 밖에 대장도감이 필요하여 조조한 장소류와 승전류(僧傳類)를 보유한 것의 목록이다. 그 내용은 현재 해인사에 보관중인 팔만대장경과 일치하고, 다만 판각의 규모가 그것보다 좀더 많을 뿐이다.

이『대장경목록』은 목판본 상·중·하 1책으로 되어 있다.『대장목록』과 같이 함차, 인지수, 경전명, 권차, 역찬자의 역조, 승명, 역찬표시를 차례로 간략하게 기술하였으며, 배열 역시『대장목록』과 같이 천함(天函)부터 영함(英函)까지는 개보칙판에 의거하여 보살삼장경, 성문삼장경, 성현전기록으로 구분하여 전개하고 있으나, 송조대장경과 그 밖의 것에 의한 두함(杜函)부터 초함(楚函)까지의 것은 분류하지 않고, 경전이 판각되는 대로 누가식으로 편입시켰다.

2) 조선

조선시대의 목록은 판각목록, 장서목록, 문헌서목, 관찬서목으로 구분할 수 있는데, 편의상 임진왜란과 갑오경장을 기준으로 그 시기를 나누어 살펴보면 다음과 같다.

(1) 전기

임진왜란 이전의 판각목록은『고사촬요 책판목록(攷事撮要 冊板目錄)』과『영남책판기(嶺南冊板記)』 2종에 불과하다.

『고사촬요 책판목록』은 조선 최고의 책판목록이다.『고사촬요』는 명종 9(1554)년 야족당(也足堂) 어숙권(魚叔權)이 편찬한 유서(類書)로, 선비들이 일상생활에서 유의해야 할 공·사 제반 사항이 포함되어 있다. 원본은 현재 찾아볼 수 없고, 선조 2(1568)년의 을해자본이 현존 최고(最古)의 간본으로 알려져 있다. 다음 간본으로 선조 9(1576)년의 을해자본 번각본, 선조 18(1585)년의 목판본이 있다.

이후에도 『고사촬요』는 계속 개정·증보돼 광해군 4~5(1612~1613)년
의 경오자체훈련도감자본, 인조 14(1636)년의 을해자체훈련도감자본, 현
종 15(1674)년의 무신자본, 숙종 16(1690)년의 목판본, 영조 6~11
(1730~1735)년의 인서체목활자본, 영조 19(1743)년의 인서체목활자본이
있는데, 영조 47(1771)년에 서명응(徐命膺)이 내용을 대폭 개정·증보하여
『고사신서(攷事新書)』로 개찬하였다.

책판목록은 팔도정도(八道程途) 내에 수록되어 있는 판각목록으로 임란
이전 간본에는 모두 수록되어 있으나, 그 이후 간본에서는 진공방물(進貢
方物)로 대체되었다. 이는 임란으로 말미암아 팔도의 책판이 훼손되고, 그
후 개판(開板)한 책판에 대해서는 조사를 제대로 할 수 없었기 때문이다.

이 책판목록은 임란 이전, 특히 중종, 인종, 명종 및 선조 초에 간행된
전적 전반에 걸쳐 그 내용을 살펴볼 수 있는 중요한 서목이다. 책판목록
은 개정·증보될 때마다 책판이 심하게 손상된 것은 삭제하고, 전에 누락
되거나 새로 개판된 것은 추가하였다.

『고사촬요』에 수록된 책판의 수는 총 988개이다. 지역별로는 경상도
387개, 전라도 337개, 황해도 78개, 평안도 67개, 강원도 61개, 충청도
37개, 함경도 13개, 경기도 2개이며, 이 중 최고(最古)의 간본은 정종
2(1400)년 금산에서 개판한 『유항집(柳巷集)』인 것으로 알려져 있다.

기술은 팔도정도에서 경기도, 충청도, 황해도, 강원도, 전라도, 경상도,
평안도, 함경도 순으로 구분하고, 그 아래에 각 지방별로 세분해서 그 지
방까지의 거리수(距離數), 별호(別號)를 기재한 다음, 개개 책판의 서명만
간략하게 나열하고 있다. 배열에는 별다른 체계가 없다.

『영남책판기』는 『고책판소재고(古冊板所在攷)』의 경상도조에 수록되어
있는 책판목록이다. 『고책판소재고』에는 경기, 충청, 전라, 경상, 강원, 황
해, 함경 등 7도의 책판목록이 수록되어 있는데, 이 중 경상도의 책판목록
은 임란 이전에 편찬된 『영남책판기』에서 전재(轉載)하고, 나머지 6개 도

의 책판목록은 숙종 때 편찬된 『해동지지(海東地誌)』 권1-35에서 전재한
것이다.

　기술은 경상도의 경주군, 안동군, 상주군, 진주군, 성주군, 김해군, 창원
군, 밀양군, 선산군, 하동군, 대구군, 영주군(榮州郡), 영주군(永州郡), 초계
군, 함안군, 풍기군, 곤양군, 예천군, 합천군, 의령군, 청도군, 함양군, 지
례군, 고성군, 의성군 등 25개의 순으로 구분하여 서명과 소요 지수(紙數)
를 기입하고 있으며, 배열은 분류에 의하지 않고 서명을 체계 없이 나열
하고 있다.

　(2) 후기

　임란 이후의 문헌목록으로 중요한 것은 『해동문헌총록(海東文獻總錄)』을
비롯하여 12종이 있다.

　『해동문헌총록』은 삼국시대부터 조선 인조년간까지 저술된 문헌의 서
지이다. 1969년 신한서림에서 영인·배포되었다. 이 서목은 김휴(金烋)가
그의 스승인 여헌(旅軒) 장현광(張顯光)의 권유에 따라 낙동강을 중심으로
인근의 명문대가를 방문하고 문헌을 섭렵하여 엮은 것이다. 신라와 고려
의 문헌이 많이 수록되어 있다는 점에서 『해동문헌총록』은 현전 최고(最
古)의 나려시대 종합서지라 하겠다. 기술은 서명, 저자명과 해제를 포함하
고 있으며, 배열은 완전히 독자적인 주제별 순이다.

　『고책판소재고』는 경기, 충청, 전라, 경상, 강원, 황해, 함경 7도의 책판
목록이다. 이 중 경상도의 책판목록은 임란 이전에 편찬된 『영남책판기』
에서 전재하고, 나머지 6개 도의 책판목록은 숙종 때 편찬된 『해동지지
(海東地誌)』에서 전재한 것이다. 이성의(李聖儀)가 편집한 유인본으로 처음
에는 『고책판유처고(古冊板有處攷)』라고 하였으나, 그 후 『고책판소재고』
라고 서명을 고쳤다. 『고서목록집성(古書目錄集成)』에는 후자의 제명으로,
『한국의 책판목록』에는 전자의 제명으로 책판목록을 소개하고 있다. 『해
동지지』는 6·25 때 없어져 그 전모를 알 수 없으나, 송석하(宋錫夏)의 고

증에 의해 숙종 때 편찬되어 영조·정조년간에 여러 사람에 의해 필사된
것으로 알려져 있다. 따라서 경상도를 제외한 6도의 책판목록은 대개 임
란 이후부터 숙종 이전까지의 것으로 조선조 전기 간본과는 별로 관련이
없다. 기술은 서명과 판수를 7도별로 구분하고 그 아래에서 군별로 세분
하여 기재하고 있다. 배열은 분류에 의하지 않고 체계 없이 서명을 나열
하고 있다.

『동경잡기 서적조(東京雜記 書籍條)』는 임란 이후 개판된 경주지방의 책
판목록이다. 『동경잡기』는 당시 찬자 미상으로 전해 오던 『동경지(東京
誌)』를 현종 10(1669)년에 경주부사 민주면(閔周冕)이 증수(增修)하여 간행
한 것이다. 숙종 37(1711)년에 남지훈(南至勳)이 중간했으며, 헌종
11(1845)년에 성원묵(成原默)이 다시 정정하여 간행하였고, 1933년에는
『동경통지(東京通志)』라고 서명을 고쳐 간행되기도 하였다. 경주를 중심으
로 한 신라, 고려, 조선시대의 문화를 이해하는 데 중요한 문헌이다. 모두
92종의 책판목록이 권3 서적조에 수록되어 있다. 기술은 부장책판, 향교
소장판, 서악서원 소장판, 정혜사 소장판 등 소장처별로 구분하여 서명만
기재하고 있다. 배열은 분류에 의하지 않고 서명을 체계 없이 나열하고
있다.

『완영책판목록(完營冊板目錄)』은 전라, 충청, 경상 3도의 책판 외에 약간
의 함경도 책판이 포함되어 있는 목록으로 영조 35(1759)년 2월에 작성된
것이다. 앞부분에 완영에서 판각한 책판이 수록되어 있어 그렇게 명명되
었으며, 『삼남책판목록(三南冊板目錄)』이라 일컫기도 한다. 『오거서록(五車
書錄)』은 『완영책판목록』을 다시 조사한 목록으로 불완질(不刓帙), 완질(刓
帙), 소신질(燒盡帙), 석유금무질(昔有今無帙) 등으로 구분하여 기록하고, 인
출할 때 필요한 종이의 분량을 아울러 기록해 놓고 있다. 조사 연대는 정
조 15년 이후인 것으로 알려져 있다. 기술은 서명, 책지의 장수, 책판의
완결(刓欠)과 서실(闕失)을 약기하였다. 경상도와 전라도로 구분하고 그 아
래서 지방별로 세분한 다음 목록을 적고 있다. 배열은 분류에 의하지 않

고 서명을 체계 없이 나열하고 있다.

『규장총목(奎章總目)』은 규장각장서에 대한 가장 오래된 목록으로 정조 5(1781)년 서호수(徐浩修)가 열고관(閱古觀)과 개유와(皆有窩)에 소장된 중국본과 서고(西庫)에 소장된 한국본을 정리한 것이다. 조선에서 사분법으로 분류된 최고의 목록으로 해제가 붙어 있다. 현존 목록은 중국본을 수록한 『개유와서목(皆有窩書目)』뿐이다. 『규장총목』의 기술은 서명을 표출하고, 권질(卷帙), 편찬자, 내용해설 등을 기재하고 있다. 배열은 사분법이나, 각 부의 유(類)와 속(屬)은 다른 사분법과 많은 차이가 있다.

중국본 목록인 『열고관서목(閱古觀書目)』은 순조 29(1829)년 이후에 작성된 것으로 알려져 있다. 그 기술은 서명, 권수, 찬자(撰者)를 간단히 적고, 배열은 역시 사분법으로 되어 있다.

한국본을 대상으로 가장 먼저 편찬된 『서서서목(西序書目)』은 일찍이 없어지고, 그 후 약식으로 작성한 서가부록 3종만 전래되고 있다. 그중 『서고장서록(西庫藏書錄)』은 당저(當宁) 어제류에 정조 13(1789)년의 것이 있어 그 이후에 조사하여 엮은 것임을 알 수 있다. 다음으로 작성된 것이 정조 16(1792)년경의 『서서서목첨록(西序書目籤錄)』과 정조 19(1795)년경의 『서서서목초본(西序書目草本)』이다. 이들 3종의 목록 기술은 모두 서명을 표출한 것으로 형식은 비슷하다. 배열을 보면 『서고장서록』은 사부법의 차서를 따르지 않은 유문별(類門別)로 나열되어 있고, 『서서서목첨록』과 『서서서목초본』은 4부 30류로 구분하고 있으나, 그 유별 내용에는 차이가 있다.

규장각에 소장된 장서는 그 후 고종 때에도 재점검되어 『규장각서목(奎章閣書目)』 3책이 서사되었다. 그 제1책이 『이문원서목』, 제2책이 『서서서목』, 제3책이 『열고관서목』이다. 갑오경장 이후 규장각 장서를 정리한 목록으로는 융희 3(1909)년에 간행된 『제실도서목록(帝室圖書目錄)』이 있다. 이 목록은 갑오경장 이후 3차에 걸친 규장각 직제개정에 따라 기구가 확장된 궁내부 규장각의 도서과에서 규장각을 비롯하여 춘방, 집옥재, 북한산행궁 등에 소장되어 있는 고서 약 10만여 책을 수집하여 간행한 것이다. 목록 기술은 서명, 책수, 함차를 약기하고 있으며, 배열은 사분법으로 하였다. 규장각 장서목록은 이후 최근까지 몇 차례 편찬·간행되었다.

『교남책록(嶠南冊錄)』은 청성(靑城) 성대중(成大中)이 영남 일대에서 간행된 서책을 수집한 가중장서목록(家中藏書目錄)이다. 이 책록의 작성연대는 청성의 생몰년과『누판고(鏤板考)』의 내용을 종합하여 비교·고찰하면 정조 7(1783)년인 것으로 드러난다. 이 목록은 당시 영남에서 간행된 서책의 내용을 알 수 있는 희구자료(稀覯資料)이다. 기술은 서명을 표출하고 권수에 이어 필요한 종이의 수량을 기재하고 있다. 경상도의 43개 지방별로 구분되어 있으며, 배열은 분류에 의하지 않고 서명을 체계 없이 나열하고 있다.

『누판고』는 서유구(徐有榘)가 정조 20(1796)년에 편찬한 것으로 당시 중앙과 지방에 전래되고 있던 책판의 목록이다. 이『누판고』는 가장 권위 있고 완비된 해제서목으로 널리 이용되고 있다. 기술은 서명을 표출하고, 해제란에는 저자와 그 약전, 장판, 인지수 등을 포함한 간단한 설명을 붙이고 있다. 배열은 권수에 왕이 손수 지은 어찬과 왕의 명에 의하여 편찬한 어정(御定)을 별치한 다음 경사자집의 사분법으로 체계화시켜 나열하고 있다.

『연려실기술 문예전고(燃藜室記述 文藝典故)』는 문헌서목으로 이긍익(李肯翊)이 조선 야사류의 선본(善本)이 없음을 개탄하고 약 400종의 국사관계 서적을 섭렵하여 술이부작(述而不作)의 태도로 엮은 것으로, 문예전고는 별집 권14에 해당된다. 서목의 수록범위는 매우 좁으나, 각 문미(文尾)에서 밝힌 출처와 더불어 훌륭한 참고자료가 된다. 기술은 유별로 그 양식에서 다소 차이가 있다. 배열은 여지승람, 경국대전, 예서류, 문집, 야사류, 병서류, 역가류 순으로 되어 있다.

『해동역사 예문지(海東繹史 藝文志)』역시 문헌서목으로 한치윤(韓致奫)이 중국측 사료 523종과 일본측 사료 22종을 섭렵하여 엮은 것이다. 여기에는 우리나라 역사연구에 필요한 중국과 일본의 문헌을 권수 또는 글 끝에 적고 있어 참고서목으로서 가치가 크다. '예문지'는 정편 권42-59에 수록되어 있다. 기술은 저자명에 연이어 서명을 기재하고 있다. 이것은 저자명 주기입 목록으로 인정할 수 있는 중요한 서지학적 사실이다. 배열은 한국서목 다음에 중국서목을 경사자집별로 구분하고 있다.

『홍재전서 군서표기(弘齋全書 群書標記)』는 관찬서목이다. 『홍재전서』는 조선 정조의 시문, 윤음, 교지, 유서(諭書), 돈유(敦諭), 봉서(封書), 책문(策問), 행장 및 기타 각종 저술을 해제하여 동왕 23(1799)년에 규장각에서 편찬하여 순조 14(1814)년에 간행한 것이다. 『군서표기』는 그 중 권 179-184에 해당하며, 영조 48(1772)년부터 정조 24(1800)년까지 사이에 간사(刊寫)된 서적이 수록되어 있어 정조년간에 간사된 관본의 저작 및 간행년대를 아는 데 많은 도움이 된다. 기술은 서명을 표출하고, 저자, 권책수, 판본을 명기한 다음 비교적 자세하게 해제를 붙이고 있으며, 그 중 고활자본은 그 명칭까지 표시하고 있다. 배열은 어제서(御制書)와 명찬서(命撰書)를 연대순으로 나열하고 있다.

『각도책판목록(各道冊板目錄)』은 헌종 6(1840)년에 함경도를 제외한 칠도(七道)에서 개판된 책판을 수록한 판각목록이다. 기술은 서명을 표출한 다음 책수, 책판의 완전, 완결, 파손, 구간, 신간, 사판, 관판 등의 구별과 인출에 소요되는 지수를 일부 기재하고 있다. 경기, 강원, 충청, 황해, 전라, 경상, 평안 7도 순으로 구분하고, 그 아래서 지방별로 세분하고 있다. 배열은 분류에 의하지 않고 서명을 체계 없이 나열하고 있다.

『홍씨독서록(洪氏讀書錄)』은 홍석주(洪奭周)가 독서하고 그 내용을 간략하게 해제한 사장목록(私藏目錄)이다. 여기에 수록된 전적은 주로 그의 소장본이지만 다른 사람의 것도 다소 포함되어 있다. 기술은 서명, 권수, 찬자, 해제를 적고, 배열은 사분법의 순으로 하였다.

이상에서 열거한 목록 외에도 임란 이후부터 갑오경장까지의 여러 목록이 전해지고 있다. 그 중 판각목록으로 숙종 26(1700)년의 『경상도책판(慶

尙道冊板)』, 영조 16(1740)년의『책판치부책(冊板置簿冊)』, 영조 19(1743)년
의『삼남소장책판(三南所藏冊板)』, 영조 26(1750)년의『제도책판목록(諸道
冊板目錄)』, 영조 36(1760)년의 『호남열읍책판목록(嶺湖列邑冊板目錄)』과
『운각책도록(芸閣冊都錄)』, 정조 4(1780)년의 『책판록(冊板錄)』, 정조
19(1795)년의『통문관지(通文館志)』 등이 있다. 이들 목록은 조선의 문화
가 찬란히 빛나던 시대에 편찬된 것으로 당시의 문화사정을 아는 데 중요
한 역할을 한다.

그 후의 목록으로는 판각목록인 순조 14(1814)년의『주자소응행절목(鑄
字所應行節目)』, 순조 15(1815)년의『서책목록(書冊目錄)』, 고종 22(1885)년
의『완영객사책판목록(完營客舍冊板目錄)』 등이 있다. 이들은 조선 말기의
것으로 목록으로서의 가치는 별로 인정받지 못하고 있다.

그 외에 작성년도 미상인『책판록(冊板錄)』,『영남책판(嶺南冊板)』 등이
전해진다. 이들 목록의 기술은 대체로 서명과 권책수 혹은 지수를 적고
있다. 도별로 구분한 다음 지방별로 세분하여 서명을 기재하는 방식이다.
배열은 분류에 의하지 않고 서명을 체계 없이 나열하였다.

(3) 개화기

갑오경장(1894) 이후의 문헌목록으로 주요한 것은『증보문헌비고 예문
고(增補文獻備考 藝文考)』를 비롯하여 5종 정도이다. '예문고'는『증보문헌
비고』권242-250에 수록되어 있는 문헌서목으로 고대부터 조선 말기까
지의 서적에 관해 기술하고 있다. 기술은 대개 서명, 권차, 찬자를 기재하
고 있으며, 그 내용은 간략한 편이다. 배열은 독자적인 분류체계로 역대서
적, 역대저술, 사기(史記), 어제(御製), 열조어정제서(列朝御定製書), 유가류
(儒家類), 전장류(典章類), 문장류(附, 歌曲類), 고실류(故實類), 잡찬류(雜撰類),
상위류(象緯類), 여지류(輿地類), 병가류, 자서류, 초집류(抄集類), 역설류(譯
舌類), 의가류, 농가류, 석가류, 문집류 등으로 되어 있다.

『한국서지(韓國書誌)』는 모리스 꾸랑(Courant)이 프랑스 공사 직원으로

우리나라에 체류해 있을 때 수집하고 조사한 자료와 쁠랑시(Plancy)의 소
장본, 뮈텔(Mutel) 주교의 소장본, 로즈(Loze) 제독(提督)의 소장본, 바라
(Varat)의 소장본, 런던 대영박물관 소장본, 일본의 우에노도서관(上野圖書
館)과 증상사(增上寺) 소장본 등을 토대로 정리한 서목으로 보유(補遺)를 포
함해 4책으로 되어 있다. 이 서지에 수록된 도서는 3,821부로 일본인의
저술인『고선책보(古鮮冊譜)』에 비하면 적지만, 서구인으로서 이처럼 방대
하게 집성하고 해제하였다는 사실은 실로 놀라울 일이 아닐 수 없다. 기
술은 서명을 표출해 권책수와 크기를 기재하고 그 해제를 붙이고 있다.
배열은 독자적인 분류체계로 되어 있으며, 그 내용은 교회(敎誨), 언어, 유
교, 문묵(文墨), 의범(儀範), 서서(史書), 기예(技藝), 교문(敎門), 교통의 9부문
35류이다.

『한적목록고본(漢籍目錄稿本)』은 동경외국어학교 교우회 회원인 고쿠분
조타로(國分象太郞)가 한국인이 작성한『한서목록교본(韓書目錄稿本)』을 토
대로 경성의 동경외국어학교 한국교우회에서 보충하여 만든 서목으로 융
희 1(1908)년에 간행하였다. 그 초고목록 중에 주밀양모(主密陽某)라는 수
기(手記)가 있어 밀양 모씨의 가장목록인 것으로 여겨지고 있다. 수록된
건수는 약 1,500종이다. 기술은 서명을 표출하여 기재하고 있다. 배열은
사기부, 전조어제부, 열성어제부, 어정제서부(御定諸書部), 경의부(經義部),
전장부(典章部), 잡찬부(雜纂部), 역서부(歷書部), 지지부(地誌部), 병서부(兵書
部), 자학부(字學部), 의서부(醫書部), 농서부, 불가부(佛家部), 제가문집방류
집부(諸家文集傍流集部), 규수집부(閨秀集部), 석가부(釋家部), 소설부, 부록의
순이다.

『제실도서목록(帝室圖書目錄)』은 관장목록이다. 본래의 규장각 장서와
춘방, 집옥재, 북한산행궁 등에 소장되어 있던 도서 10만여 책을 정리하
여 융희 3(1909)년에 간행한 것이다. 기술은 서명, 책수, 함차의 순으로 약
기하였으며, 배열은 사분법의 순으로 하였다.

『영남각읍교원서책록(嶺南各邑校院書冊錄)』은 조선의 향교 및 서원에 소

장된 전적을 기록한 책판목록이다. 작성년대는 미상이나 그 내용으로 보아 근세에 편찬된 것임을 알 수 있다. 제목은 영남각읍교원이라 되어 있으나, 경주부, 안동부, 상주부, 성주목의 향교와 서원에 한정되어 있다. 기술은 서명을 표출하고 권수를 기재하고 있으며, 배열은 경상도의 경주부, 안동부, 상주부, 성주목의 부목별로 구분하고, 향교나 서원별로 세분하여 기재하고 있다.

3) 근대 이후

(1) 1910년 이후

『조선서적목록(朝鮮書籍目錄)』은 가나자와 쇼자부로(金澤庄三郞)가 자신이 소장한 한국본을 대상으로 1911년에 편찬한 서목이다. 기술은 서명을 표출해 책수와 판종을 기재하고 해제를 하였으며, 배열은 사류, 지지류, 언어류, 문집류, 종교류, 총서류, 잡서류의 순으로 되어 있다.

『조선고서목록(朝鮮古書目錄)』은 『조선군서대계(朝鮮群書大系)』를 편간한 바 있는 샤쿠오 슌죠(釋尾春芿)가 『한국서지』, 『증보문헌비고』, 『해동역사』 등의 예문고를 위주로 하고, 『제실도서목록』, 『장서각도서목록(藏書閣圖書目錄)』, 외국어학교 경성지부 간행의 『한적목록(韓籍目錄)』을 비롯하여 히데하라 단(幣原坦), 가네자와 쇼자부로(金澤庄三郞), 마에마 교우사쿠(前間恭作), 아사미 린타로(淺見倫太郞), 가와이 히로시(河合弘) 등의 장서목록을 참고하여 2,673부를 가려 뽑아 1911년 조선고서간행회에서 간행한 주제 서목이다.

이 목록은 분류와 조직에서 적절하지 못한 부분이 있고 누락과 착오가 있다. 기술은 서명, 서적의 존재 여부, 별서명, 판종, 권책수, 장판자, 저술시기, 저술동기, 목록의 전거, 편저자, 그리고 해제로 되어 있으며, 배열은 경적유가(經籍儒家), 역사지리, 제도전장(制度典章), 제자백가, 문장시가의 분류 순으로 하였다.

『조선도서해제(朝鮮圖書解題)』는 규장각도서 한국본에 대한 해제이다. 융희 3(1909)년 궁내부 규장각 도서과에서 소장하고 있던 규장각, 춘방(春坊), 집옥재(集玉齋), 북한산행궁(北韓山行宮)의 고서 약 10만여 책은 강점 이후 조선총독부로 이관되었으며, 이곳에서 1919년 한국본 1,121종에 대한 해제목록이 편간되기에 이르렀다. 1932년 조선통신사에 의하여 재편·간행된 바 있다. 기술은 서명, 권책수, 저자, 판종을 기재하고, 해제를 붙이고 있으며, 배열은 사분법 순으로 하였다.

그리고 『조선도서해제』에서 누락된 것은 1934년 경성제대 부속도서관이 『조선총독부고도서목록보유』의 제명으로 보간하였다. 기술은 서명, 편저자명, 간년, 판종 및 규장각 도서번호 등을 기재하고, 배열은 사분법 순으로 하였다.

(2) 1923년 이후

1923년부터 1953년까지는 편목규칙이 도입된 시기이다. 1923년 설립된 조선총독부 도서관은 다중표목의 카드목록을 작성하였다. 이때부터 광복이 되기까지 명치유신 후 도입된 서양식 규칙을 적용해서 만든 일본의 규칙이 주로 사용되었다.

당시 사용된 일본의 규칙은 그 기술내용이나 체제에서 영미계 규칙을 따르되, 서명을 기본 기입한 것이 특징이다. 이런 현상은 1948년에 편찬된 박봉석의 『조선동서편목규칙(朝鮮東書編目規則)』에 이르기까지 계속되는데, 이 시기를 편목규칙 도입기로 분류할 수 있다. 이 시기에 편찬된 규칙으로는 1947년 박봉석이 편찬한 『동서편목법 강의용초안(東書編目法 講義用草案)』이 있다.

이 시기에 발간된 고서 책자목록은 주로 해제류이다. 중요한 해제목록을 편찬 연대순으로 살펴보면 다음과 같은 것들이 있다.

『조선의서지(朝鮮醫書誌)』는 미키 사카에(三木榮)가 1928년부터 1944년까지 개인장서 및 한국, 중국, 일본의 주요 도서관에서 한국의 의학서를 널리 조사해서 작성한 의학분야 최초의 서지로서 의의가 있다. 기술은 서명, 권책수, 찬자를 표시하고 해제를 하였다. 배열은 조선 고유의서, 중국의서의 조선판, 의약관계 조선본, 조선의서의 중국판, 조선의서류의 일본판, 조선의서 목록류 등 독자적으로 분류하였다.

『청분실서목(淸芬室書目)』은 한국 서지학의 개척자 이인영(李仁榮)이 개인소장본 중 선본 570여 종을 골라 1944년 정고(定稿)한 것이다. 기술은 서명을 표출하고, 권책수, 저자표시에 이어 형태서지적인 해제를 붙이고 있다. 특히 간행년과 판종의 기술에 중점을 두고 있으며, 고활자에 대한 기술이 종래의 여러 서목에 비하여 구체적이고 대체로 정확한 점이 특징이다. 배열은 저자의 국적, 목판본, 사본, 활자본과 같이 독자적으로 분류하여 수록하였다.

『고선책보(古鮮冊譜)』는 마에마 교우사쿠(前間恭作)가 조선공사관 통역관으로 우리나라에 왔던 1904년경부터 1942년까지 근 40년간에 걸쳐 수집한 소위 재산루장본(在山樓藏本) 873부 2,475책을 비롯하여 조선, 일본, 만주지방의 여러 장서와 각종 자료를 조사하여 편찬한 서목이다. 3책으로 되어 있으며, 그 중 제1책은 2차대전 종전 직전인 1944년에 간행되었고, 제2책은 1955년, 제3책은 1957년에 발간되었다. 기술은 서명 아래 저자 및 그 인물의 대요를 적은 다음 서발문, 기타 소견을 인용하고, 각판이 있는 것은 그 판본에 대한 초록을 수록하였다. 서목 편찬에서 참고한 전거를 명시하고 있다. 당시까지 나온 우리나라의 서목 중 가장 방대하다. 배열은 서명의 일본어 자모순이다.

이상의 서목 외에 1953년까지의 고서목록으로 유명한 것으로는 『조선구서고(朝鮮舊書考)』와 『조선어학사(朝鮮語學史)』가 있다. 『조선구서고』는 구로다 료(黑田亮)가 편찬한 것으로 1930년 동경 이와나미서점(岩波書店)에서 간행되었다. 권두에 조선간본을 개관하고 이어 유서와 불서에 대한 서지적 연구를 수록했는데, 대부분이 불서이다. 『조선어학사』는 오쿠라 신페이(小倉進平)가 조선어학의 역사적 변천과정을 연구한 것으로 1940년 동경 도쿄서원(刀江書院)에서 간행되었으며, 1964년 증정보주판(增訂補註版)이 나왔다. 우리 어학에 관계된 문헌을 아는 데 아주 필요한 서목이다.

(3) 1954년 이후

1954년부터 1979년까지는 목록의 국제표준화 시기이다. 당시 국제적 추세였던 저자명 기본표목 원칙을 채택하여 편찬한 우리나라 최초의 편목 규칙으로는 1954년 고재창의 『한은도서편목법(韓銀圖書編目法)』이 있으며, 이후 1955년에 편찬된 박희영의 『동서편목규정 초(東書編目規程 草)』, 1964년에 발행된 『한국목록규칙(韓國目錄規則)』 외에 백린, 천혜봉, 김치우 등이 편찬한 고서목록 규칙이 있다.

고서 책자목록의 기술형식으로는 규칙에 의거한 것과 전혀 다른 독자적인 양식에 의거한 것이 있다. 특기할 만한 것은 판종이나 판식이 기재된 목록이 많다는 것이다. 이것은 우리의 고서목록을 한 차원 높게 발전시킨 것으로 볼 수 있다.

대표적인 고서 책자목록을 편찬년대 순으로 살펴보면 다음과 같다. 1967년 『간송문고한적목록(澗松文庫漢籍目錄)』, 1968년 『한국고서종합목록(韓國古書綜合目錄)』, 1970년부터 국립중앙도서관에서 간행되기 시작한 『고서목록(古書目錄)』, 1972년 『장서각도서한국판총목록(藏書閣圖書韓國版總目錄)』, 1973년 『동빈문고장서목록(東濱文庫藏書目錄)』, 1974년 『신암문고목록(薪庵文庫漢籍目錄)』, 1974년부터 1978년 사이에 간행된 『한국전적종합목록(韓國典籍綜合目錄)』, 1975년 『경화당문고목록(景和堂文庫目錄)』, 1976년 『화산문고한적목록(華山文庫漢籍目錄)』, 1978년과 1987년에 간행된 연세대학교 『고서목록(古書目錄)』, 『만송김완섭문고목록(晩松金完燮文庫目錄)』, 1979년 『한국책판목록총람(韓國冊版目錄總覽)』, 1979년과 1981년 발간된 성균관대학교 『고서목록(古書目錄)』 등이 있다.

한편 1954년부터 1979년까지의 고서 해제목록으로 대표적인 것을 살펴보면 다음과 같다.

『선본해제(選本解題)』는 국립중앙도서관에서 1945년 이전에 수집된 고
서와 그 후 수집된 전체 고서 중 임진왜란 이전의 한국본, 만력(1573) 이
전의 중국본, 원화(1615) 이전의 일본본, 그리고 명인들의 수사본, 수택본
등 희귀서 총 6백여 종을 선택하여 해제한 것이다. 1970년 제1집부터
1973년 제4집까지 간행되었다. 배열은 1945년 이전에 국립중앙도서관
고서 정리에 적용되었던 분류체계를 준용하여 철학 등 10 항목으로 구분
하고 동일한 분류항목 내에서는 표목의 한글 자모순으로 배열하였다. 기
입사항은 표목, 기입체(서명, 권차, 저자, 판본 및 판차, 간행사항), 대조사항(권
책수, 삽도류, 사주변란, 계선, 행자수, 판구, 어미, 크기), 주기사항의 순으로 수
록하였으며, 해제에는 개설, 내용, 저자, 판본, 삽도, 이판(異板) 등이 포함
되어 있다.

『한국도서해제(韓國圖書解題)』는 고려대학교 민족문화연구소에서 1910
년 이전 한국인이 저술·편찬·번역한 중요한 한국 고도서 5,267종,
29,015책을 선정하여 해제한 것으로 1971년 발간되었다. 도서의 배열은
서명의 자모순이며, 서명, 판본, 권책수, 편저자, 간행년대를 앞세우고 이
어서 내용을 해제하였다. 권말에는 부록으로 중요도서의 도판과 분류별
서명색인, 편저자명 색인을 첨부하였다.

『고문서해제(古文書解題)』는 국립중앙도서관에서 수집한 고문서 12,000
여 점 중 7,747점을 정리하여 1972년에 간행한 것이다. 내용별로 크게
토지문기(土地文記), 호적(戶籍), 소지(所志), 자문(咨文) 등으로 나누고, 연대
순으로 배열하였으며, 기술은 발급자, 수급자, 지명, 연도, 내용을 기재하
였다.

(4) 1980년 이후

1980년부터는 자동화목록 시기이다. 이 시기에 많은 도서관에서 사용
한 편목규칙은 『한국목록규칙』 3판, 『한국문헌자동화목록법기술규칙』 등
이 있다. 고서목록이나 해제목록은 우리나라 고서의 특성을 살려서 기술

하였으나 그 양식은 역시 각양각색이다.

우리나라에서 편목업무가 컴퓨터에 의해 자동화된 기점은 1980년 2월 국립중앙도서관에서 KORMARC 단행본 실험용 포맷을 개발한 때이다. 이후 계속해서 자료의 형태별 KORMARC 기술규칙과 포맷을 제정하였으며, 2000년에는 국립중앙도서관 전산실에서 『한국문헌자동화목록법기술규칙 고서용』을 편찬하였다.

고서 책자목록은 자동화편목 시기에도 많이 편찬되었다. 이 시기의 목록 기술형식은 규칙에 의거한 것과 독자적 양식에 의한 것이 있다. 판종 및 판식을 자세히 기재하고 있는데, 대표적인 고서 책자목록을 편찬 연대순으로 살펴보면 다음과 같다.

『고서목록(古書目錄)』은 1981년에 동국대학교 도서관에서 간행한 것을 비롯해 1983년 국사편찬위원회, 1987년 계명대학교 도서관, 1990년 전남대학교 도서관, 1992년 충남대학교 도서관, 1993년 안동대학교 도서관, 1994년 원광대학교 도서관, 1995년 부산시립도서관, 2000년 영남대학교 도서관에서 각각 같은 서명으로 발행하였다. 영남대학교는 같은 해 『고서·고문서목록(古書·古文書目錄: 味山文庫)』를 발간하였다.

1980년대 고려대학교에서는 『귀중도서목록(貴重圖書目錄)』을 비롯해 『공량문고(公亮文庫)』, 『치암문고한적목록(癡菴文庫漢籍目錄)』, 『한적목록(漢籍目錄 舊藏)』 등 다수의 고서 책자목록을 간행하였으며, 『한적목록종합색인(漢籍目錄綜合索引)』을 발행하기도 하였다.

『한국전적종합조사목록(韓國典籍綜合調査目錄)』은 문화재관리국이 전국의 개인장서를 조사하여 엮은 것으로 1986년부터 1996년까지 모두 9집을 간행하였다.

1990년대에 발행된 목록은 여강출판사가 일본 여러 곳에 소재한 한국 고문헌을 수록해 1990년 발행한 『일본소재한국고문헌목록(日本所在韓國古文獻目錄)』 4책, 1991년 한국정신문화연구원 발행의 『장서목록(藏書目錄)』, 1994년 단국대학교 도서관 발행의 『한적목록(漢籍目錄)』, 같은 해 서울대학교 도서관 발행의 『규장각도서한국본종합목록(奎章閣圖書韓國本綜合目錄)』 3책 등이 있으며, 2000년에는 대구광역시립중앙도서관에서 『낙육재소장장서목록(樂育齋所藏藏書目錄)』을 발행하였다.

1980년 이후 간행된 주요한 고서 해제목록을 살펴보면 다음과 같다. 『규장각한국본도서해제(奎章閣韓國本圖書解題)』는 규장각 소장 한국본 13,000여 종 80,000여 책을 경사자집으로 분류하고 내용을 간략히 소개한 것으로 1987년까지 8집이 간행되었다. 국학분야의 중요한 기본 자료집이다. 여기서 한국본이란 저자가 한국인이거나 한국에서 간행된 것을 말한다. 따라서 『규장각도서중국본총목록(奎章閣圖書中國本總目錄)』에 수록되어 있는 도서 중 한국에서 발행된 것도 여기에 포함되어 있다. 사분법 분류를 원칙으로 해제에서는 서명과 간단한 서지사항, 요약, 저자, 성립, 내용, 평가의 순으로 기술하고, 배열은 부별(部別) 자모순이다. 이후 그 후속집으로 1994년부터 2002년까지 『규장각한국본도서해제 속집(奎章閣韓國本圖書解題 續集)』 9책이 간행되었다.

『규장각소장문집해설(奎章閣所藏文集解說)』 4책은 서울대학교 규장각이 소장한 개인문집을 대상으로 각 문집의 내용을 축조적으로 해설해 1995년부터 1998년까지 발행한 것이다. 문집명 자모순으로 배열되어 있으며, 간행경위와 저자의 약력, 글의 제목, 수록 면차, 저술연대, 내용 개요 등이 포함되어 있다.

『한국식경대전(韓國食經大典)』은 이성우(李盛雨)가 과거 우리나라 식생활과 관련된 문헌의 종류와 내용을 정리하여 서적 1,273권, 논문 및 기사 1,243편을 수록하고 있다. 각 문헌의 소장처와 관련 서지사항을 밝히고, 서문과 발문 등을 현대어로 실어 서지학의 고증적 자료로서뿐만 아니라 식생활사 연구의 색인 구실을 하도록 편찬하였다. 부록으로 중국과 일본의 식생활사 문헌목록 및 문헌 조사방법을 첨부하였다.

『한의약서고(韓醫藥書考)』는 1987년 서울대학교 출판부가 우리나라 옛 의약서 140책을 해제한 것이다. 1920년대까지 저술·간행된 것을 대상으로 하고 있는데, 그 대부분은 서울대학교 규장각과 한독의약박물관에 소장되어 있다. 김신근이 해설한 해제에서는 서명, 권책수, 찬자, 그리고 원서의 서문과 발문 또는 본문의 인용을 통해 간행의 배경을 밝힌 간기와 내용목차, 인용서목 등을 주로 다루었다.

『장서각도서한국본해제집(藏書閣圖書韓國本解題集)』은 1993년 한국정신문화연구원에서 간행한 것으로 군사류와 지리류를 대상하였다. 한국정신문화연구원은 이후 1995년과 1997년에 『장서각도서해제(藏書閣圖書解題)』 제1집과 제2집, 1999년에 『장서각고소설해제(藏書閣古小說解題)』, 2000년에 『장서각한글자료해제』, 2002년에 『장서각소장의궤해제(藏書閣所藏儀軌解題)』와 『장서각소장등록해제(藏書閣所藏謄錄解題)』 등 일련의 해제집을 연이어 발행하였다.

『영남문집해제(嶺南文集解題)』는 영남지방 문집에 대한 해제로 각 대학도서관과 도산서원 소장본 500여 종, 문중 혹은 개인 소장본 500여 종을 대상으로 하여 1998년 영남대학교에서 발간한 것이다. 지방문집에 대한 해제서로는 전남대학교 인문과학연구소에서 1992년 광주향토문화총서 제11집으로 발간한 『광주권문집해제(光州圈文集解題)』와 1997년에 발간한 『전남권문집해제(全南圈文集解題)』가 있다.

『일본방서지(日本訪書志)』는 심우준이 1975년 8월부터 1976년 2월까지 일본에 체류하면서 동경의 9처, 지방의 6처에 소장된 한국판 전적을 조사·정리·연구한 것으로 1988년 한국정신문화연구원에서 발간하였다.

2. 중국

중국의 전통적인 목록학에서 목(目)은 원래 다수의 물명(物名)을 조목별로 열거함을 뜻하고, 록(錄)은 기록 또는 저록(著錄)의 뜻으로 그것은 일정한 순서로 기술함을 말하고, 해제란 책의 대의(大意)를 모았다는 말이다.

이와 같이 목록은 책의 편목과 해제를 아울러 기술하여 엮은 데서 비롯하며, 혹은 이에 총서(總序)와 소서(小序)가 붙기도 하고, 혹은 단순히 편목만을 총괄하여 유별로 편성하기도 하였다.

『칠략』 이후 각 역조에서 편찬한 전통적인 목록의 체제를 살펴보면, 첫째, 권수(卷首)에 총서와 각 부류(部類)에 소서가 있고 서목부에는 서명 다음에 해제가 붙어 있는 것, 둘째, 각 부류에 소서는 있으나 해제가 없고 서목만 수록한 것, 셋째, 소서와 해제가 다 없고, 오직 서목만 수록한 것 등 세 가지 유형이 있다.

중국에서 편찬된 역대의 장서목록과 서목을 구분하면 사지서목(史志書目)을 비롯한 관장목록(官藏目錄), 가장목록(家藏目錄), 전과서목(專科書目), 저술서목(著述書目), 판각서목(板刻書目), 금훼서목(禁燬書目) 등을 들 수 있다. 주요 목록을 각 역조별로 살펴보면 다음과 같다.

1) 고대

(1) 한

『한서』 '예문지'는 후한의 반고(班固)가 『한서』를 편찬할 때 수록한 최초의 사지서목(史志書目)이다. '예문지'의 총서(總敍)에 의하면 『칠략』 다음의 분류목록이라는 것을 알 수 있다. 여기에 수록된 서적은 『예문지이십종종합인득(藝文志二十種綜合引得)』에서 서명과 저자명으로 손쉽게 검색할 수 있다.

『칠략』은 전한 말 성제 하평년간에 유향과 그의 아들 유흠이 분서갱유 이후에 수집하여 궁정문고에 소장하고 있는 전적을 교정하여 완성시킨 목록이다. 원본은 현재 전해지지 않아 그 내용을 자세히 알 수 없으나, 후한 초에 편성된 『한서』 '예문지'의 총서에 의하면, 분류는 집략(輯略), 육예략(六藝略), 제자략(諸子略), 시부략(詩賦略), 병서략(兵書略), 술수략(術數略), 방기략(方技略)의 칠분법으로 되어 있다. 그 중 집략은 총서에 해당하는 것으로 서목은 아니다.

(2) 위진·남북조 시대

『중경신부(中經新簿)』는 위(魏)의 비서랑 정묵(鄭默)이 작성한 목록『중경부(中經簿)』를 토대로 하여 진(晋)의 순욱(荀勖)이 다시 편찬한 목록으로 사분법이 적용되었다. 사분법은『수서경적지(隋書經籍志)』총서에 의하면 정묵이 없어진 궁중장서를 수집하여『중경부』라는 내부서목(內部書目)을 만들었을 때 시작되었고, 그 후 순욱이『중경부』를 바탕으로 비부(秘府)의 서적을 사분법으로 정리하여『신부(新簿)』를 편찬하였다고 한다. 여기에 사용된 분류는 갑을병정(甲乙丙丁)의 사분법이었는데, 갑은 경(經), 을은 자(子), 병은 사(史), 정은 집(集)에 해당된다. 을과 병에서 자사(子史)의 순서에 차이가 있다.

『진원제서목(晋元帝書目)』은 동진의 저작랑(著作郎) 이충(李充)이『중경신부』이후 궁중장서를 갑을병정의 사분법으로 정리하여 편찬한 것이다. 이 서목에 사용된 갑을병정의 사분법은 경사자집의 사분법과 순서가 일치하는 것이다. 비로소 사분법의 순서가 정해졌으나, 이때까지 경사자집이란 명칭은 사용되지 않았다.

『칠지(七志)』는 남조(南朝) 송(宋)의 왕검(王儉)이 비각(秘閣)의 장서를 정리하여『사부관수목록(四部官修目錄)』을 편찬하고 나서 별찬으로 작성한 것이다. 여기에 사용된 분류는『칠략』을 모방하여 만든 칠분법이다.

『칠록(七錄)』은 남조(南朝) 양(梁)의 완효서(阮孝緒)가 송에서 제(齊)에 이르기까지 왕공(王公)의 진신관(搢紳館)에 소장된 분적(墳籍)을 조사하여 목록과 대조하고, 한편으로는 관수목록(官修目錄), 사가목록과도 대조하여 완전하게 만든 것이다. 여기에 사용된 분류는 유흠의『칠략』과 왕검의『칠지』를 참작하여 만든 칠분법이다.

(3) 당

『수서(隋書)』 '경적지(經籍志)'는 위징(魏徵) 등이 『수서』를 편찬할 때 수록한 사지서목이다. 여기서 경사자집이란 명칭이 처음 사용됐는데, 이후 각종 목록에 많이 사용되는 등 오늘날의 경사자집 사분법의 토대가 되었다. 수록된 서적은 『예문지이십종종합인득』에서 서명과 저자명으로 검색할 수 있다.

(4) 오대

『구당서(舊唐書)』 '경적지'는 후진(後晉)의 유후(劉昫) 등이 『당서』를 편찬할 때 수록한 서목이다. 사분법으로 분류되어 있다. 서명과 저자명으로 『예문지이십종종합인득』에서 검색할 수 있다.

2) 중세

(1) 송

『신당서(新唐書)』 '예문지(藝文志)'는 구양수 등이 『신당서』를 편찬할 때 수록한 사지서목이다. 분류체계는 『구당서』 '경적지'와 대동소이하며, 수록된 서적은 서명과 저자명으로 『예문지이십종종합인득』에서 검색할 수 있다.

『숭문총목(崇文總木)』은 왕요신(王堯臣) 등이 편찬한 서목으로 송나라의 국가장서인 숭문원에 소장된 서적의 관장목록이다. 『수초당서목(邃初堂書目)』은 우무(尤袤)가 자신의 장서를 정리한 가장목록이다. 사부(四部)를 다시 세분하고, 판종이 다른 경우 그 판본을 표시한 것이 특징이다. 이것이 목록에서 판본 표시를 한 시작이다.

『군재독서지(郡齋讀書志)』는 조공무(晁公武)가 사천(四川), 영주(榮州) 등에서 관리와 수령으로 있을 때, 정도(井度)의 가장전적을 비롯해 자신의 소장서책, 그리고 지방의 여러 가장서적을 두루 섭렵하고 해제하여 작성한 목록이다. 사부로 분류하여 해제하고 있다. 그 전래본으로 구주본(衢州本)과 충주본(衷州本)이 있는데, 후대인이 독서기를 편찬하는 데 큰 영향을 미쳤다.

『직재서록해제(直齋書錄解題)』는 진진손(陳振孫)이 복건(福建)지방의 정씨(鄭氏), 방씨(方氏), 임씨(林氏), 오씨(吳氏) 등의 고가(故家)장서 51,180여 책을 독파하고, 『군재독서지』에 준거하여 편찬한 해제목록이다. 그 체제는 사부분류를 사용하였으나, 각 부의 명칭을 쓰지 않고 53류로 분류하여 내용의 대요와 득실을 기술하고 있다. 이 목록 역시 후대인이 독서기를 편찬하는 데 큰 영향을 미쳤다.

『사략(史略)』은 고사손(高似孫)이 역대의 정사, 편년사, 사전(史典), 사표(史表), 사초(史鈔), 사평(史評), 패사(覇史), 잡사(雜史) 등의 사서(史書), 주석서, 속찬서를 해제하여 작성한 전과서목이다. 『자략(子略)』 역시 고사손이 고금의 자부(子部) 서적을 간략하게 해제한 전과서목이다. 이들 서목은 동양에서 주제별 서지를 개척한 저작이다.

(2) 원

『송사(宋史)』 '예문지(藝文志)'는 탈탈(脫脫) 등이 『송사』를 편찬할 때 작성한 서목이다. 분류체계는 사분법에 의거했다. 수록된 서적은 서명과 저자명으로 『예문지이십종종합인득』에서 검색할 수 있다.

(3) 명

『문연각서목(文淵閣書目)』은 양사기(楊士奇) 등이 영락년간(1403~1424)에 남경에서 북경의 문연각으로 옮긴 장서를 왕명을 받아 편찬한 관장목록이다. 그리고 『내각장서목록(內閣藏書目錄)』은 장훤(張萱) 등이 만력년간(1573~1619)에 개편한 관장목록이다. 기타 명대의 목록으로는 고유(高儒) 찬의 『백천서목(百川書目)』, 서돈(徐𤊶) 찬의 『홍우루서목(紅雨樓書目)』, 초횡(焦竑) 찬의 『국사경적지(國史經籍志)』 등이 있다.

3) 근세

(1) 청

『명사(明史)』‘예문지’는 장정옥(張廷玉) 등이 『명사』를 편찬할 때 편입시킨 서목으로 분류체계는 사분법이다. 수록된 서적은 서명과 저자명으로 『예문지이십종종합인득』에서 검색할 수 있다.

『흠정사고전서총목제요(欽定四庫全書總目提要)』는 기윤(紀昀) 등이 건륭년간(1736~1795)에 사고전서관을 개관하고, 수집한 172,626책을 한림원에 소장하고, 건륭 38(1773)년부터 전서(全書)에 본문을 수록할 것과 서명만 저록한 것을 골라서 해제를 붙인 관장목록이다. 이 사고전서에 대해서는 그 후에도 『사고전서간명목록(四庫全書簡明目錄)』, 『사고전서고증(四庫全書考證)』, 『사고전서미수목록제요(四庫未收目錄提要)』를 비롯한 각종 목록이 계속하여 편찬되었다. 수록된 서적 가운데 적극 권장할 서적은 전후 2차 필사하여 칠각에 소장하였다.

『사고전서총목급미수서목인득(四庫全書總目及未收書目引得)』은 미국 합불연경학사(哈佛燕京學舍, Harvard-Yenching Institute) 도서관에서 1932년에 편찬한 것으로 『사고전서총목』과 『미수서목』에 수록된 것을 서명과 저자명으로 검색할 수 있다.

『경의고(經義考)』는 청의 주이존(朱彝尊)이 편찬한 전과서목이다. 경서의 전래 여부를 밝혀 이 분야 연구자들에게 도움을 주고자 한 것이다. 이외에도 전과서목으로는 각종 방지서목(方志書目), 금석서목(金石書目), 서화서목(書畵書目), 병서서목(兵書書目), 농서서목(農書書目), 서학서목(西學書目), 소설서목(小說書目), 속곡총목(俗曲總目) 등이 있다.

금훼서목은 열람이나 연구를 하지 못하게 금지 또는 불태워 버린 문헌의 목록으로 금서총목, 전훼서목, 추훼서목, 위애서목 등이 있다.

판각서목은 목판 또는 활자판으로 간행한 서적의 목록으로 『급고각판각서목(汲古閣版刻書目)』, 『무영전취진판서목(武英殿聚珍版書目)』, 『관서국

서목휘편(官書局書目彙編)』,『강남서국서목(江南書局書目)』 등이 있다.

기타 청대의 목록으로는 전겸익(錢謙益) 찬의『강운루서목(降雲樓書目)』, 황우직(黃虞稷) 찬의『천경당서목(千頃堂書目)』, 김단(金檀) 찬의『문서루장서목록(文瑞樓藏書目錄)』, 장지동(張之洞) 찬의『서목답문(書目答問)』 등이 있다.

(2) 민국

민국(民國)시대의 대표적인 목록은『남통도서관장서목록(南通圖書館藏書目錄)』,『천진도서관장서목록(天津圖書館藏書目錄)』,『섬서도서관장서목록(陝西圖書館藏書目錄)』,『북평도서관선본서목(北平圖書館善本書目)』,『강소성립국학도서관도서목록(江蘇省立國學圖書館圖書目錄)』 등이 있다.

중국 내에서 편성되지 않았지만 중국서적을 검색할 수 있는 서목도 있는데, 대표적인 서목이『예문지이십종종합인득(藝文志二十種綜合引得)』이다. 이는 미국 합불연경학사 도서관에서 편찬한 것으로 6종의 사지서목과 14종의 사지보찬서목을 검색할 수 있는 목록이다.

3. 서양

서양 목록의 발전을 노리스(Norris)는 4단계로, 핸슨(Hanson)과 데일리(Daily)는 각각 3단계로 시대 구분하였다. 김남석은 5단계로 구분하였는데, 제1단계는 기원전부터 1500년까지로 재산목록 시대, 제2단계는 1500년부터 1840년까지로 검색목록 시대, 제3단계는 1841년부터 1960년까지로 목록의 규칙화시대, 제4단계는 1961년부터 1968년까지로 목록의 국제화시대, 그리고 제5단계는 1969년부터 현재에 이르기까지 목록의 기계화시대이다. 각 시대별로 대표적인 목록을 고찰하여 보면 다음과 같다.

1) 근대 이전

소장자료를 재산관리의 필요상으로 목록을 작성하던 시대이다. 가장 오래된 것은 바그다드 남방 약 100마일 떨어진 니푸르(Nippur) 유적에서 발굴됐는데, 기원전 2000년경에 만들어진 점토판 목록으로 수메리아인이 설형문자로 책이름을 기록한 사원도서관의 목록이다. 또 아슈르바니팔왕이 건립한 아슈르바니팔도서관은 니네베(Nineveh)궁전의 유지(遺址)에서 발굴된 것으로 소장자료는 주로 증서(證書), 공문서, 서간문, 종교의 성전, 역사적 기록, 기타 저작 등으로 구성되어 있으며, 이들 자료의 점토판 목록에는 왕의 소장 표시, 저작의 제목, 점토판의 번호, 행수, 색인어, 소재 기호 등이 기재되어 있다.

피나크스(Pinakes)목록은 이집트 알렉산드리아도서관의 파피루스목록이다. 이 도서관은 프톨레마이오스 1세(기원전 367?~282) 때 시작되어 그의 아들 프톨레마이오스 2세(Ptolemaios Philadephos, 기원전 309~246) 때 완성되었다. 프톨레마이오스 1세는 알렉산더대왕의 부장으로 대왕의 제국 분열 후 여러 차례의 전쟁을 통하여 이집트, 리비아, 소아시아, 에게해의 각처를 점령하였다. 수도 알렉산드리아는 헬레니즘 학문의 중심지로 발달하였다. 그리스의 큐레네(Cyrene) 출신 칼리마쿠스(Callimachus, 기원전 305?~240?)는 이 도서관에서 기원전 3세기 중엽 피나크스목록을 만들었다. 이 목록에는 알렉산드리아도서관에 소장된 50만 권으로 추정되는 장서가 120개의 두루말이에 수록되었다. 각 주제부문에서는 저자명을 자모순으로 배열하고 저자의 간단한 전기와 저작을 열거하였는데, 각 저작은 서명과 그 저작의 첫 구절과 행수를 기입하였다. 8대류로 나누어져 있는 이 피나크스목록은 오랫동안 표준서목으로 평가받아 왔고, 그 후 모든 고문헌서지의 기초가 되었다.

『마이로비브리온(*Myrobiblion*)』은 콘스탄티노플의 대주교 포티우스(Photius, 820?~891)가 그 당시 남아 있던 문헌을 수집하고 280종의 도서에 대한 내용분석과 각 저자에 대한 약전(略傳)을 기술한 서지적 저서이다. 중세의 대표적인 목록의 하나로 많은 신학서가 포함되어 있고, 또한 그리스의 역사와 문학, 약간의 예술서와 과학서도 포함되어 있다. 그의 뒤를 이어 유명한 비잔틴 백과전서파 시대로 진입하였다.

재산목록 시대에서 조금 발전하면 검색목록 시대로 진입한다. 이 시대에 목록은 자료를 검색하는 수단으로 인식하게 되었다. 트리트하임의 서지는 베네딕트(Benedict) 수도원장 트리트하임(Johannes Tritheim, 1462~1516)이 스폰하임(Sponheim)에 도서관을 설립하고 편찬한 서지이다. 이것은 *The Liber de scriptoribus ecclesiasticis*라는 제명으로 1494년 편찬되었는데, 검색하기 쉬운 체제로 성서에 관한 저작 약 7천 권을 수록하였다. 본문에서는 자료를 연대순으로 배열하고 권말에 자모순 저자색인을 부가함으로써 서지체계의 원리를 확립시키고자 한 목록이다. 트리트하임은 카시오도러스(Cassiodorus)와 같이 후세를 위해 과거의 귀중본을 수집하는 데 전력하였다. 카시오도러스의 비바리움(Vivarium)수도원 도서관은 서양의 수도원 도서관의 모범이 되었으나, 트리트하임의 스폰하임도서관은 중세 말 수도원의 몰락과 함께 쇠퇴하여 인문주의를 전파하는 데 실패하였다.

『세계서지(*Bibliotheca Universalis*)』는 게스너(Conrad Gesner, 1516~1565)가 편찬한 것으로 2편으로 구성되어 있다. 1545년 발간된 제1편은 약 3천 명의 저작 1만 5천 종에 대한 저자명 자모순 인명사전으로 각 저자의 약전과 해제가 수록되어 있다. 제2편은 총람으로 1548년에서 1549년 사이에 발간되었는데, 제1부문부터 제19부문은 *Pandectae*라는 서명으로, 제21부문의 신학은 *Partitiones*라는 서명으로 나왔으나, 20부문의 의학은 출간되지 못하였다. 이 서지는 자료의 소재를 표시하고 도서의 크기에 따른 기호도 제시하였다.

『보들리안(Bodleian) 도서관목록』은 1602년 영국의 옥스포드대학에서 발간한 목록이다. 이 도서관은 보들리(Thomas Bodley, 1544~1612)의 지원으로 세워졌으며, 세 차례에 걸쳐 도서관목록이 발간되었다. 제1판과 제2

판은 보들리와 제임스(Thomas James)가 공동으로 편찬하였고, 제3판은 하이드(Thomas Hyde)가 편찬하였다. 1605년 발간된 제1판은 유럽 최초의 인쇄목록으로 인쇄본과 사본이 약 2천 종 수록되어 있다. 논리학, 의학, 법학, 예술의 4부문으로 구분하여 동일 구분 내에서 저자의 성(姓)에 따라 자모순으로 편성하였다. 제2판은 1620년에 발간되었으며, 최초로 저자명과 서명을 자모순으로 정리한 목록으로 개인이나 공공기관에 판매되었다. 인쇄본과 사본이 약 1만 6천 종 수록되어 있다. 제3판은 1674년 발간되었으며, 저자명에 의한 기본기입의 개념을 명확히 하고, 서문에서 최초로 세부적인 목록작성 지침을 기술하였다.

2) 근대 이후

목록의 규칙화 시대는 책자형 인쇄목록의 시대로 그 편목작성을 위한 규칙이 제정되었다. 『대영박물관목록』은 대영박물관도서관의 사서인 파니치(Anthony Panizzi, 1797~1879)가 1837년 새로운 편목규칙 제정을 위한 위원회를 구성하고, 1841년 91개 편목규칙이 첨부된 대영박물관 장서목록 A부 제1권으로 간행한 것이다. 이 목록은 영미 목록규칙의 모태가 되었다.

『카터의 목록규칙』은 카터(Charles Ammi Cutter, 1837~1903)가 장서 5만 권의 보스톤 아세니움도서관(Boston Athenaeum Library) 장서목록을 1874년부터 1882년까지 5권으로 편성한 것이다. 이 목록의 편성을 위해 1876년에는 'Rules for a printed dictionary catalogue'라는 규칙을 만들었다. 카터의 이 편목규칙은 205조였으나 이를 보스톤 아세니움도서관 목록에 적용하면서 1904년 제4판에는 369조로 늘어났다. 이 규칙은 저자명, 서명, 주제명 기입을 통합하여 하나로 하고 자모순으로 배열한 실용적인 검색도구의 성격이 강한 사전체 목록으로, 목록의 기능이나 사전체 목록을 명확하게 기술하고 있다. 저자명, 서명, 주제명 목록을 위한 규칙이 수록되어 있으며, 각 규칙에 대한 사용법이 설명되어 있다. 또한 주제명

표목표, 주제명 참조를 간략하게 취급하고, 완전기입(full entry), 보통기입
(medium entry), 간략기입(short entry) 등을 제시하여 도서관 규모에 따라
조정할 수 있도록 하였다.

1961년 프랑스 파리에서 개최된 국제편목원칙회의(International Confer-
ence on Cataloging Principles)에서는 목록의 국제적 통일을 기하도록 원칙
을 결정하였다. 그래서 세계 각국이 이 원칙에 따라 편목규칙을 개정하여
목록의 국제화시대를 열게 되었다. 그 대표적인 편목규칙인 『영미목록규
칙(AACR 1)』은 1967년 미국도서관협회, 미국의회도서관, 영국도서관협
회, 캐나다도서관협회가 협력하여 만든 편목규칙이다. 영국과 미국의 편
목규칙 사상을 총망라하고, 1961년의 국제편목원칙회의에서의 편목원칙
을 반영한 세계에서 가장 대표적이고 표준적인 편목규칙이다. 『영미목록
규칙』은 영국, 미국, 캐나다 3국이 합의되지 않은 부분을 각각 분리 삽입
한 것인데, 미국과 캐나다는 226개 조문의 북미판(North American text)을
발간하고 영국은 216개 조문의 영국판(British text)을 발간하였다.

『영미목록규칙 개정판(AACR 2)』은 1974년 3개국 5단체(ALA, LC, CCC,
BL, LA)가 『영미목록규칙』 개정을 위한 합동조정위원회(JSCAACR)를 구성
하고 1978년에 발간한 편목규칙이다. 또한 국제도서관협회연맹에서 1974
년 국제 서지기술을 통일하기 위한 활동을 시작하여 ISBD(M)를 시작으로
1977년 ISBD(G), ISBD(S), ISBD(NBM), ISBD(CM), 그리고 1980년
ISBD(A), ISBD(PM)를 발간하였는데, 이러한 활동으로 『영미목록규칙』을
개정할 필요가 커졌던 것이다.

1960년대의 정보관리 기술에 대한 컴퓨터의 응용으로 편목에서도 기계
화시대를 맞이하게 되었다. 미국의회도서관은 1966년 MARC I Format을 완
성하였고, 1968년에는 MARC II Format으로 발전해 1969년 3월부터 MARC
tape이 생산·배포되었다. 이후 각국은 편목을 자동화하게 되어
UKMARK, KORMARC, JapanMARC, ChineseMARC 등이 출현하였다.

<참고문헌>

金南碩. 『資料目錄學』, 第3增補版, 대구: 啓明大學出版部, 1996.

金斗鍾. 『韓國古印刷技術史』, 서울: 探求堂, 1974.

金致雨. 『攷事撮要의 冊板目錄 硏究』, 釜山: 民族文化社, 1983.

南權熙. 「奎章閣西庫의 書目과 藏書變遷 分析」, 大邱: 慶北大學校大學院, 1983.

도태현. 「한국목록규칙 변천과정에 관한 연구」, 부산대학교 박사학위논문, 2002.

朴尙均. 『書誌學散藁』, 서울: 民族文化社, 1989.

서울大學校 奎章閣. 『奎章閣 韓國本圖書解題』, 서울: 保景文化社, 1993.

沈喁俊. 『書誌學의 諸問題』, 서울: 蕙辰書館, 1995.

沈喁俊. 『日本訪書志』, 서울: 韓國精神文化硏究所, 1988.

余嘉錫. 『目錄學發微』, 臺北: 藝文印書館, 1963.

汪辟疆. 『目錄學硏究』, 臺北: 文史哲出版社, 1964.

姚名達. 『目錄學』, 臺北: 商務印書館, 1973.

姚名達. 『中國目錄學史』, 臺北: 商務印書館, 1965.

李秉岐. 「韓國書誌의 硏究」, 《東方學志》 3・5, 延世大學校 東方學硏究所, 1957-1961.

李仁榮. 『淸芬室書目』, 서울: 寶蓮閣, 1968.

前間恭作. 『古鮮冊譜』, 東京: 東洋文庫, 1944-1958.

前間恭作. 『朝鮮の板本』, 福岡: 松浦書店, 1937.

朝鮮總督府 宮內府 奎章閣圖書課. 『帝室圖書目錄』, 京城: 宮內府 奎章閣圖書課, 隆熙 3(1909).

昌彼得・潘美月. 『中國目錄學』, 臺北: 文史哲出版社, 1986.

昌彼得. 『中國目錄學講義』, 臺北: 文史哲出版社, 1973.

千惠鳳. 『古書分類目錄法』, 上・下, 서울: 韓國圖書館協會, 1970.

千惠鳳. 『韓國書誌學』, 서울: 민음사, 1977.

韓國文化財保護協會. 『文化財大觀: 2 國寶. 6 書畫・典籍. 8 寶物』, 서울: 韓國文化財保護協會, 1986.

玄英娥. 「羣書標記에 관한 硏究」, 서울: 梨花女子大學校大學院, 1973.

黑田亮. 『朝鮮舊書考』, 서울: 亞細亞文化社, 1972.

Courant, Maurice 著. 李姬載 譯. 『韓國書誌』, 서울: 一潮閣, 1994.

제9장 문헌의 관리와 보존

1. 문헌의 관리

1) 배포

(1) 반포 및 금지

우리나라에서 조선 후기에 현대적 의미의 서점인 서사(書肆)가 대두되긴 하였으나, 이전에는 서사를 통해 판매하기보다는 주로 반사(頒賜)의 형식으로 이루어졌다. 그것은 서적의 생산이 극히 제한적이었을 뿐 아니라 주로 관청에서 주도하는 사업이었기 때문이다. 관판본이 아닌 사찰본, 서원본, 사가본 등은 개인적인 출판으로 주변사람들에게 나누어주는 기증형식 또한 일반적인 배포방법이었다.

문헌의 반포는 삼국시대에도 있었을 것으로 추정되나 확실한 기록은 고려조부터 나타난다. 정종 11(1045)년 비서성에서 『예기정의(禮記正義)』70본과 『모시정의(毛詩正義)』 40본을 신간하여 문신들에게 내려주었으며, 숙종 원(1096)년에는 왕이 문덕전에 나아가 역대로 간직해 온 문서를 열람한 다음 부질(部帙)이 완전한 것을 가려 문덕전, 장령전 등에 나누어 소장하고, 나머지는 양부의 재신, 한림원 등의 관원과 문신들에게 차등 있게 반사하였다는 기록이 있다.

고려 초기의 관판본 유통정책은 중앙관서인 비서성이 지방관서에 명을 내리거나 권장하여 필요한 책판을 새겨 비각(祕閣)에 입고시키고, 이를 간수하면서 각 관서와 문신, 그리고 교육기관이 요구하는 책은 수시로 인출하여 반사하였음이 특징이다.

조선조에서는 중앙관서인 교서관, 내각, 주자소에서 직접 활자본을 인쇄하여 전국에 배포하였다. 그러나 오랜 기간에 걸쳐 많은 부수의 유통이 필요한 경우는 목판으로 인쇄하여 보급하였고, 그 밖의 특수 관서들도 특정 주제분야의 책을 독자적으로 정교하게 판각하여 유통시켰다. 그리고 지방관아는 대체로 중앙의 간인본, 그 중에서도 주로 활자본을 번각하여 유통시켰다.

조선조에서는 태종 3(1403)년 6월에 각 도에서 올린 경서를 문신들에게 분사하고, 동년 8월에 『주문공가례(朱文公家禮)』를 각사에 반사하였으며, 명나라에서 기증된 불서인 『신승전(神僧傳)』과 『여래명칭가곡(如來名稱歌曲)』을 여러 사찰에 반포한 기록이 있다. 서적의 반사는 세종 때부터 승정원 승지들이 맡아서 시행하였으며, 규장각이 설치된 후에는 규장각의 각신(閣臣)들이 맡았다.

이렇게 서적을 신하에게 하사한 것은 중국 고대부터의 관례였다. 동한시대에는 채옹, 반고, 화타 등의 장서가들이 있었는데, 그들이 소장한 장서에는 하사된 서적이 많은 것으로 알려져 있다. 서적의 하사는 한중 양국간의 외교관계에서 조공의 답례로 빈번히 이루어지기도 하였다. 조선조에서 서적을 국외로 반포한 것은 태종 6(1406)년 2월 일본 국왕 원도의(源道義)의 요청에 따라 대장경을 4차례 하사하고, 보리수엽서(菩提樹葉書) 1엽을 하사한 것 등을 들 수 있다.

한편 국가나 종교상의 최고권력자에 의해 출판 또는 판매를 금지하는 금서(禁書)도 생겨났다. 이는 기존의 정치와 사회질서를 파괴하고 풍속을 어지럽힌다고 판단되는 책을 대상으로 하였다. 고금을 막론하고 기존의 사회체제에 저항하는 내용을 담은 책이 존재하였는데, 집권층은 그 유통을 통제하였다. 그리고 그러한 금서는 정치세력이 교체되면 그 목록에서 제외되었다.

우리나라는 고려 인종 때 선비들이 노자(老子)와 장자(莊子)의 서적을 열독하지 말도록 금령을 내린 적이 있다. 조선 태종 즉위(1400)년 12월에는 한양 천도를 논의하는 가운데 도참사상과 음양사상을 수록한 도가류의 서적, 참위술서를 요서(妖書)라 하여 불태워 버리도록 하였다. 선조 때에는 과거시험에 노자와 장자의 문자를 인용하는 사례가 많아지자 이를 금지하는 조치를 취하였으며, 그 후에도 양명학, 불교, 노장사상과 관계된 책은 조정에서 금지되는 경우가 많았다. 조선 후기에는 주자학의 틀을 벗어난 학자들이 박세당(朴世堂)의 경우처럼 사문난적(斯文亂賊)이라 하여 혹심한 탄압을 받았으며, 그들의 문집은 불태워지기도 하였다. 정조 때에는 『정감록(鄭鑑錄)』이 금서로 분류되었다.

16세기 이후 중국의 선교사들에 의해 전래되기 시작한 천주교 서적은 18세기에 이르러 대표적인 금서가 되었다. 19세기에 김정호의 『대동여지도』는 국가기밀을 누설시킨다는 명목으로 간행이 중지되었고, 동학란이 일어나면서 동학의 교리서인 『동경대전(東經大典)』이 금서가 되었다. 일제강점기에는 독립과 민족주의 의식을 고취시키는 많은 서적들이 금서가 되었다.

8·15광복 이후에도 미군정청에 의해 출판물 규제법이 만들어졌고, 대한민국 정부수립 이후에는 반공을 국시로 표방하면서 공산주의를 미화하거나 찬양하는 서적의 출판은 금지되었다.

중국에서 시행된 금서의 사례는 기원전 213년에 진시황제가 행한 분서갱유가 대표적인 것이다. 법가사상에 의해 통치되던 시황제의 체제에 반대하는 유학자들을 생매장하고 유가사상의 서적을 불태웠다. 원대에는 한족(漢族)에 대한 차별정책을 실시하면서 한족의 우월성을 강조하는 서적에 대해 금서조치를 취하였다. 명대에도 사상적 통제를 엄격히 하여 문자옥

(文字獄)을 일으켜 문인들을 감시하고 통제하였다. 명대의 대표적인 금서로는 『수호전(水滸傳)』과 『금병매(金甁梅)』가 있다. 청대에는 『사고전서(四庫全書)』를 편찬하면서 황실을 비하하거나 명을 찬양하는 1만 3천여 권의 서적을 불태워 없앴다. 봉건적 황실이 붕괴한 이후에는 노신(魯迅)의 『아Q정전(阿Q正傳)』 등이 검열의 대상이었고, 현대 중국에서도 문화혁명기에 대대적인 사상통제와 금서조치가 있었다.

서양의 금서는 고대 그리스시대부터 비롯된다. 변증설을 주장한 프로타고라스의 『제신(諸神)에 관하여』는 당시 신을 모독한 저술이라는 이유로 금지되었다. 로마시대에는 칼리굴라 황제 때 호머의 서사시인 『일리아드』와 『오디세이』가 체제를 반대하는 사상을 전파시킨다는 이유로 금지되었다. 325년 니케아 종교회의에서 이단으로 지목된 아리우스파의 교리를 담은 책들도 금지되었다.

중세 이후에는 기독교사상이 서양의 정신세계를 지배하면서 신의 권위를 비판하는 책이 이단서라는 명목으로 금서로 분류되었는데, 1559년 교황 바오로 4세에 의해 발행된 금서목록은 19세기 후반까지 지속되었고, 그 목록에는 지동설을 주장한 코페르니쿠스와 갈릴레이의 저술, 칸트의 비판철학 저술, 랑케의 실증주의 역사서 등도 포함되었다. 18세기 이후 시민혁명이 각국에서 전개되자 보수적인 왕정을 유지하던 정부는 근대 시민사상이 수록된 서적을 금서로 규정하였다. 현대에 들어서는 파시즘의 이탈리아, 나치즘의 독일에서 전체주의 체제를 비판하는 책이 금서로 규정되었고, 2차대전 이후 냉전시대에는 자본주의와 공산주의 이념대립이 격화되면서 금서가 늘었다.

(2) 판매 및 대여

서적을 필요한 사람들에게 보급하기 위해서 판매하는 방안이 대두된 것은 조선시대의 일이다. 태종 10(1410)년에는 주자소에서 인출된 서적을 판매하도록 한 기록이 있으며, 중종 14(1519)년에는 서적을 쉽게 구할 수

있도록 서사를 설치하자는 논의가 있었으나, 교서관에서 판매할 수 있을
만큼 많은 서적을 인출할 능력이 없어 실천되지 못하였다.

조선 후기에 방각본이 대두되면서 시장원리에 입각한 서적판매가 이루
어졌다. 당시 그렇게 유통되는 서적은 대개 의학서를 비롯해 오락 위주의
소설류, 교육에 필요한 역사서와 사서삼경 등으로 그 종류와 수량이 많지
않았고, 인쇄상태나 종이의 질도 그다지 좋은 편이 아니었다.

중국에서는 동한 때 수도인 낙양에 서사가 출현하여 도서의 유통과 이
용이 촉진되었다는 기록이 있다.

서양에서는 서적상이라는 말이 기원전 5세기 말경의 그리스 기록물에
나타나며, 소크라테스가 생존한 시기에는 서적상들이 단합하여 자신들만
의 지역을 확보하였다는 기록도 있다.

중세 수도원 도서관에서 서적을 제작하여 판매하는 것은 전통적으로 이
어 오는 사업이었으며, 대중의 요구가 많아짐에 따라 유급의 필사자가 등
장하게 되었다. 그러나 서적의 가격이 비싸 학생들은 필요한 교과서를 사
서 소유하기보다는 임대해서 보는 경우도 생겼다.

회교문화는 750년경부터 1050년까지가 전성기였는데, 당시 바그다드
는 교육의 중심지로 학교와 문고가 많았고, 당연히 서적의 유통이 발달하
였다. 기록에 의하면 891년 바그다드에는 100개가 넘는 서적상이 있었다
고 한다.

중세 이후의 도서판매업은 대학의 성장과 더불어 발생하였다. 도서 판
매업자는 학생이 점점 많아짐에 따라 더욱 성행하여 1823년 파리대학 부
근에는 28개의 도서 판매업소가 있었던 것으로 전해진다.

2) 수집

문헌의 수집은 문헌이 생산·배포된 이후의 단계이다. 문헌은 중요한
정보자료로서 동서양을 막론하고 국가가 그 수집에 많은 관심을 나타냈으

나, 사회적·문화적 배경의 차이로 인해 문헌을 수집하는 양상도 다소 달리 나타났다. 일반적으로 문헌의 수집은 국내수집과 국외수집으로 구분되며, 전자는 구입, 수증, 납본, 후자는 무역, 수증, 약탈로 나눌 수 있는데, 한국, 중국과 서양에서의 역사를 살펴보면 다음과 같다.

(1) 한국

우리나라에서는 삼국시대 이래 국가적 차원에서 문헌을 중시하였다. 서적을 적극적으로 수집하게 된 이유는 다음의 몇 가지가 있다. 첫째는 고문(顧問)에 대비하려는 것이다. 국가 제도정비나 전례문제 등 필요한 사안의 참고자료로 활용하기 위해서 서적을 충분히 준비해야 했다. 중종 때의 구유서절목(求遺書節目)에는 중국에서 수집하는 책은 만일의 경우 분실하더라도 다시 구할 수 있으나, 우리나라의 저술은 만일 한번 잃어버리면 다시 구할 길이 없음을 지적하고 있다. 둘째는 긴히 참고할 필요가 있을 때가 있었다. 이때에는 관련서적을 일정기간 집중적으로 수집하게 된다. 세조가 법첩(法帖)을 출판하여 널리 배포하려는 목적으로 조맹부의 『진필진초천자(眞筆眞草千字)』 등을 수집한 것이 그 예였다. 셋째는 완질본이 아닌 산일된 서적을 보완하기 위해서였다. 세대의 변천이나 폭정, 전쟁, 화재, 홍수와 같은 천재지변으로 인하여 서적의 망실과 훼손이 생기게 된다. 이러한 경우에는 수시로 서적을 수집하여 보완하였다. 넷째는 금서정책의 일환으로 수집하는 것이었다. 시중에 통용되고 있는 서적 중에서 천문, 지리, 음양 등과 관계되는 비서(秘書)를 일반인이 열람하지 못하게 하기 위하여 수집하여 별치한 경우를 들 수 있다.

① 국내수집

필요한 서적을 수집해야 할 때 가장 먼저 시행하는 것은 국내수집이다. 국내수집은 역대 왕조에서 누차 시행하였던 관례적인 사업이었으며, 상대적으로 어려움이 많은 국외수집의 서적 수량을 줄이려는 노력이기도 하였다.

구입은 필요한 서적을 대가를 지불하고 수집하는 것으로 일정한 기간에 필요한 서적을 집중적으로 수집할 수 있는 장점이 있으며, 우리나라 역대 왕조에서 여러 차례 시행되었다. 서적의 구입방법에는 두 가지가 있는데, 우선 구입할 서적이 사전에 선정되어 있는 경우이다. 세종 때 교정사업에 참고하기 위해서 『두시제가주(杜詩諸家註)』를 구입하도록 한 것과 태종이 자신의 학문적 관심에서 『춘추곡량전(春秋穀梁傳)』과 『주역회통(周易會通)』을 구하도록 한 것이 이에 속하는 예이다. 이처럼 특정한 서적을 구하고자 할 때는 대부분 구입할 서적의 종류나 수량이 많지 않았다.

다음은 그때그때 입수되는 서적 중에서 수집·보존할 만한 가치가 있다고 판단되는 것을 구하는 경우이다. 이는 본격적인 서적 수집방법으로 전란이나 천재지변 이후 서적의 복구 또는 백성의 교화 및 계몽에 필요한 서적을 널리 보급하기 위하여 하는 작업이다. 세종이 문신을 각 도에 나누어 파견하여 잔존하고 있는 서적을 수집하게 한 사실이 바로 그러한 예에 속한다.

서적을 구입할 때 대가로 지불되는 물품의 종류나 수량은 서적의 권책수와 그 긴요성에 따라 결정되기 마련이다. 세조가 전국적으로 서적을 수집하도록 하였을 때에는 서적 소장자에게 그 희망에 따라서 포백(布帛)이나 관작으로 시상할 것을 밝힌 바 있다.

문헌수집의 또 다른 유형은 사가의 간본이나 서원 간본 또는 지방관리들에 의한 개인적 기증을 받는 것이다. 기증은 국가에서 필요로 하는 서적을 구하기 위해 일반백성들에게 권장하는 방업이었다. 지방관리가 개인적으로 제작하거나 수집한 서적을 왕에게 바치는 것은 지방관리로서 마땅히 해야 할 도리였다. 임무를 수행하는 동안 사적으로 편찬·간행한 서적뿐 아니라 개인적으로 수집한 서적도 기증하였다.

중종 10(1515)년 대대적인 서적 수집운동을 추진할 때에는 민간에 묻혀 있는 경서 중에서 박문의 자료로 치도에 도움이 될 수 있는 것을 바치면 상을 내릴 것을 밝히면서 기증을 독려하였다. 중종 때 예조에서 마련한 서적 헌납에 대한 포상사례를 보면, 헌납되는 서적이 치교에 관계되는 것이거나 전례에 긴요한 것이거나 권질이 많은 것으로 중국에서도 구하기가 어려운 것일 때에는 당상관이면 특별히 하사품을 내리고, 당하관 이하이면 한 계급씩 올려 주었다. 그리고 일반백성에게는 면포를 희망하는 경우에 특별히 후하게 상을 내렸다.

납본은 공적으로 제작된 서적을 중앙으로 보내는 것을 말한다. 과거에는 지방관청에서 서적을 제작하거나 간행할 때마다 일정한 부수의 서적을 중앙에 보내는 것이 하나의 관행이었다. 이러한 납본의 사례는 각 왕조에서 쉽게 찾을 수 있는데, 고려조에서는 정종 8(1042)년 동경유수 최옹(崔顒)이 『전한서』, 『후한서』 등을 납본한 기록이 있고, 조선조에서는 세종 때 경상도 감영에서 『성리대전』, 해인사 인경경차관인 정은(鄭垠)이 인출한 대장경 3부를 납본하는 등 상당한 사례가 있다.

② 국외수집

국외수집은 필요한 서적을 국내에서 수집할 수 없을 때 다른 나라에서 구해 오는 것이다. 대개 학문적 수준이 상대적으로 높은 인접국가에서 구하는 것이 보통이나, 때로는 특정 도서가 특정 국가에 있다는 정보를 미리 알고 구하는 경우도 있다.

당시 우리나라가 서적을 수집한 국가는 대개 중국이었으나, 때에 따라서는 요, 금, 일본 등도 포함되었다. 송대에는 소식(蘇軾)이 고려에 서적을 파는 것을 반대하는 상소를 세 차례 올린 사실이 있는데, 이는 양국간의 서적 교류가 그만큼 빈번했음을 단적으로 보여주는 것이다. 조선조에서도 신간서적이나 정치에 필요한 서적은 주로 중국에서 수입하였다. 그 이유는 두 나라 제도의 유사성, 문자의 동일성 때문에 중국 문헌의 효용이 컸기 때문이다.

우리나라에서 공적 무역을 통해서 중국으로부터 서적을 수입한 예는 상당히 오래되고 많다. 신라 경문왕 8(868)년에는 이동(李同) 등을 당에 보내면서 은 3백 냥을 주어 책을 구입하도록 하였다. 고려 선종 8(1091)년에는 황종의가 『책부원귀(冊府元龜)』를 사 가지고 온 기록도 있다. 조선 세종 때에는 『집성소학(集成小學)』, 『호삼성영충록(胡三省嬴忠錄)』 등 상당한 종류와 양의 서적을 구입하였다.

서적을 수입할 때 구입과 수증 중 어느 방법으로 택할 것인가는 그때그때 두 나라의 형편에 따라 결정되었다. 구입하기가 어렵거나 여의치 않을 때는 수증의 방법으로 하였고, 반대로 수증이 불가능하거나 난처한 경우에는 구입하는 방법을 선택하였다. 국왕의 명에 의하여 국외에서 서적을 구입하는 것이 공적 무역이라면, 사행원들이 개인적으로 수집하는 것은 사적 무역으로 구분된다.

공적 무역은 주로 국가의 전통적인 외교정책에 따라 외국으로 파견되는 사신을 통해서 이루어졌다. 서적을 수집하는 업무는 사절단의 서장관 등이 책임자이나 실제 업무는 주로 역관이 담당하였다. 정례적인 외교사절단 파견 외에 구하기 힘든 서적을 외교적으로 요청하기 위해 서책주청사(書冊奏請使)라는 특사가 파견되기도 하였다. 그리하여 서적의 수입에 공로가 많은 사람에게 시상을 하거나 승진을 시켜 주는 특전을 베풀어 격려하기도 하였다.

당시 사대에는 반드시 조공이 포함되고 교린에는 반드시 진상이 있었다. 외교적 조공과 진상에는 반드시 상사(賞賜)라는 답례가 뒤따랐다. 상사의 형식으로 이루어진 교역은 일종의 공적 무역이고, 여기에는 기증을 받는 것도 포함된다. 기증이라고 하지만 어떤 형식으로든 그 대가를 지불하였기 때문이다. 다른 나라에서 서적을 기증받기 위해서는 먼저 그에 상응하는 대가를 지불한 다음 서적 기증을 요청하는 것이 당시의 관행이었다. 그리고 서적을 구입할 경우에는 대개 그 교환수단으로 저마포 또는 마포를 사용하였으나, 때로는 금, 은도 사용하였다.

공적 무역을 통한 서적 수집은 병화를 겪은 직후나 홍수나 화재 등 재해로 인한 서적 손실이 많아 그 부족을 메워야 했을 때 국내수집과 함께 국가적 차원에서 집중적으로 수행되었다. 과거 우리나라에서 외국서적의 수집에 관한 기본적 방침은 다음과 같았다.

첫째, 중국에서 새로 편찬되는 신간서는 우선적으로 수집하고자 하였다. 여기서 말하는 신간서는 그 전에 편찬된 적이 없는 서적은 물론이고, 그 전에 편찬된 것일지라도 후대에 보완된 현대적 의미의 개정판까지를 말하는 것이다.

둘째, 중국에서 편찬된 서적 중에서 우리나라에서 구할 수 없는 서적을 구입하고자 하였다. 세종이 중국에서 편찬된 서적 중에서 입수되지 않은 것에 대해서는 그 정보를 자세히 알아보고 매입할 수 있으면 구해 올 것을 명령한 것이나, 중종이 우리나라에 없는 서적을 사 오도록 명령한 사실이 그 예이다.

셋째, 우리나라의 서적 소장기관인 홍문관이나 예문관 등에 소장된 서적 중에서 낙질이 있으면 결본을 구하여 완질로 갖추고자 하였다.

넷째, 완질이 아니더라도 긴급하고 긴요한 서적은 구입하고자 하였다. 긴요한 서적은 인조 때 『두씨통전(杜氏通典)』과 『문헌통고(文獻通考)』 등과 같이 의문(儀文)의 고열에 참조하기 위한 서적을 말한다.

다섯째, 국내에서 많은 복본을 구비하기 어렵거나 소량의 서적 간행이 어려울 때에는 수입하고자 하였다. 문종 때 경연에 소장된 서적 중에서 단지 1, 2부만 있는 서적을 더 인쇄하자는 요청이 있었으나, 소량만 인쇄하기에는 주자로든 목판으로든 불합리하여 중국에서 구입하도록 한 예가 있다.

우리나라가 중국에서 서적을 수집하고자 할 때에는 구무서책단자(購貿書冊單子), 구무서책기(購貿書冊記), 또는 『내각방서록(內閣訪書錄)』 같은 구입희망 도서목록을 작성하였다. 이러한 서목이 특별히 마련되지 못한 경우에는 사행단의 종사관이 지참하는 재거사목(齎去事目) 속에 대개 조사 또는 구입할 서적에 관한 사항이 기재되어 있었다. 세종 때 내린 재거사목 속에 포함된 서적수집의 기본방법과 지침을 살펴보면, 수집하고자 하는 서적을 선정해 중국 황실에 기증을 요청해 보고, 수증이 가능하면 매입하지 말 것을 적고 있다. 그리고 중국에서 서적을 구입할 때는 반드시 2부씩 매입하여 탈락에 대비하도록 하고, 구입하는 서적의 판본은 되도록 관본(官本)을 엄격히 선택할 것을 정하고 있다.

외국에서 서적을 수집하는 또 다른 방법은 사적 수집, 즉 사적 무역이 있었다. 사적 무역은 국가의 허가를 받고 일반 상인을 상대로 거래하는 순수한 형태의 무역이다. 사적 무역은 국가시책의 일환으로 정부로부터 공인을 받은 사적 무역과 순수한 개인적 사무역 두 가지가 있다. 우리나라에서 사적 무역을 통해 구입한 서적을 국가에 바친 예는 삼국시대부터 찾아볼 수 있다. 신라시대에는 효소왕 때 고승 도증(道證)이 당에서 돌아와『천문도(天文圖)』를 바쳤던 예와 같이 주로 당에서 구한 불교나 도교와 관련되는 서적을 헌납하였다. 고려 선종 때에는 의천이 송에서 돌아와 불교경전과 경서 1천 권을 바쳤으며, 조선시대에는 성종 때 김흔(金忻)이『전국책(戰國策)』을 헌납하였고 인조 때 정두원이『치력연기(治曆緣起)』와『천문서』,『원경서(遠鏡書)』등의 서학(西學) 서적을 바치는 등 다수의 서적이 사적 무역을 통해서 수입되어 헌납되었다.

국가간의 서적 기증은 국가 외교정책의 일환으로 이루어지는 것이 대부분으로 공적 기증에 해당한다. 그러한 공적 기증에서 선택되는 서적은 필요한 국가에서 요청하는 경우가 있고, 외교사절의 의례적인 예물인 경우가 있다. 우리나라와 중국, 일본 등의 전통적 외교관계의 특수성으로 말미암아 기증과 수증에 의한 서적의 수집이 상당히 많았다.

우리나라에서 서적을 공적으로 기증받은 사례 가운데는 고구려 소수림왕 2(372)년에 불경이 전해진 것과 보장왕 2(643)년에 당 태종이『도덕경(道德經)』을 보낸 것이 오래된 것이다. 신라 진흥왕 때에는 진(陳)나라에서『석씨경론(釋氏經論)』1천 7백 권을 보내왔고, 진덕여왕 때 김춘추가『진사(晉史)』1부를 기증받기도 했다. 고려도 중국으로부터 불교의 진흥과 연구에 필요한 대장경이나 불경은 물론, 과거제도 등을 시행하면서 유교에

관한 서적을 기증받은 예도 있다. 숙종 때에는 요나라에서 대장경을 보내
왔고, 송에서도 『개보신경(開寶新經)』 30본을 기증하였다. 충숙왕 때에는
원나라에서 송대의 비각에 소장되었던 서적 4,371책을 보내왔으며, 공민
왕 때는 『대통력(大統曆)』, 『자치통감(資治通鑑)』, 『한서』, 『육경』, 『사서』
를 기증받았다.

조선조에서도 태종년간에 명의 건문제가 사신 조온(趙溫)에게 『문헌통
고(文獻通考)』 1부를 보내온 것을 비롯해, 이후에도 『원사(元史)』, 『십팔사
략(十八史略)』, 『고금열녀전(古今烈女傳)』, 『대학연의(大學衍義)』 등의 서적
을 기증받았다. 『증보문헌비고(增補文獻備考)』 예문고 역대서적조에는 『성
리대전』, 『권선서(勸善書)』, 『위선음즐서(爲善陰騭書)』 등 중국으로부터 기
증받은 서적들이 비교적 상세히 기재되어 있다.

일본에서도 비사인 『태도국흥서독(太陶國興書牘)』을 기증받았는데, 우리
나라에서 서적을 외교사절을 통해 다른 나라에 기증하는 경우도 적지 않
았다. 백제 고이왕 51(284)년에 사신 아직기를 통해 일본에 서적을 보냈
고, 이듬해 왕인 박사가 『논어(論語)』 10권과 『천자문(千字文)』을 전한 기
록이 있다.

신라는 주(周)나라 현덕(顯德) 말기에 『별서효경(別序孝經)』을 보냈다. 고
려 때에는 태조가 『효경자웅도(孝經雌雄圖)』를 보낸 것이 『오대사(五代史)』
에 기록되어 있다. 이외에도 『증보문헌비고』 예문고 역대서적조에 의하
면 고려 때 『동관한기(東觀漢紀)』, 『설원(說苑)』, 『경씨주역점(京氏周易占)』,
『의수지주역점(疑隨志周易占)』, 『안자조의(顏子朝議)』, 『조선지(朝鮮志)』 등
을 중국에 기증하였는데, 그 가운데는 중국에서도 구하기 힘든 희귀한 서
적이 많았던 것으로 알려져 있다.

(2) 중국

중국에서 문헌수집의 필요성이 제기된 시기는 진시황의 분서갱유와 한
나라 건국 때에 일어난 궁궐의 화재로 귀중한 문화전적의 연속적인 손실

이 있은 다음이었다. 한 고조는 건국 초에 널리 서적을 수집하기 위해 국가에 책을 헌납할 것을 호소하였다. 본격적으로 장서를 수집한 시기는 성제 때이다. 성제는 진농(陳農)으로 하여금 천하의 서적을 수집하게 하여 이를 정리하고, 해제서목인『별록(別錄)』과 분류목록인『칠략(七略)』을 편찬하였다.

송대에도 초기에는 오대의 난리로 산실된 각국의 도서를 수습하는 것으로 시작되었다. 태조는 망실된 서적을 수집하기 위해 서적의 헌납을 장려하였고, 이후 태종, 인종, 휘종년간에도 여러 차례 조서를 내려 서적을 구했으며, 수집을 위해 여러 차례 결서목록(缺書目錄)을 편찬하기도 하였다. 특히 태종은 잃어버린 책을 전국에서 수집하되, 책을 바치는 자가 있으면 권질의 다소에 따라 보상하고, 관가에 바치기를 원하지 않는 자에게는 그 책을 빌려 베끼고 원본을 되돌려주었다.

송대에는 다른 시대에 비해 도서가 대량으로 유통되었다. 국가가 장서가를 통해 도서를 수집하고, 장서가도 관영문고를 통해 도서를 필사하였다. 장서가들은 상호간에 기증과 교환을 활발히 하였는데, 남송의 대표적인 장서가 정초(鄭樵)는 도서수집 방도를『통지략(通志略)』에서 논하였는데, 그 방도란 유이구(類以求), 방류이구(旁類以求), 인지이구(因地以求), 인가이구(因家以求), 구지공(求之公), 구지사(求之私), 인인이구(因人以求), 인대이구(因代以求)이다.

청대에도 건국 초기부터 잔존 서적을 수집하기 시작하였으나, 순치와 강희 이래의 문자옥(文字獄)으로 말미암아 큰 성과는 없었다. 수집활동에 성과가 나타난 것은 건륭년간이었는데, 수집된 서적을 토대로『사고전서(四庫全書)』가 편찬될 수 있었다.

국외에서 반드시 수집하여야 할 서적은 사신을 통해서 구하였다. 특히 송 철종 원우년간에는 국내에서 사라진 책을 널리 구하고자 구서목록을 작성하여 고려에 의뢰하기도 하였다. 당시 이 구서목록에 수록된 서적은 모두 128종에 달했다.

(3) 서양

서양에서 서적을 수집한 기록은 아주 오래된 것으로 이미 함무라비(기원전 1700년경) 시대에 바빌로니아 역사서를 종합적으로 수집하려는 시도가 있었다. 서양에서 이루어진 서적 수집을 국내외로 구분해 살펴보면 다음과 같다.

① 국내수집

고대 그리스에서 책이 만들어진 시기는 기원전 5세기 초이고, 서적상이라는 말이 기록물에 나타난 것은 기원전 5세기 말경의 일이다. 기원전 4세기 후반경에는 공공도서관이 생겼고, 다량의 필사본이 생산되어 책을 쉽게 구할 수 있게 되었으며, 자연히 사람들이 책을 모으기 시작하여 개인 장서가들이 생기기 시작하였다.

플라톤(Platon, 기원전 427~347)은 상당히 큰 규모의 개인장서를 보유하고 있었던 것으로 알려지고 있다. 그는 여러 곳을 여행하면서 타렌툼(Tarentum)의 필로라우스(Philolaus)와 고대 그리스 식민지인 시실리의 시라큐즈에서 도서를 산 것으로 전해진다. 플라톤의 장서는 그가 죽은 후 아리스토텔레스가 일부를 구입한 것으로 전해진다. 아리스토텔레스(Aristoteles, 기원전 384~321)는 소요학파로 알려진 철학 학교를 설립하면서 도서관도 만들었는데, 이 도서관의 장서는 문하생들이 기증하거나 구입한 것이었다.

고대 도서관사에서 유명한 알렉산드리아도서관에는 70만 이상의 두루말이가 있었다. 이 도서관은 장서 확대를 위해 수천의 두루말이를 구입하였다고 전해진다. 고대 그리스에서 개인도서관이 보편화됨에 따라 부유한 애서가와 학자들이 고전시대의 문학작품을 많이 수집한 기록도 있다.

서양에서의 도서기증 역시 고대 그리스부터 시작되었는데 상당히 활발했다. 기원전 364년경 설립된 비티니아(Bithynia)의 헤라클레아(Heraclea)도서관은 대중에게 개방되었으며, 코스(Cos), 로도스(Rodes), 크니도스(Cnidos)

를 포함한 에게해의 섬에 공공도서관이 있었다. 코스유적 발굴에서 도서
관 벽 위에 기부금과 도서를 기증한 사람을 열거한 석각이 발견되었다.
그 석각에는 상당히 부유한 기증자들을 가리키는 100드라코마(drachmas)
와 100권의 도서가 빈번하게 언급되고 있다. 고대 그리스의 학교도서관
에서도 학생들에 의한 도서기증의 사례를 찾을 수 있다. 아테네의 프톨레
메온(Ptolemaion) 중등학교의 기록에는 매년 학생들이 졸업기념으로 100
권의 도서를 학교도서관에 기증하였다고 전해진다.

중세 수도원의 도서수집은 새로운 수도원이 창건될 경우 원칙적으로 기
본 장서 및 최소한의 전례도서를 그 모체 수도원으로부터 기증받는 것이
일반화되어 있었으며, 종교 또는 세간의 여러 단체에서 기증되는 도서로
장서가 늘어났다. 1200년경 회교문화권에서 개인문고의 장서량은 유럽의
공공문고나 개인장서보다 더 많았다. 부유한 서적상은 그들의 개인문고를
다른 사람에게 유산으로 남기거나 문고를 기증하여 더욱 발전시켰다.

중세 말에 성립된 대학의 어머니라 불리는 파리의 대학 가운데 가장 큰
규모인 소르본느대학은 1250년경 루이 9세의 궁정사제인 소르본느(Robert
de Sorbonne, 1201~1274)가 장서와 관리기금을 유증한 것이 시발이 되어
대학이 성립됐다. 옥스퍼드대학은 15세기 초에 커트니(Richard Courtenay)
총장 직속으로 도서관을 운영하면서 유급사서를 두고 개방하였다. 1480
년에 험프리경이 장서를 기증하자 그의 이름을 따 험프리도서관(Duke
Humphrey's Library)으로 명칭을 바꾸었다. 이처럼 서양에서는 서적을 기
증하는 사례가 아주 보편적이었다.

② 국외수집

외국에서 필요한 서적을 수집하는 일은 서양에서도 아주 보편적이었다.
서양의 경우는 특히 정상적인 구입방법 외에 침략에 의한 서적 약탈이 많
았다.

아테네 서적상들이 확고하게 자리잡게 됨에 따라 그들의 고객은 국내

학자뿐 아니라 해외에서 온 고객도 많았다. 스토아학파의 창시자 제논은 어렸을 때 고향인 키프로스섬에서 순회상인인 아버지가 아테네에서 사다 준 책으로 철학을 배웠다. 또 플라톤의 제자 중 한 명은 스승의 작품을 필사하여 시칠리아로 가져가서 팔아 좋지 못한 평판을 받기도 하였다.

고대 근동에서 맨 처음 체계적으로 장서를 갖춘 도서관을 세운 아슈르바니팔은 도서수집의 취미가 있어 수메르, 바빌로니아, 아시리아문명에 대한 문헌을 체계적으로 수집하였으며, 철저하게 서적을 수집하기 위해 사신을 전역에 파견하였다. 프톨레마이오스왕조가 알렉산드리아에 도서관을 설립할 때에는 적극적인 국외수집 정책을 시행하여 대리인을 파견하고, 그들이 구할 수 있는 온갖 종류와 주제의 책을 모조리 사오도록 명령을 내렸다는 기록도 있다.

스페인의 알하킴 2세(Al-Hakim II 재위 961-976)는 왕실문고를 위해 500명 이상의 직원을 고용하였던 것으로 기록되어 있으며, 이 중에는 도서를 구입하기 위하여 세계 각처에 보낸 많은 대리인도 포함되어 있었다. 16세기에 필립 2세가 왕립문고를 위해 자료를 수집하였을 때, 북아프리카에서 스페인에 관한 회교서적을 구해 오기도 하였다.

중세 서방 문명권에서 학문과 장서를 선도한 것은 수도원 도서관으로, 기독교신학에 대한 서적은 물론 그리스 철학과 기독교 연구에 필요한 이단의 서적도 수집하였다. 영국 칸타베리의 성베드로와 성바오로의 수도원장을 역임한 베네딕트 비스콥(Benedict Biscop)은 그리스와 로마의 많은 고전을 수집하였는데, 서적수집을 위해 로마를 다섯 차례 여행한 것으로 알려져 있다.

서적을 전쟁의 전리품으로 몰수하거나 약탈하는 행위는 고대에서는 흔히 볼 수 있는 일이었다. 페르시아의 정복자 크세르크세스(Xerxes)가 기원전 480년에 아테네를 정복하고 장서를 몰수하여 페르시아로 옮겼다가 셀레우커스왕에 의하여 다시 아테네로 반환되기도 하였다. 기원전 3세기 중반에 로마 도서관의 자료는 그리스와 소아시아에서 벌어진 전쟁을 통해서

상당히 증가하였으며, 약탈한 장서를 가지고 기록상 로마 최초의 도서관
을 지었다.

고대 로마의 아에밀리우스(Paulus Aemilus)는 장군이자 학자였다. 기원전
168년 마케도니아의 왕 페르시스를 패배시켰을 때가 그가 가져온 것은
도서관의 장서였다. 그는 자식들을 위해서 도서관장서가 금보다 더 낫다
고 생각하였던 것이다. 아에밀리우스의 영향으로 이후의 로마 정복자들
역시 전쟁의 전리품으로 흔히 그 지역의 도서를 가져왔다. 시저도 도서관
에 많은 관심을 갖고 알렉산드리아도서관에 버금가는 공공도서관을 설립
하려는 계획을 가지고 있었다.

시저는 당시 유명한 학자 바로(Terentius Varro, 기원전 116~27)에게 공공
도서관에 소장할 장서를 수집하도록 하였으나, 계획한 도서관이 실현되기
이전인 기원전 44년에 암살되었다. 로마에 건립된 첫 번째 공공도서관의
장서는 당시 로마의 개인도서관과 마찬가지로 전쟁 전리품으로 채워졌다.
서기 75년 베스파시언 황제가 설립한 공공도서관의 장서 일부도 예루살
렘에서 가져온 전리품이었다. 11세기부터 13세기에 걸친 십자군의 약탈
행위는 회교문고의 파괴로 이어졌다.

3) 관리

(1) 관리기구 및 인원

우리나라는 서적을 소중히 여겼던 만큼 일찍이 이를 관리하는 시설이
있었을 것이나, 문헌의 부족으로 당시의 사정을 명확히 밝힐 수 없다. 대
조영이 세운 발해에는 기록상으로 우리나라에서 가장 오래된 도서 관장기
구인 문적원이 있었다. 문적원은 도서와 문서를 관리하고 비문, 묘지, 축
문, 제문과 외교문서의 작성을 담당하였다.

고려시대에 서적을 관장한 기관으로는 내서성, 수서원, 문덕전, 비서각,
임천각, 청연각, 보문각, 서적소, 연영전, 중광전이 있었으며, 장서관리를

위해 장서인을 사용했다는 기록도 있다. 특히 숭유를 국가의 기본정책으로 삼은 조선조에서는 서적정책이 중요하였기 때문에 건국 초기부터 교서감을 설치하여 서적출판을 장려하였다. 수집된 서적을 보존·관리하는 전담기관으로는 집현전, 홍문관, 예문관, 규장각 등이 있었는데 그 기능은 거의 비슷하였다. 그 중 집현전은 고려 때부터 설치된 기관으로 주로 문신들이 경의를 논하고 소장된 서적으로 고문에 대비하는 학술연구의 중심이 되었다.

세종 때는 장서관리를 철저히 하여 소장된 서적에 경연이라는 장서인을 찍었고, 장서가 많아짐에 따라 장서각을 따로 설치하기도 하였다. 조선조 왕실의 귀중한 사료인 실록은 춘추관·충주·전주·성주사고에 보관하였으며, 임란 이후에는 보다 더 안전하게 비장하기 위해 오대산, 태백산, 강화도, 적상산으로 장소를 바꾸었다. 역대의 서적은 유실에 대비하여 명산에 소장하거나 비각에 소장하여 영구히 전해야 한다는 뜻에서 행해진 것이다.

시대가 오래면 오랠수록 문서나 문헌이 오늘날보다 더 귀하고 중요한 것이었기 때문에 그 관리를 위해 전담요원을 배치했다. 한국과 중국을 비롯한 동양에서 관리요원은 대개 임금이 임명하는 신하였으나, 고대 서양의 도서관에서 문헌 관리요원은 대개 학자였다. 메소포타미아 지역에서는 점토판 문서를 관리하기 위해 전문직업인인 사자생(寫字生)을 두었다.

아슈르바니팔도서관에는 사서나 책의 관리인이 있었으며, 그들은 대개 상당한 수준의 학자로 잘 훈련된 사람이었다. 고대 이집트의 사서는 궁정 또는 신전의 서기로 파피루스 두루말이를 필사하고 보존하는 일을 맡았다. 서기는 특별한 훈련을 받았으며, 그 직책은 세습적이었고 그들의 신분은 고위에 속하였다.

(2) 관리방법

① 도난 및 화재에 대한 대책

서적이 귀한 시대에는 동양과 서양을 막론하고 서적이 분실되는 일이 종종 발생하였기 때문에 그것을 방지하기 위해 여러 가지 대책이 마련되었다.

우리나라의 경우 조선조에는 환지로 생기는 이익을 노려 서적을 훔쳐 가는 일이 종종 발생하였다. 이를 방지하기 위해 군안(軍案)과 같이 기밀에 속하는 것은 금속으로 책등을 묶어 장대하게 만들었다. 또 서적을 훔치는 사람을 엄중히 처벌하는 법률을 제정하기도 하였다.

비교적 일찍부터 서적의 열람을 개방한 서양에서도 장서의 도난방지를 위해 여러 가지 대책을 마련했다. 아슈르와 우루크에서 발견된 점토판에는 아누, 벨, 에아를 두려워하는 자는 이것을 같은 날 주인에게 돌려주어야 한다고 경고하고 있으며, 사용자들의 부주의를 경고하기 위해 아누와 안투의 명령에 의하여 이 점토판은 최상의 상태로 보존되어야 한다고 기록되어 있다. 당시 점토판을 훼손하는 것은 신성모독으로 간주하였던 것이다.

또 하나의 방안은 장서가 건물 밖으로 유출되지 못하게 하는 것이었는데, 수도원 도서관에서 쇠사슬에 책을 묶어 일정한 반경 내에서만 움직일 수 있도록 장치한 것은 바로 그러한 예다. 대학도서관에서도 쇠사슬 도서(chained book)와 함께 가장 중요한 책은 3중의 자물쇠를 채웠다는 기록이 있다. 3중 자물쇠의 서적은 열쇠를 가진 3인이 합석해야 열람할 수 있었다. 그리고 대출할 때는 서적의 반환을 보장하기 위해 담보를 요구하기도 하였다.

서적은 화재에 아주 약하다. 과학적인 방재시설이 부족한 당시로서는 화재를 방지하기 위하여 장서시설을 인가(人家)에서 멀리 격리시키는 것이 최선의 방책이었다. 조선 태종 때 춘추관 소속의 사고는 수창궁(壽昌宮)

내에 있었는데, 수창궁에 화재가 발생하자 중추원(中樞院)으로 옮겼다. 하지만 그곳은 주방과 가까워 화재의 염려가 있다는 이유로 다시 상의원(尙衣院)으로 옮기기도 하였다. 그러한 조치에도 불구하고 장서시설에 화재가 발생하였을 경우에는 그 경위를 상세히 밝혀 실화자를 엄중하게 처벌함으로써 재발을 방지하고자 하였다.

중국에서는 서한 때 율령과 도서를 석거각(石渠閣)에 소장하였는데, 그 아래에 도랑을 만들어 화재에 대비하였다. 서양의 경우 14세기 때 소르본느대학은 도서관에 들어가고자 할 때에는 직원의 안내를 받도록 되어 있었다. 그리고 화재를 염려했기 때문에 언제나 등불을 가지고 들어갈 수 없었다.

② 포쇄

포쇄(曝曬)는 서적에 해로운 습기를 제거하기 위해 햇볕을 간접적으로 쏘이고 바람을 통하게 하는 것이다. 이것은 중국의 위나라에서 유래된 것으로 1년 혹은 6개월에 한 번씩 시행하는 것이 관례였다. 중국에서는 7월 7일에 거행하는 것으로 되어 있었고, 우리나라에서는 매우(梅雨) 전, 즉 장마 전으로 잡았다. 실제로 규장각에서는 5월 단오가 지난 다음부터 7월 초순까지 사이에 실시하였다.

③ 해유

『경국대전(經國大典)』 권2 호전 해유(解由)조에 의하면, 해유는 관리 교대시에 재임중 관장하던 물품에 부족함이 없는 사람에게 지급한 문서이다. 전임자가 후임자에게 재임중의 소관물을 인계할 때 그 책임을 해제하는 것을 말한다. 서적에 대한 해유법은 세종조 집현전의 서적관리에서 언급되고 있다. 즉 서책을 여러 해 마감하지 못하면 혹은 유실될 것이니 3년마다 한 차례씩 마감하게 하되, 만약 담당관원이 교체하게 될 때에는 수량에 의해 마감하고 문부(文簿)에 기록하여 넘겨줄 것을 제시하고 있다.

실제로 중요한 서적이 많았던 예문관의 서적을 보존하기 위해 직제학과 직학 중 한 사람을 배치하고 교대시에는 해유를 시행하도록 하였다. 그리고 교서관 목판의 관리나 주자소의 활자를 관리하기 위해서도 전담요원을 배치하고 해유를 실시하기도 하였다.

④ 장서점검

장서점검은 서적이 귀하던 시절에 보존 위주의 관리정책으로 소장된 서적이나 판목의 현황을 정기적으로 또는 수시로 살펴 조사하는 것이다. 장서점검은, 첫째, 관리요원 교체시에 시행되었고, 둘째, 필요한 때 수시로 시행되었으며, 셋째, 천재지변으로 서적의 유실이 있을 때 그 상태를 확인하기 위해서 시행되었다.

조선조에서는 예종 1(1469)년에 관상감의 서책이 많이 유실되어 우부승지 정효상(鄭孝常)을 파견해 유실된 현황을 살피고 그 책들을 찾도록 조처한 일이 있다. 서양에서도 근대 이전까지 장서점검은 매우 중요한 일이었다. 일반적으로 근대 이전의 도서관은 열람보다는 보존을 위한 서고였다. 수도원장서의 목록은 수입순 목록으로 장서점검을 철저히 하기 위해서 만든 것이었다.

⑤ 이용규정

동서양을 막론하고 과거에는 귀중한 문헌을 엄격히 관리하기 위하여 대개 특수한 계층에게만 문헌이용이 허용되었다. 장서관리를 철저히 한 소장자는 각자의 형편에 맞게 이용의 범위, 자격, 이용절차와 방법 등에 대한 규정을 만들어 두고 있었다.

조선 초기에 중앙의 주요 장서기관에 소장된 서적을 열람하기 위한 대출규정은 매우 엄격하였다. 집현전, 홍문관, 규장각 등 여러 기관에서 시행한 규정에는 큰 차이가 없다. 집현전에서는 관내열람이 원칙이었으나 왕과 왕족에게는 예외적으로 관외대출이 가능하였으며, 일반관원도 부득이한 사정이 있을 경우에는 관외대출이 허용되었다. 집현전의 대출규정은 경연에서 서적이 필요할 때라 하더라도 환관이 오매목(烏梅木)으로 만든 표신을 가지고 가서 왕명임을 알린 뒤에야 가져갈 수 있었으며, 동궁에서 서적이 필요할 때에도 황양목으로 만든 표신을 사용하여 대내의 경우와 동일한 절차를 거쳐야했다. 그리고 각사(各司)에서 참고할 일이 있으면 반드시 관리가 직접 집현전에 가 참고해야 했고, 부득이 대출하여야 할 경우 임금의 윤허를 받아 관등성명을 적은 뒤에 대출할 수 있었다.

서양 수도원의 도서관장서는 주로 수도승이 이용하였으나, 수도원간에 상호 대차를 하고 있었고 유지에게는 대출이 허용되기도 하였다. 그 경우 책값 또는 같은 가격의 서적을 담보로 맡겨야 했다. 장서량이 부족한 중세 초기에는 정해진 날, 대체로 사순절에 1년 동안 읽을 서적을 수도승에게 배정한 다음 대출 만기일에 모든 서적을 반납하고 다시 새 책을 받았다. 장서량이 증대되자 읽을 서적을 선택할 수 있게 되었다.

참고로 소르본느대학의 도서관 규정을 살펴보면, 도서에 낙서와 훼손을 금했고 도서관 내에서는 정숙하게 행동해야 했다. 모자와 외투는 벗어야 했고, 어린아이나 무식한 사람은 도서관에 들어갈 수 없었으며, 학자 또는 상당한 인사가 입관을 원할 때는 직원의 안내를 받아야 했다. 책은 원칙적으로 대출이 허용되지 않았고, 금지된 학설과 위험요소가 있는 책은 신학교수에 한해 대출되었으며, 교수라 할지라도 호기심으로 봐서는 안 되고 논증이나 공격을 위해서만 볼 수 있었다. 만약 교수가 이 규정을 어기면 징계처분을 받는다는 것이 포함되어 있었다.

⑥ 복본의 분장

복본의 소장은 장서를 효과적으로 보존하기 위한 방법이다. 조선시대 세종이 중국에서 서적을 사들이는 경우 2부 이상 복본을 사도록 지시한 것도 이러한 이유에서였다. 장서의 필요성과 중요성을 잘 인식하고 있던 양성지(梁誠之)는 중국에서 사들인 서적은 혹시 산일되더라도 다시 구할 수 있지만, 우리나라 서적은 만일 한번 잃어버리면 구할 방도가 없다고 하여 한국본에 대해 철저하게 복본을 제작하여 분장할 것을 주장하였다.

2. 문헌의 보존

1) 손상요인

문헌은 시간이 지남에 따라 반드시 물리적으로 열화되고 손상을 입게 된다. 특히 고서는 자연적인 열화가 진행되고 있을 뿐 아니라 제작된 시기가 오래되어 대부분 물리적으로 약화된 상태에 있다. 따라서 그 문화적·역사적 가치를 보호하기 위해서는 해당 문헌의 물리적 상태, 특성, 제작방식, 보존환경 등을 조사하여 손상요인을 제거하고, 보존의 최적환경을 조성하는 것이 필요하다. 그리고 손상이 진행된 문헌의 경우에는 원래의 물리·화학적 상태로 회복시켜 그 이용 가능 기간을 최대한 연장시키도록 노력해야 한다. 문헌은 손상요인을 규명하고 이를 사전에 통제함으로써 그 손상 가능성을 낮출 수 있다. 이미 손상된 문헌 역시 적절한 처리를 위해 손상요인을 명확히 밝힐 필요가 있다.

(1) 내적 요인

문헌의 손상은 문헌 자체가 갖는 물리적 특성에 기인하는 바 크다. 문헌의 대표적인 재료인 종이는 각종 식물, 즉 닥나무, 뽕나무, 아마, 짚, 목면 등의 섬유소로 구성되는데, 이는 유기물이어서 자연상태에서 서서히 열화나 산화가 진행된다. 열화된 종이는 섬유소가 파괴되어 지질의 강도가 저하되고 누렇게 변하는 황변현상이 나타난다.

다만 한지는 천연재료만 사용해 만든 중성지인 까닭에 그 보존성이 매우 우수하다. 한지의 재료가 되는 닥은 일반 펄프와 달리 섬유 속에 열화

를 일으키는 리그닌의 함량이 적고 빛의 흡수도가 낮아 일반 종이에 비해
내부적인 열화요인이 상대적으로 적다. 제지과정 역시 외발뜨기 방식을
채택하여 불규칙적으로 섬유가 배열되고, 대부분 도침가공을 거친 까닭에
종이의 강도와 밀도가 매우 높은 장점이 있다. 그러나 한지 역시 식물성
섬유소로 제작되어 열화와 산화는 서서히 진행되며, 여기에 각종 외적 손
상요인이 결합될 경우 그 속도는 더 빨라질 수 있다.

전통적 필기염료인 먹은 나무를 태워 나오는 탄소입자를 아교질로 반죽
한 것으로, 그 자체에는 산화성분이 함유되어 있지 않다. 또 먹을 이루는
탄소입자가 종이의 섬유조직 사이에 박혀 발색되는 방식이어서 매우 안정
된 상태로 보존성이 유지된다. 그러나 아교질은 시간이 지남에 따라 접착
력과 강도가 약화될 수 있으며, 한지와 마찬가지로 외적 손상요인에 장기
노출될 경우 발색도가 떨어지거나 탈색 또는 변색될 가능성이 있다.

(2) 외적 요인

문헌의 손상은 각종 외적 요인에 의해서도 야기되는데, 일반적으로 빛,
온도, 상대습도, 오염물질을 종이 열화의 4대 인자라 한다. 이들 인자는
그 하나로는 문헌에 치명적 손상을 입히지 않으나, 둘 이상의 인자가 복
합적으로 작용할 경우 열화가 가속화되는 특징이 있다.

① 자연적 요인

빛은 열화를 일으키는 주요 요인 가운데 하나로 자외선, 적외선, 가시광
선으로 구분된다. 자외선은 종이를 황변시키고 종이섬유소를 파괴하고,
적외선은 복사열을 발생하여 지질과 강도를 약화시킨다.

보존을 위해서는 적절한 온도와 상대습도를 유지하는 것이 매우 중요하
다. 열은 열화의 직접적 요인은 아니나 각종 분해반응의 작용속도를 높여
줌으로써 손상을 가속화시킨다. 일반적으로 온도가 10℃ 상승하면 열화
속도는 2배가 된다. 그러나 낮은 온도를 유지하기 위해선 많은 비용이 소

요되므로 도서관은 적절한 온도와 상대습도의 범위 내에서 문헌을 보존하는 것이 바람직하다. 유네스코가 제시한 이상적인 온도의 범위는 20 ± 1℃ 정도이며, 상대습도는 50 ± 5% 정도이다. 상대습도가 이보다 높을 경우 곰팡이나 해충의 번식이 급격히 증가하고, 이보다 낮을 경우에는 종이의 바스러짐, 박리현상 등의 재질균열이 나타나 치명적인 결과를 초래한다.

② 환경적 요인

대기에는 열화에 영향을 주는 많은 환경 오염물질이 있다. 특히 유황산화물, 질소산화물, 수소산화물, 이산화물, 오존, 기타 광물성 먼지 등이 문헌에 치명적인 영향을 미친다. 이산화황의 경우 문헌 내 수분, 공기중의 산소와 반응하여 황산을 형성하게 되는데, 이는 강력한 산화물질로 종이는 물론 건물 전체의 시설 및 설비에 심각한 손상을 입힌다. 한편 문헌 자체를 구성하는 각종 유기물질 등은 자연상태에서 가스를 방출하게 되는데, 밀폐된 서고 내에 가스가 고이게 될 경우, 서고 내 먼지 등과 반응하여 곰팡이나 해충을 번식시킨다.

③ 생물학적 요인

서고의 환경이 청결하지 못할 경우, 각종 세균, 곰팡이, 설치류, 해충 등이 발생하여 문헌에 직접 손상을 입힌다. 곰팡이는 공기중에 부유해 있다가 환경적 조건이 유리한 곳에서 증식·성장한다. 종이에 영향을 주는 세균 및 곰팡이류는 약 40여 종으로, 보통 온도 약 25℃ 이상, 상대습도 65% 이상인 곳에서 활동이 급격히 증가한다. 곰팡이는 종이 섬유소와 문헌제작시 접착제로 사용된 풀 등을 양분으로 하여 번식하는데, 종이를 약화시키고 문헌에 얼룩을 남긴다. 바퀴벌레, 좀벌레, 흰개미, 권연벌레 등의 해충, 그리고 설치류 역시 직접 종이를 갉아 구멍을 뚫고 배설물로 문헌에 손상을 입힌다.

④ 관리상의 요인

문헌은 부주의한 취급이나 철저하지 못한 보안과 같이 잘못된 관리과정으로부터도 손상을 입는다. 문헌은 거칠게 다루거나 과도하게 복사할 경우 무리한 힘을 받아 물리적으로 약화된다. 특히 열화나 손상이 진행되어 부스러지거나 떨어지기 쉬운 상태라면, 책을 펼치는 행위 자체만으로도 문헌은 심각한 손상을 입을 수 있다. 그 외에도 고의적인 파괴, 절도, 절단 역시 손상요인이다.

⑤ 재해

홍수, 지진, 폭풍, 화재 등의 자연재해는 문헌에 즉각적이고 치명적인 손상을 초래한다. 예상치 못하게 발생하는 이들 자연재해는 그 결과가 매우 파괴적이므로 주의할 필요가 있다. 도서관에서는 사전에 각종 재난대책을 세워 이를 예방하고, 재난발생시 즉각적이고 적절한 대응을 통해 그 피해를 최소화해야 한다.

2) 보존방안

보존은 일시적 조치가 아니라 지속적으로 수행돼야 하는 문헌 보호활동이라는 점에서 많은 노력과 비용이 소요된다. 따라서 도서관은 체계적인 보존계획을 세울 필요가 있다. 보존계획은 보존을 위한 구체적인 업무절차와 내용, 그리고 각종 보존관련 일정 및 계획을 마련하는 것으로 그 절차는 다음과 같다. 첫째, 자관의 보존현황을 조사한다. 둘째, 평가 및 우선순위를 결정한다. 셋째, 보존계획을 수립한다. 넷째, 보존 프로그램을 실행하고 평가한다.

(1) 예방적 조치

빛은 열화의 주요 요인이 되므로 서고에는 자연광을 통제하고 인공조명을 설치하여야 한다. 자연광 통제를 위해서는 창문을 설치하지 않거나 혹 설치하더라도 그 면적을 최소화하고 대신 인공조명을 설치하는 것이 좋다. 창문이 있는 경우라도 커튼이나 블라인드를 설치하여 빛이 완전히 차단되도록 해야 한다. 인공조명은 자외선 방출이 적은 백열등이 형광등에 비해 안전하다. 형광등은 사용이 편하고 경제적이며 열의 방출이 적지만, 자외선 방출량이 백열등에 비해 월등히 높다. 형광등은 자외선 차단필터를 붙여 사용한다.

서고는 온도 20℃, 상대습도 50% 정도를 유지하여야 한다. 서적은 역사적·문화적 가치가 높은 자료라는 점에서 보존상 이상적인 온·습도를 유지시켜 주는 것이 필수적이다. 그러나 적정 온·습도를 유지하는 것과 함께 온·습도를 일정하고 안정적으로 유지시키는 것 역시 매우 중요하다. 온·습도가 급격히 변할 경우 종이조직은 급격한 수축이나 팽창을 일으켜 지질이 약화될 수 있기 때문이다.

한편 실내공기는 깨끗하게 유지시켜 미생물이나 해충의 서식을 방지하여야 한다. 이를 위해 서고에는 공기 정화시설을 갖추어 서고 내 묵은 공기는 밖으로 배출하고 여과된 외부의 신선한 공기는 실내로 유입시켜야 한다. 최근에는 HVAC(heating, ventilating and air conditioning) 시스템을 설치하여 공기정화를 함께 통제하고 있다.

그리고 서고는 먼지나 이물질이 없도록 청결히 유지하여 미생물이나 해충이 발생하지 않도록 해야 한다. 집진시설을 사용하여 청소할 경우 오존이 발생할 우려가 있으므로 휴대용 진공청소기를 사용하는 것이 바람직하다. 물걸레를 사용할 경우에는 수분이 완전히 건조되었는지 확인한 후 문헌을 배가하여야 한다. 미생물이나 유충 등의 해를 입은 문헌을 그대로 서고에 입고시킬 경우 다른 문헌으로 피해가 확산될 가능성이 높다. 따라서 균류나 해충에 전염되지 않도록 입고할 때 문헌은 반드시 먼지를 제거하고 소독을 거치도록 해야 한다. 설치류 등이 침입하지 않도록 건물 벽면이나 입구, 창 등도 주기적으로 점검하고, 침입통로가 발견될 경우에는 이를 봉쇄하여야 한다.

도서관은 부주의로 인해 발생하는 인위적 손상을 사전에 방지하기 위해 안전수칙을 제정, 업무수행 및 문헌이용시 이를 준수하도록 해야 한다. 서고 내에는 정리대를 두어 배가 등의 작업과정에서 부주의로 문헌이 손상되는 일이 없도록 해야 한다. 권자본은 말린 것을 펴 감는 과정에서 자료가 손상되는 경우가 많다. 특히 말린 것을 억지로 펼 경우 자료에 영구한 구김이 발생할 수 있으므로 주의해야 하며, 잘 펴지지 않는다고 반대방향으로 되감거나 책상에 올려두고 문질러서는 안 된다.

그리고 배가할 때에는 포갑(包匣)을 하지 않는 것이 통기는 물론 미생물이나 해충의 번식을 막는 데 유리하다. 포갑은 공기중의 먼지와 각종 오염물질로부터 문헌을 보호하고 외부의 온·습도 변화를 완충시켜 주는 역할을 한다. 하지만 포갑 제작시 사용되는 화학접착제 등이 오히려 문헌에 손상을 가할 수 있으며, 통기가 되지 않을 경우 습도가 높아져 곰팡이 등의 미생물이 발생할 우려가 있다.

문헌은 방충이나 습기조절을 위해 오동나무 상자에 보관하는 것이 이상적이다. 그러나 비용이 높아 도서관에서는 서가에 배가하는 것이 일반적이다. 고서는 대체로 장정이 크고 종이가 유연하여 세워 배가할 경우 굽을 우려가 있으므로 평평하게 눕혀 배가하는 것이 좋다. 수평으로 배가하는 경우라도 너무 많은 책을 쌓아 두지 않도록 해야 하며, 작은 책 위에 큰 책을 올려놓아서도 안 된다. 배가된 문헌이 서가를 벗어나지 않도록 서가는 넉넉한 크기로 준비하여야 한다.

고서실은 폐가제로 운영하고 문헌의 이용은 담당사서를 통해 이루어지도록 하며, 가능하면 원본의 이용빈도를 낮춰야 한다. 이용이 허용되는 경우라도 담당사서가 감독할 수 있는 가시범위 내에서 이루어지도록 하여 물리적 손상, 절취, 도난 등의 위험을 사전에 방지해야 한다. 복사는 원칙적으로 금하며, 부득이 그 필요가 인정되는 경우라면 도서관 직원이 직접 수행하도록 해야 한다. 원본 사용을 줄이기 위해 많이 이용되는 서적은

영인본을 구입하며, 영인되지 않은 것은 미리 복사본을 제작하여 이용의
편의를 돕도록 한다. 자료를 마이크로화 또는 디지털화하여 문헌의 이미
지를 볼 수 있도록 하는 방안이 보편적이다.

　고서는 일반도서에 비해 그 희소가치가 높아 한번 손상되거나 분실되면
이를 회복하거나 되찾는 것이 매우 어렵다. 따라서 도서관은 고서실의 보
안에 유의해야 하는데, 문헌의 양이 많을 경우 CCTV나 침입경보기 등을
설치하여 인가를 받지 않고 서고에 접근하는 것을 막아야 한다. 서고의
출입문은 항상 잠가 두고 열람요청이 있을 경우에만 담당자가 꺼내 오도
록 한다. 고서실은 건물구조상 이용자가 접근할 수 없는 지역에 배치하여
담당직원만 출입할 수 있도록 한다.

　도서관은 만일에 있을 인위적 또는 자연적 재해에 대비하여 문서화된
재난대책을 마련해 놓아야 한다. 그 내용은 서고의 위치, 재해발생시 투입
가능한 직원의 명단, 연락처, 연락망, 책임 등을 기술해 두며, 긴급상황 발
생시 협력할 수 있는 외부기관의 명단 및 연락처 등도 함께 기재해 둔다.
또 구난절차와 우선순위를 기술하고 각종 장비 및 설비의 목록, 위치 등
도 적어 만일의 사태에 즉각 대응할 수 있도록 한다. 재난 가운데 불과 물
은 문헌에 심각한 해를 입히므로 특히 주의해야 한다.

　서고에는 반드시 화재감지 장치를 설치하고, 서고 내벽이나 설비 등은
불이나 물에 강한 제품을 사용하여야 한다. 서고 벽이나 천정에는 송수관
이나 하수관이 통과하지 않도록 하며, 화재가 발생하였을 시에는 자동경
보 장치와 화재진압 장치가 함께 작동되도록 해야 한다. 스프링클러는 물
을 이용한 화재진압 장치여서 문헌에 손상을 줄 수 있으나, 화재로 인한
영구적 손실로부터 문헌을 보호할 수 있다는 점에서 서고 내 설치가 필요
하다. 다만 고서실의 스프링클러 시스템은 문헌에 손상이 덜 가는 분사방
식을 채택하여 물의 피해를 최소화해야 한다.

(2) 보존처리의 원칙

예방적 보존활동에도 불구하고 이미 손상된 문헌 혹은 손상이 상당히 진행된 문헌의 경우 추가적인 손상을 막아 보존기간을 연장시키는 방법을 강구해야 한다. 이때 고려되는 것이 문헌에 대한 적극적인 보존처리 활동인데, 손상된 문헌의 외관상 개선뿐 아니라 문헌의 원래 상태를 회복시켜 물리적·화학적 안정성을 유지하도록 하는 것이 그 목적이다. 일반적으로 보존처리는 고도의 전문성을 요하는 보존활동이므로 해당 전문가들과 충분한 협의를 거친 후 수행되어야 한다. 한편 보존처리는 다음과 같은 원칙을 준수하여 수행하여야 한다.

첫째, 모든 보존처리는 보다 안정적인 보존을 위해 원래의 상태를 변경시키는 것인데, 이때 문헌 자체에 최소한의 손상을 주게 된다. 시간이 지나면서 보존 처리한 부분에 문제가 발생할 가능성은 얼마든지 있다. 따라서 보존처리는 원래의 상태대로 되돌리거나 보존 처리한 내용을 제거할 수 있는 방법을 택해야 한다.

둘째, 보존처리는 문헌에 미치는 문제를 충분히 파악하고, 이를 해결할 수 있는 가장 적합한 처리방법을 선택해야 한다. 이때 처리는 문제를 해결할 수 있을 만큼 최소한의 처리가 되어야 한다. 즉 문제에 비해 과도한 처리가 되어서는 안 되며, 반대로 과소한 처리를 수행하여 재처리하는 노력을 들이게 되어서도 안 된다. 만일 현재의 기술로 해당 문제를 해결할 수 없거나 처리에 지나치게 과도한 비용이 든다면, 환경상태만을 통제하여 현 상태를 유지시키고 추후 처리기술이 발달하는 것을 기다리는 것이 바람직하다.

셋째, 수리복원은 비록 손상 이전의 상태와 똑같이 복원하는 것이 가능하다 하더라도, 해당 부분이 육안으로 식별될 수 있도록 함으로써 수리복원된 이력을 보여주어야 한다. 이는 문헌의 가치를 판단한다든가 복원 전 원본상태 등을 알고자 할 때 연구자들에게 많은 정보를 제공하기 때문이다.

넷째, 보존처리시 수행된 전체 처리과정 및 내용, 일정 등은 사진을 첨부하여 상세하게 기록해 두어야 한다. 처리과정에 대한 문서화는 원래상태대로 되돌릴 때, 혹은 문헌의 역사적 가치를 평가할 때 중요한 정보를 제공한다. 또 추후 동일한 처리방법을 선택할 경우 시행착오를 줄여 노력과 비용을 절감할 수 있게 한다.

(3) 보존처리의 내용

보존처리는 크게 대량처리 방법과 개별처리 방법으로 구분된다. 먼저 대량처리 방법은 같은 문제점이 있는 동일한 종류의 문헌을 한번에 모아 일괄 처리하는 방법으로 개별문헌당 처리비용을 줄일 수 있다는 장점이 있다. 일반적으로 문헌은 동일한 재질로 만들어져 동일한 문제점을 갖는 경우가 많으므로 이 방법이 유용하다. 대표적인 대량처리 방법으로는 훈증, 냉동법, 탈산처리 등이 있다.

반면 개별처리 방법의 대표적인 것으로는 수리복원을 들 수 있다. 종이의 약화나 결손, 유실과 같은 문헌의 물리적 손상은 일련의 수리복원 과정을 거쳐 보강·수리·복원되어야 한다. 수리복원은 원본의 상태와 형태를 변형시킬 수 있다는 점에서 되도록 시행하지 않는 것이 바람직하다. 그러나 물리적으로 손상된 문헌을 그대로 방치할 경우 더 많이 손상되어 영구히 유실될 수 있는 상황이라면 수리복원을 통해 그 수명을 연장시켜야 한다.

수리복원은 대부분 문헌에 대해 개별적으로 처리해야 한다는 점에서 개별처리 방법이라 할 수 있는데, 매우 전문적이고도 숙련된 기술을 필요로 한다. 배접과 같이 종이를 사용 가능한 상태로 회복시키거나 이전에 비해 더 강한 상태로 강도를 높이는 종이 강화법, 결실부분을 보강하기 위한 짜깁기와 충진방식 등이 사용된다.

<참고문헌>

國立國會圖書館 編. 『藏書の危機とその對應』, 東京: 日本圖書館協會, 1990.

김세익. 『도서, 인쇄, 도서관사』, 서울: 종로서적, 1982.

라이오넬 카슨 저. 김양진·이희영 역. 『고대 도서관의 역사』, 서울: 르네상스, 2003.

배현숙. 『정보문화사』, 서울: 아세아문화사, 1996.

백린. 『한국도서관사 연구』, 서울: 한국도서관협회, 1969.

신양선. 「조선후기 서지사연구」, 《모악실학회총서》 제7집, 서울: 혜안, 1996.

신종순·윤대현·이귀복 등. 『기록보존의 실제』, 서울: 세화, 2002.

楊時榮 編. 『圖書維護學』, 台北: 南天書局, 1991.

이재철. 「세종조 집현전의 기능에 관한 연구」, 서울: 성균관대학교 박사학위논문, 1978.

이혜정. 「중세수도원 도서관에 관한 연구」, 서울: 이화여대 대학원, 1982.

李俊杰. 『朝鮮時代 日本과 書籍交流硏究』, 서울: 弘益齋, 1986.

鄭亨愚. 『朝鮮朝 書籍文化硏究』, 서울: 구미무역, 1995.

中藤靖之. 『古文書の補修と取り扱い』, 東京: 雄山閣, 1998.

천혜봉. 『한국서지학』 개정판, 서울: 민음사, 1997.

R. 하비 저. 권기원 등 역. 『자료보존론』, 서울: 사민서각, 1999.

Ritzenthaler, Mary Lynn. *Preserving Archives and Manuscripts*, Chicago: SAA, 1993.

부록: 서지학 용어

각주(脚註): 지각(地脚)에 있는 주석. 본문 아래쪽에 단 주해.

간기(刊記): 목판본의 간행사항을 적은 기록.

간인기(刊印記): 간기(刊記)와 인기(印記). 간기는 목판본의 간행사항을 적은
　　기록이며, 인기는 활자본(活字本)의 인출 또는 이미 새겨진 책판(冊板)
　　또는 경판(經板)에서 단순히 인출해낸 인출사항을 적은 기록이다.

간자(間字): 실록(實錄), 국조보감(國朝寶鑑), 상소(上疏) 등에서 임금에 대한
　　존경을 표시하기 위해 문장 중 한 자를 비워 둔 것. 공격(空隔).

간체자(簡體字): 글자 획수를 줄여 간략하게 쓴 한자(漢字) 약자(略字)의 일
　　종으로 현재 중국대륙에서 표준으로 쓰고 있는 자체(字體). 간화자(簡化
　　字), 간자(簡字).

개행(改行): 임금, 스승, 조상, 부처 등에 대한 존경을 표시하기 위하여 글줄
　　을 바꾸는 일. 일본에서는 대두(擡頭)라 함.

계선(界線): 간인본에서 본문의 각 줄 사이를 구분하기 위해 그은 선. 괘선(罫
　　線), 계격(界格). 사본에서는 특히 사란(絲蘭)이라 함.

고정지(藁精紙): 볏짚을 저(楮)에 섞어서 만든 종이로, 주로 논이 많은 전라도
　　에서 만들었음.

광곽(匡郭): 서엽(書葉)의 상하좌우 둘레에 그어진 검은 선. 판광(版匡). 중국
　　에서는 변란(邊欄)이라고도 함.

궁체(宮體): 궁중에서 비빈(妃嬪)과 궁녀들이 썼던 독특한 글자체.

권말제(卷末題): 책 각권의 본문 끝에 표시된 제명(題名). 권미제(卷尾題).

권수제(卷首題): 책 각권의 본문 머리에 표시된 제명(題名). 권두제(卷頭題).
　　이를 외제(外題)와 대칭하여 내제(內題)라고도 함.

권자본(卷子本): 필사(筆寫) 또는 간인(刊印)한 비단이나 종이를 이어 붙여
　　한 끝에는 둥근 축, 다른 끝에는 죽심(竹心)을 가늘게 깎아 표지로 덮어
　　싸고 그 중앙에 책끈을 달아 보존할 때 둘둘 말 다음 매어 두는 형태의
　　장정(裝訂). 권축장(卷軸裝), 두루말이.

금양장(金鑲裝): 책을 오래 사용하면 책장이 마손되고 찢어지며 떨어지게 되
　　는데, 이를 보강하기 위해 접은 책장 속에 그 책장 크기 또는 그보다 크
　　게 접은 종이를 넣어 책장을 보호하는 것. 친장(襯裝), 활친(活襯), 양친장

(鑲襯裝), 포투친(袍套襯).

낙관(落款): 서화류(書畵類)에서 글쓴이나 그림을 그린 이가 자기 이름을 쓰고 인장을 찍은 것.

난외제(欄外題): 광곽(匡郭) 밖의 좌우 하단에 표시된 제명(題名).

남격초본(藍格鈔本): 계판을 사용하여 짙은 청색(靑色)으로 계선을 찍어 낸 종이에 필사한 책.

내사기(內賜記): 내사본 면지에 내사년월(內賜年月), 피내사자(被內賜者)의 직함, 성명, 서명 및 건수, 명제사은(命除謝恩)을 기록한 것. 그 끝에는 임금의 명령을 받들어 내사한 승지(承旨) 또는 규장각(奎章閣) 각신(閣臣)이 그 직함과 성(姓)을 표시하고 서명(署名)을 함.

내사본(內賜本): 임금이 신하에게 내려준 책. 반사본(頒賜本).

내사인(內賜印): 내사본의 첫 장에 찍힌 보인(寶印). 반사인(頒賜印), 선사지기(宣賜之記), 규장지보(奎章之寶), 동문지보(同文之寶), 흠문지보(欽文之寶) 등이 있음.

내철(內綴): 포배장(包背裝)과 선장(線裝)에서 서배(書背) 쪽 가까운 부분 양쪽 끝에 송곳으로 각각 두 개씩 구멍을 뚫은 다음, 종이끈을 꿰어 조금 여유 있게 남기고 끊고 그 끝에 풀칠하여 나무 방망이로 쳐서 책지 위에 밀착시킨 것.

대전체(大篆體): 주나라의 사주(史籒)가 고문을 고쳐 만든 전서체(篆書體).

대흑구(大黑口): 흑구(黑口)의 선이 굵고 거친 것. 관흑구(寬黑口), 조흑구(粗黑口).

두주(頭註): 서미(書眉)에 있는 주석. 오두(鼇頭).

마지(麻紙): 삼 껍질로 만든 종이.

면지(綿紙): 목화 솜으로 만든 종이.

목갑(木匣): 나무로 만든 책갑(冊匣).

목기(木記): 도기(圖記) 또는 패기(牌記)로 그 안에 간인자(刊印者)의 이름, 호(號), 자(字), 간인지, 간인처, 간인년 등을 표시한 것. 도기(圖記)는 종(鐘), 솥[鼎], 술잔[爵] 같은 기물을 그린 것이며, 패기(牌記)는 장방형(長方形), 아형(亞形), 타원형(橢圓形) 등의 형태로 된 것임.

무계(無界): 형태기술에서 계선이 없는 것을 이르는 말.

묵개자(墨蓋子): 묵등(墨等)에 문자를 음각(陰刻)하여 표시한 것.

묵광(墨匡): 문장 중 검은 바탕의 소광(小匡)에 각종의 주소(註疏), 편제(篇題), 소제(小題) 등을 새긴 것. 묵위(墨圍).

묵권(墨圈): 문장의 마디가 끊어지고 새로운 마디가 시작되거나 새로운 주석(註釋)이 시작되는 첫머리에 검은 바탕의 권점(圈點)을 친 것.

묵등(墨等): 궐문(闕文)이 생겼을 때 네모난 검은 덩어리로 남겨 둔 것. 묵정(墨釘), 등자(等子). 뒷날 그 본문이 밝혀지거나 정확하게 고증되면 보각(補刻)하기 위한 수단임.

묵원(墨圓): 문장의 마디가 끊어지고 새로운 마디가 시작되거나 새로운 주석(註釋)이 시작되는 첫머리에 있는 검은 바탕의 원점(圓點).

미비(眉批): 광곽(匡郭) 상변 위의 여지(餘紙), 즉 서미(書眉)에 있는 비평어(批評語).

반자(半字): 글자 획수를 줄여 간략하게 쓴 속자(俗字). 반자체(半字體), 약자(略字).

방책(方冊): 호접장(蝴蝶裝), 포배장(包背裝), 선장(線裝) 등으로 제책(製冊)되어 외형이 직육면체로 된 책.

배접(褙接): 책장이 마손 또는 찢어진 것을 보수할 때 그 책장 크기의 얇은 종이를 마련하여 책장 뒷면에 풀로 붙여 보강하는 일.

백광(白匡): 궐문(闕文)이 생겼을 때 그곳을 공백으로 남겨 두기 위해 흰 바탕의 모난 둘레로 표시한 것. 백위(白圍). 사본(寫本)에서 유래된 것이지만 간인본에서도 간혹 볼 수 있음. 특히 일문(逸文)이 생긴 고전의 본문을 그대로 찍어낸 간인본에서 볼 수 있음.

백구(白口): 상비(象鼻)의 중봉(中縫)에 검은 선이 없고 공백인 것.

백권(白圈): 문장의 마디가 끊어지고 새로운 마디가 시작되거나 새로운 주석(註釋)이 시작되는 첫머리에 있는 흰 바탕의 권점(圈點).

백어미(白魚尾): 흰 바탕으로 된 어미(魚尾).

백원(白圓): 문장의 마디가 끊어지고 새로운 마디가 시작되거나 새로운 주석(註釋)이 시작되는 첫머리에 있는 흰 바탕의 원점(圓點).

백추지(白硾紙): 저지(楮紙)의 고급품. 고운 대발로 두껍게 잘 떠서 다듬잇돌에 다듬는 도련작업(搗鍊作業)을 하여 지면(紙面)이 매끈하고 빳빳하며 희고 윤이 나게 한 질긴 종이.

변란(邊欄): 책장(冊張)의 상하좌우에 둘레로 그려진 검은 선. 광곽(匡郭), 판광(版匡).

사경체(寫經體): 불경을 필사하는 데 쓰인 글씨체.

사기(寫記): 사본(寫本)에서 서사년(書寫年), 서사자(書寫者), 서사장소(書寫場所) 등의 서사사항을 적은 기록.

사성기(寫成記): 사경(寫經)에서 서사년, 서사자, 서사장소 등의 서사사항을 적은 기록.

사주단변(四周單邊): 광곽(匡郭)의 네 둘레가 한 줄의 검은 선으로 그려진 것. 사주단란(四周單欄).

사주쌍변(四周雙邊): 광곽(匡郭)의 네 둘레가 두 줄의 검은 선으로 그려진 것. 사주쌍란(四周雙欄), 자모쌍변(子母雙邊), 자모쌍선(子母雙線).

삼행(三行): 수자(首字)보다 세 글자 높게 개행(改行)할 경우 제일 높은 글자 자리를 일행(一行) 또는 극행(極行)이라 하고, 그 다음 높이의 글자 자리를 이행(二行)이라 하는데, 그 다음 높이의 글자 자리를 말함.

상삼자(上三字): 개행(改行)이 수자(首字)의 위치에 비해 세 글자 높은 것.

상상비(上象鼻): 판심(版心)에서 광곽(匡郭)의 윗변(邊)과 상어미(上魚尾) 사이의 공간.

상어미(上魚尾): 판심의 상단에 위치한 어미(魚尾).

상지(桑紙): 상피(桑皮)로 만든 종이. 함경도에서 주로 많이 만들었으며 그 색깔이 누르기 때문에 북황지(北黃紙)라고도 함.

서근(書根): 도서의 아래 단면을 지칭하는 용어. 고서에는 이 부분에 흔히 서명, 편명, 책차 등이 기록되어 있음.

서근제(書根題): 방책(方冊)을 서가 위에 쌓아 놓았을 때 검색에 편리하도록 서근(書根)에 묵서한 제목(題目).

서낭(書囊): 주머니 형태의 서의(書衣). 질낭(帙囊), 상낭(緗囊), 표낭(裱囊).

서명(書名): 책에 붙인 이름 또는 명칭. 제명(題名), 제목(題目).

서미(書眉): 광곽(匡郭) 상변(上邊) 위의 여지(餘紙). 광곽이 없는 경우는 본문 상단의 여지(餘紙). 서두(書頭), 천(天), 서정(書頂).

서엽(書葉): 책을 이루고 있는 낱낱의 장. 책장(冊張), 책엽(冊葉).

서이(書耳): 호접장(蝴蝶裝)에서 광곽(匡郭) 바깥 위에 제명(題名)을 표시하는 조그마한 네모꼴로, 구습을 유지한 포배장과 선장에서도 드물게 나타남. 이격(耳格).

서질(書帙): 여러 책으로 이루어진 첩책(帖冊), 방책(方冊)을 일괄적으로 잘
　　보존하기 위해 단단한 종이로 서의(書衣)를 만들고 그 바깥을 헝겊으로
　　덮어 싼 것. 서투(書套).

서함(書函): 책을 넣어 보존할 수 있도록 만든 갑(匣). 책갑(冊匣).

선장(線裝): 목판과 활자판에서 찍어낸 책장(冊張) 또는 필사한 책장 그대로
　　문자가 바깥에서 보이도록 판심의 중앙을 반으로 접어 차곡차곡 가지런
　　히 쌓은 뒤, 판심 쪽인 서구를 제외한 세 면을 절단하고 두 장의 표지로
　　쌓아 놓은 책장의 위아래에 대고 서뇌(書腦) 부분에 몇 개의 구멍을 뚫어
　　튼튼한 실로 꿰매 장정(裝訂)한 것.

소주(小註): 본문의 글줄 가운데 세소자(細小字)로 표시한 주(註). 세주(細註).

소흑구(小黑口): 흑구(黑口)의 선이 가늘고 세밀한 것. 세흑구(細黑口), 선흑
　　구(線黑口).

송연묵(松煙墨): 소나무를 태울 때 나오는 그을음과 아교를 섞어서 만든 먹으
　　로, 흔히 숯먹이라고도 함. 목판인쇄나 목활자인쇄에 적합함.

수결(手決): 도장 대신 자기의 성명이나 직함 아래에 직접 쓰는 글자 비슷한
　　표시. 서압(書押), 수례(手例), 수압(手押), 판압(判押)이라고도 하며, 특히
　　수결과 함자가 같이 있는 경우에는 화압(花押, 畫押)이라고 함.

수자(首字): 임금, 스승, 조상, 부처 등에 대한 존경을 표시하기 위하여 개행
　　(改行)하였을 경우 그 높낮이를 정할 때 기준이 되는 글자.

어미(魚尾): 판심의 중봉(中縫) 위아래에 그려진 물고기 꼬리 모양의 무늬로
　　서엽을 접는 기준이 되는 표시. 접지표.

열품저지(劣品楮紙): 닥에 모맥절(麰麥節), 고절(藁節), 포절(蒲節), 유피(柳
　　皮), 유엽(柳葉), 마골(麻骨), 죽엽(竹葉), 상피(桑皮), 송엽(松葉), 의이(薏
　　苡), 갈피(葛皮) 등의 다른 재료를 섞어 만든 책지(冊紙)의 통칭.

예서체(隷書體): 전자(篆字)의 복잡한 글자체를 쉽게 쓸 수 있도록 고친 것.
　　한예(漢隷), 팔분(八分).

오사란초본(烏絲欄鈔本): 먹으로 계선을 찍어낸 종이에 필사한 책.

유계(有界): 형태 기술에서 계선(界線)이 있는 것을 표시하는 말.

유연묵(油煙墨): 오동나무 기름 또는 삼나무 기름 등의 기름을 태운 그을음과
　　아교를 섞어서 만든 먹으로, 흔히 기름먹 또는 참먹이라고도 함. 금속활
　　자 인쇄에 적합함.

음문자(陰文字): 음각(陰刻)으로 새긴 문자. 바탕색에 대비하여 종이 색 그대 로 찍힌 문자.

이제(裏題): 겉장의 안쪽에 표시된 제명(題名).

이제(耳題): 서이(書耳)에 표시된 제명(題名).

이체자(異體字): 표준적인 글자체와 다르게 쓰인 글자체.

이행(二行): 수자(首字)보다 두 글자 이상으로 높게 개행(改行)할 경우 제일 높은 글자 자리를 일행(一行) 또는 극행(極行)이라 하는데, 그 다음 높이 의 글자 자리를 일컫는 말.

인기(印記): 활자본(活字本)의 인출사항이나 이미 새겨진 책판(冊板) 또는 경 판(經板)에서 단순히 박아낸 목판본의 인출사항을 적은 기록.

인문(印文): 인장(印章)에 새겨져 있는 문자.

인서체(印書體): 직선적으로 각지게 만들어진 글자체. 글자를 판각하는 각수 (刻手)에 의해 만들어졌으므로 장체(匠體)라고도 하였음.

일행(一行): 개행(改行)할 경우 가장 높은 글자의 위치. 극행(極行)이라고도 함. 일본에서는 단대(單擡).

장지(壯紙): 저지(楮紙)의 일종으로, 주로 공문서 등에 사용하기 위하여 일반 저지에 비하여 2~3배 두껍게 만든 종이.

장체(匠體): 인서체(印書體)의 중국식 명칭. 방정하게 그린 글자체, 가로획이 가늘고 세로획이 굵다. 명조체(明朝體).

저지(楮紙): 닥 껍질을 삶아 표백한 다음, 닥풀을 섞어 떠서 만든 종이.

절첩장(折帖裝): 권축장의 불편을 해소하기 위해 요지(料紙)를 적당한 폭으로 절첩(折疊)하고 앞뒷면에 두꺼운 표지(表紙)를 붙인 장정(裝訂). 첩책(帖 冊), 접책(摺冊), 절첩본(折帖本), 범협본(梵夾本), 경접장(經摺裝).

제첨(題簽): 고서에서 외제(外題)를 종이 또는 비단 같은 쪽지에 써서 붙인 것. 제전(題箋), 제첨(題籤).

좌우쌍변(左右雙邊): 광곽(匡郭)의 변란(邊欄)이 상하는 단선이고 좌우는 쌍 선인 경우.

주사란초본(朱絲欄鈔本): 주색(朱色)으로 계선을 찍은 종이에 필사한 책.

주주(周註): 본문 밖의 둘레에 적은 주(註).

죽지(竹紙): 죽엽(竹葉)과 죽피(竹皮)로 만든 종이. 모변지(毛邊紙).

중봉(中縫): 판심(版心)의 정중(正中), 즉 서엽(書葉)의 절선(折線) 부분.

지각(地脚): 광곽(匡郭) 하변(下邊) 아래의 여지(餘紙). 광곽이 없는 경우는 본문 하단의 여지(餘紙). 지(地), 서각(書脚), 서족(書足).

지갑(紙匣): 종이로 만든 책갑(冊匣).

초서체(草書體): 빠르게 쓰기 위해 흘려쓴 글자체.

츤장(襯裝): 책을 오래 사용하면 책장이 마손되고 찢어지며 떨어지게 되는데, 이를 보강하기 위해 접은 책장 속에 그 책장 크기 또는 그보다 크게 접은 종이를 넣어 책장을 보호하는 것. 활츤(活襯), 양츤장(鑲襯裝), 금양장(金鑲裝), 포투츤(袍套襯).

투식판(套式板): 목판에 글을 새기기 이전에 등재본을 작성하거나 필사하기 위해 판식만 찍은 빈 용지를 찍어내는 판. 계판(界版), 괘판(罫版), 투격(套格).

판심(版心): 고서에서 서엽의 접은 중앙부를 말하며 여기에는 접는 기준이 되는 어미가 있고, 또 서명, 권차, 장차 등이 약기되어 있음. 판구(版口).

판심제(版心題): 판심에 표시된 제명(題名).

판질(板帙): 호접장(蝴蝶裝), 포배장(包背裝), 선장(線裝) 등의 방책(方冊)인 경우, 책보다 약간 크게 두 개의 얇은 목판을 만들어 그 판 사이에 책을 넣은 다음, 납작하고 두껍게 만든 끈으로 매어 두는 형식의 서의(書衣). 협판(夾板).

평행(平行): 개행(改行)이 있을 경우 수자(首字)의 위치와 그 높이가 같은 것. 일본에서는 평대(平擡)라 함.

포배장(包背裝): 인쇄한 책장(冊張) 또는 필사한 책장 그대로 문자가 바깥으로 보이도록 판심의 중앙을 반으로 접어 차곡차곡 가지런히 쌓은 뒤, 판심 쪽인 서구를 제외한 세 면을 절단하고 한 장의 두터운 표지를 마련하여 책의 윗면, 책등, 책의 아랫면을 덮어 싸서 장정(裝訂)한 것.

표제(標題): 표제지에 표시된 제명(題銘)으로 후기의 고서와 현대의 신간서(新刊書)에서 볼 수 있음.

표제(表題): 책의 겉장 위에 표시된 제명(題名). 외제(外題).

피휘(避諱): 임금의 이름인 어휘(御諱)를 사용해야 할 경우 임금에 대한 존경의 표시로 이를 함부로 사용하지 못하여 그 글자의 한 획을 생략하거나 뜻이 같은 다른 글자를 사용하거나 또는 그 글자를 다른 종이나 천으로 가리는 등 여러 가지 방법으로 피하는 것.

피휘결획(避諱缺畫): 문장에 임금의 이름인 어휘(御諱)의 글자를 사용해야 할
경우 임금을 경외(敬畏)하는 뜻으로 그 글자의 한 획을 생략하는 것. 피
휘궐획(避諱闕畫).

피휘대자(避諱代字): 문장에 임금의 이름인 어휘(御諱)의 글자를 사용해야 할
경우 임금을 경외하는 뜻으로 그 글자와 뜻이 같은 글자로 바꾸어 쓴 것.

하상비(下象鼻): 판심(版心)에서 광곽(匡郭)의 아랫변(邊)과 아래어미(魚尾)
사이의 공간.

해서체(楷書體): 해정(楷正)하고 정연(整然)하게 쓴 글씨체.

행서체(行書體): 해서(楷書)와 초서(草書) 사이의 글씨체. 행압서체(行押書
體).

행자수(行字數): 서엽 한 장에 수록된 본문의 행수와 한 행에 수록된 글자
수. 행격(行格), 행관(行款).

협주(挾註): 본문 줄 사이에 끼워 넣은 주석.

호접장(蝴蝶裝): 목판과 활자판에서 찍어낸 책장(冊張) 또는 필사한 책장의
문자가 안으로 가도록 반으로 접어 차곡차곡 쌓은 뒤 판심(版心)의 뒷면
이 모인 쪽인 책등에 풀칠하여 전 책장을 붙인 다음, 하나의 표지로 책등
을 감싸면서 풀로 붙여 만든 장정(裝訂). 호장본(蝴裝本), 접장본(蝶裝本),
점엽(粘葉), 과배장(裹背裝).

홍격초본(紅格鈔本): 홍색(紅色)으로 계선을 찍어낸 종이에 필사한 책.

화구(花口): 상상비(上象鼻)에 제명(題名)이 표시되어 있는 것.

화문어미(花紋魚尾): 어미에 꽃잎 무늬가 있는 것.

흑구(黑口): 상하상비(上下象鼻)에 검은 선이 있는 것.

흑어미(黑魚尾): 검은 바탕으로 된 어미.

찾아보기

Kaye 20
Koran 90
König 105

(L)

Larousse 12
Lear 22
leaves 69
Liber de Scriptoribus Ecclesiaticis 15
Librarian's Glossary 12
Linotype 147
Loze 211

(M)

MARC 229
Macbeth 195
marginal gloss 77
manuscript 79
Marshall 197
Masoretes 193
Mckerrow 15, 196
micro-opaque 46
microcard 45
microfiche 45
microfilm 45
microforms 45
microprint 45
miniature 97
minium 97
Monotype 147
Moody 197
Moore 198
Mutel 211
Myrobiblion 226

(N)

new bibliography 23
Nippur 226
Norris 225

(O)

OCR 148
Odyssey 191
Oeuvres completes 198
Origen 192

(P)

pagination 69
palimpsest 34
Pamphilus 192
Panizzi 228
papyrus 31
parchment 33
Peignot 16
Peisistratus 191
Pelliot 146
Phillo 192
philology 15
Photius 226
Pinakes 226
Plancy 211
plates 72
Platon 191, 244
Poetry 198
Pollard 15, 196
Pope 195
preface 74
Proctor 15
Prytherch 12
Psalter 146
Ptolemy 33

(Q)

Quran 90

(R)

recto 69
Robert 44
Rocket eBook 46
Rolfe 196

■ 지은이 소개

서지학개론 편찬위원회
  강순애(한성대 지식정보학부)
  강혜영(전북대 문헌정보학과)
  김동환(중부대 사회학부 문헌정보학 전공)
  김상호(대구대 문헌정보학과)
  김성수(청주대 인문학부 문헌정보학 전공)
  김순희(충남대 문헌정보학과)
  김윤식(동덕여대 문헌정보학과)
  김종천(상명대 사회과학부 문헌정보학 전공)
  김중권(광주대 문헌정보학과)
  김치우(경성대 인문학부 문헌정보학 전공)
  남권희(경북대 문헌정보학과)
  류부현(대진대 인문과학계열 문헌정보학 전공)
  박문열(청주대 인문학부 문헌정보학 전공)
  박재혁(대림대 문헌정보과)
  방효순(이화여대 사회과학부 문헌정보학 전공)
  배현숙(계명문화대 문헌정보학과)
  서진원(전북대 문헌정보학과)
  송일기(중앙대 문헌정보학과)
  송정숙(부산대 문헌정보학과)
  신승운(성균관대 인문학부 문헌정보학 전공)
  양계봉(강남대 인문학부 문헌정보학 전공)
  오용섭(인천전문대 문헌정보과)
  윤상기(동의대 인문학부 문헌정보학 전공)
  윤인현(대진대 인문과학계열 문헌정보학 전공)
  이노국(대림대 문헌정보과)
  이상용(건국대 인문과학부 문헌정보학 전공)
  정선영(광주대 문헌정보학과)
  현영아(명지대 인문계열 문헌정보학 전공)

서지학개론 편집위원회

위원장 배현숙(계명문화대 문헌정보학과)
주 간 김상호(대구대 문헌정보학과)
위 원 강혜영(전북대 문헌정보학과)
위 원 김종천(상명대 사회과학부 문헌정보학 전공)
위 원 양계봉(강남대 인문학부 문헌정보학 전공)

한울아카데미 636

서지학개론
ⓒ 서지학개론 편찬위원회, 2004

지은이 | 서지학개론 편찬위원회
펴낸이 | 김종수
펴낸곳 | 한울엠플러스(주)

초판 1쇄 발행 | 2004년 2월 27일
초판 18쇄 발행 | 2023년 4월 3일

주소 | 10881 경기도 파주시 광인사길 153 한울시소빌딩 3층
전화 | 031-955-0655
팩스 | 031-955-0656
홈페이지 | www.hanulmplus.kr
등록번호 | 제406-2015-000143호

Printed in Korea.
ISBN 978-89-460-6433-1 93010

* 책값은 겉표지에 표시되어 있습니다.